Kübelpflanzen-Enzyklopädie

Nico Vermeulen

Kübelpflanzen-Enzyklopädie

KARL MÜLLER VERLAG

Zeichenerklärung:

○ Die Pflanze braucht ein helles Winterquartier.

● Die Pflanze kann im Winter dunkel gestellt werden, aber auch ein heller Standort ist möglich.

°C Die minimale Wintertemperatur.

❄ Die Pflanze ist winterhart und kann den Winter im Freiland verbringen (eventuell eingegraben).

(1) Einjährige Pflanze oder Staude, die am besten einjährig gezogen wird.

Karl Müller Verlag, Danziger Str. 6,
D-91052 Erlangen

Übersetzung aus dem Holländischen:
Dr. Christina Vogel-Bauer
Lektorat: Sabine Raab

ISBN 3-86070-599-7

1 2 3 4 00 99 98 97

Inhalt

Vorwort

Beim Gärtnern erleben wir eine neue Leidenschaft: Kübel- und Topfpflanzen sind innerhalb kurzer Zeit außerordentlich populär geworden. Pflanzenliebhaber haben hiermit die Möglichkeit, auf ihrem Balkon oder auf der Terrasse eine exotische Blütenpracht zu genießen. Gerade das große Interesse ermöglicht es den Züchtern, die schönsten, aber auch weniger bekannte Pflanzen anzubieten.

Innerhalb der letzten Jahre kamen viele neue Pflanzenarten auf den Markt, aber die meisten davon wird man vergeblich in den Büchern suchen.

Deshalb war es eine Herausforderung, sie in den Zuchtbetrieben aufzuspüren, sie zu fotografieren und mit den Züchtern über ihre Pflege zu sprechen. Ohne die Mitarbeit dieser spezialisierten Züchter wäre es nicht möglich gewesen, ein solch umfassendes Buch über Kübelpflanzen zusammenzustellen.

Obwohl diese Ausgabe mit Recht den Namen Kübelpflanzenenzyklopädie trägt, werden auch andere Pflanzengruppen besprochen.

Die traditionsreichen Orangerie-Pflanzen müssen im Winter ins Haus gebracht werden, da sie keinen Frost vertragen. Viele Pflanzenliebhaber haben kein passendes Winterquartier. Deshalb wurde dieses Buch um einjährige und winterharte Pflanzen ergänzt, die sich gut in Töpfen ziehen lassen.

Am Ende jeder Pflanzenbeschreibung können Sie auf einen Blick feststellen, ob die Pflanze im Winter ins Haus geholt werden muß, ob sie einjährig ist, oder winterhart.

Auf die Einführung in die Versorgung der Pflanzen folgt ihre Beschreibung in alphabetischer Reihenfolge, entsprechend ihrer wissenschaftlichen Namen.

Die Namengebung in dieser Enzyklopädie folgt hauptsächlich dem wissenschaftlichen Standardwerk ‘Dictionary of Gardening’ (1992), das von der New Royal Horticultural Society herausgegeben wurde.

Von dieser Nomenklatur wurde nur abgewichen, wenn der neue Name bei keinem Züchter angetroffen wurde, oder wenn eine modernere Monographie erhältlich war, wie im Fall der verbesserten Auflage von ‘Passion Flowers’ (1996) von Vanderblank. Weitere Namenlisten (‘Naamlist van houtige gewassen‘, 1995, und ‘Naamlist van vaste planten‘, 1995) wurden zu Rate gezogen. Da auch gängige Synonyme mit aufgenommen wurden, findet man mühelos die Pflanze, die man sucht.

Das Register umfaßt sowohl die deutschen, als auch die wissenschaftlichen Pflanzennamen.

Die Auswahl an Pflanzen für Töpfe, Körbe, Balkonkästen und Kübel ist enorm. Für jeden Standort läßt sich die geeignete Pflanze finden. Diese Enzyklopädie soll Ihnen hierbei behilflich sein.

N. Vermeulen

Links: *Phygelius x rectus* ‘Trewidden Pink’

Einleitung

Bereits im Mittelalter bemühte man sich in nördlichen Ländern, südliche Pflanzenarten zu ziehen. Aus dem Mittelmeergebiet wurden Pflanzen über die Alpen in das kühle Europa gebracht und hier ausprobiert.

Die meisten Versuche schlugen fehl, bis durch Glas und Wohlstand neue Möglichkeiten zur Verfügung standen.

Mit Hilfe von Glas konnten die Pflanzen vor Kälte geschützt werden und trotzdem genügend Licht bekommen. Der Wohlstand war unentbehrlich, um neue spezielle Räume zu schaffen, in denen die mediterranen Pflanzen überwintert werden konnten.

Anfangs waren dies noch keine richtigen Gewächshäuser, sondern Gebäude mit nur einer Wand an einer Seite, der Rest bestand hauptsächlich aus Fenstern. Dort wurden die ersten Kübelpflanzen untergebracht, meist handelte es sich hierbei um Orangenbäume.

Die Winterquartiere werden deshalb auch Orangerien genannt. Später nannte man alle Pflanzen, die im Haus überwintert werden müssen, Orangerie-Pflanzen. Meist handelte es sich hierbei um große Pflanzen, die in Kübeln gezogen wurden, daher stammt auch der Name Kübelpflanze.

Aber auch winterharte Pflanzen lassen sich gut in Kübeln ziehen, deshalb eignet sich der Name Kübelpflanze besser als Orangerie-Pflanze.

Später kamen die Pflanzen auch aus Gebieten außerhalb Europas. Das Aufkommen der internationalen Seefahrt brachte uns zahlreiche neue Arten, die in den Orangerien getestet wurden.

Hauptsächlich Arten aus Südafrika eignen sich ausgezeichnet. Sie werden Kap-Pflanzen genannt, nach dem „Kap der Guten Hoffnung".

Zur Zeit sind die Möglichkeiten immens. Pflanzen aus allen Windrichtungen wurden zu uns gebracht und auf ihre Brauchbarkeit getestet.

Die Züchter scheuen keine Mühe, um ein verkäufliches Produkt zu erhalten. Die Pflanzen werden auf stärkere Unterstämme aufgepfropft, über Zellkulturen vermehrt, mit wachstumshemmenden Mitteln behandelt, um sie kompakt zu halten und es werden in großem Rahmen Kreuzungen und Selektionen durchgeführt, wobei stets neue Zuchtformen entstehen, die nach Möglichkeit an unser Klima besser angepaßt sind.

Links: Ein Topf aus Kretenzer Steingut.

Unten: Verschiedene Töpfe

Rund um die Pflanzgefäße

Töpfe, Schalen und Kübel sind mehr als nur die Verpackung des Wurzelballens. Sie können die Schönheit der Pflanze hervorheben. Ähnlich dem Rahmen eines Bildes vermag ein dekorativer Kübel einer schönen Pflanze den letzten „Pfiff" zu verleihen. Pflanze, Standort und Topf müssen miteinander harmonieren. Wenn eine auffällig blühende Pflanze in einer reich dekorierten, glasierten Schale steht, konkurriert das Topfmotiv mit den Blumen, wohingegen Blattzierpflanzen in dem gleichen Gefäß prächtig zur Geltung kommen. Auch der Standort spielt eine wichtige Rolle. Ein schwarzer Mörtelkübel mit einer *Brugmansia* wirkt gut vor einem ruhigen, strengen Hintergrund aus zum Beispiel einer Bretterwand, aber in einer nostalgischen Umgebung wirkt diese Pflanze vollkommen fehl am Platz. Dorthin paßt eher ein locker wirkendes Gefäß, das üppig bepflanzt wurde. Auch reich geschmückte Steintöpfe oder mit Blumen bepflanzte Körbe passen ausgezeichnet in solch eine Umgebung.

Nicht nur die Schönheit des Gefäßes wirkt auf einer Terrasse. Töpfe, Kübel und Gefäße müssen zum Charakter der Umgebung passen. Ein Topf kann bereits so dekorativ wirken, daß die Bepflanzung nur eine untergeordnete Rolle spielt. Er wird zur Zierde im Garten oder auf der Terrasse, und ausschließlich wegen seiner Schönheit aufgestellt. Diese Schönheit kann durch die Art der Bepflanzung noch betont werden, sie sollte hierdurch keinesfalls unterdrückt werden. Wenn allzu sehr deutlich wird, daß der Topf bewußt an einen bestimmten Platz gestellt wurde, geht der Effekt verloren.

Töpfe und Kübel, in denen Pflanzen wachsen, müssen nicht nur ein Schönheitsideal erfüllen, sondern auch die Ansprüche, die die Pflanzen stellen. Wenn sie im Freiland stehen, muß überschüssiges Wasser über Löcher im Boden leicht ablaufen können. Viele Gefäße besitzen keine Löcher. Folglich müssen Sie die Abflußlöcher selbst bohren, und dies kann zur ernsthaften Beschädigungen glasierter Töpfe führen – manchmal zerbrechen sie sogar. Bedenken Sie dies bereits beim Kauf solcher Gefäße.

Töpfe aus Ton haben den Vorteil, daß auch über die Seitenwände Sauerstoff an die Wurzeln der Pflanzen gelangen kann. Dies kann vor allem für Pflanzen wichtig sein, die von Natur aus in lockerem, steinigen oder sandigem Boden wachsen. Aber ein Topf aus Ton hat auch einige Nachteile. Da über die Topfwände relativ viel Wasser verdunsten kann, muß man wesentlich häufiger gießen. Wenn das Gießwasser hierbei zu oft wieder aus dem Topf heraus läuft, werden auch die Nährstoffe ausgespült. Während des Verdunstungsprozesses kristallisieren die Nährsalze an der Topfwand aus. Die Wurzeln machen sich auf die Suche nach Nährstoffen und werden deshalb zur Topfwand hin wachsen (dort befindet sich auch mehr Sauerstoff) und bilden dadurch filzige, lange Wurzeln. Topft man die Pflanze um, gehen solche Wurzeln verloren, wohingegen sich im Zentrum des Wurzelballens wesentlich weniger Wurzeln befinden. Bei Töpfen mit

Ein glasierter Kübel aus Sizilien.

Ein Kübel aus Blei

undurchlässigen Wänden stellt sich dieses Problem nicht. Bei Töpfen mit undurchlässigen Wänden denken wir sofort an preisgünstige Plastiktöpfe und Mörtelkübel. Abgesehen von der Tatsache, daß durch die Topfwände kein Sauerstoff gelangen kann, wachsen die meisten Pflanzenarten darin besser als in Tontöpfen. Die Vorteile für ein gutes Wachstum sind, daß man die Pflanzen nicht besonders häufig gießen muß (die Erde bleibt in ihnen immer länger feucht) und daß der Topfboden luftig genug ist, um Sauerstoff durchzulassen. Nachteile sind allerdings das geringe Gewicht, die Kübel werden schnell vom Wind umgeworfen, die auf der Sonnenseite rasch zu hohen Temperaturen im Wurzelbereich und die Gefahr des Übergießens im Winter.

Spezielle Kübelpflanzenerde ist oft grob strukturiert. Man kann deren Struktur durch Beimischung von Sand oder anderen Mineralien noch verbessern.

Neben Plastiktöpfen haben auch Gefäße aus Holz, glasierte Kübel und Gefäße oder Schalen aus Metall eine sauerstoffundurchlässige Wand. Möchte man zwar gerne Tontöpfe, aber auch die Vorteile nutzen, die Plastikgefäße bieten, dann kann man einen Tontopf innen mit Plastik auskleiden. Kübel aus Metall, wie z.B. aus Blei, die zur Zeit wieder nach alten Modellen gegossen werden, müssen auf der Innenseite mit Plastik ausgekleidet werden, so daß die feuchte Erde keine Verbindung mit dem Metall haben kann.

An Stelle von Plastik kann man auch eine dünne Noppenfolie verwenden – oder auch Folien, die zum Einpacken zerbrechlicher Sachen verwendet wird, eignet sich ausgezeichnet. Noppenfolie isoliert und schützt die Pflanzenwurzeln vor Verbrennungen, wenn der Topf in der prallen Sonne steht (besonders dann, wenn deren Außenseite dunkel gefärbt ist). Für Pflanzen, die im Winter im Freien bleiben, ist die Verwendung von Noppenfolie besonders stark zu empfehlen.

Winterfeste Tonwaren

Winterharte Stauden können zwar während der Frostperioden im Freiland bleiben, aber sie vertragen in Töpfen und Kübeln wesentlich weniger Frost als in den Boden ausgepflanzt. Aber damit man sie bedenkenlos im Freien stehen lassen kann, müssen die Kübel, in denen die Pflanzen stehen, natürlich auch frostbeständig sein.

Die meisten Tontöpfe, und hauptsächlich die preiswerteren Kübel, können den Winter über nicht im Freien bleiben. Da der Ton bei relativ niedrigen Temperaturen gebrannt wird, entstehen poröse Tonwaren. Diese saugen sich mit Wasser voll und wenn es nach einer Regenperiode beginnt, zu frieren, sind die Poren noch mit Wasser gefüllt.

Bei Frost dehnt sich das Wasser aus, wodurch der Ton zertrümmert wird. Bei Tauwetter wird der Schaden dann sichtbar: es entstehen Risse in den Tontöpfen.

Aber glücklicherweise gibt es auch Töpfe, die über den Winter im Freien stehen können. Dies gilt für die sogenannten Kretenzer Töpfe, die bei recht hohen Temperaturen gebrannt werden (die Öfen werden mit ölhaltigen Samen der Olive beheizt).

Auch andere Tonwaren vertragen Frost, und oft wird dies am Topf vermerkt. Wenn Sie im Zweifel sind, bitten Sie den Lieferanten um eine Garantie.

Es mag vielleicht etwas lächerlich klingen, aber auch frostbeständige Töpfe können bei Frost Schäden erleiden. Die feuchte Erde im Topf kann sich bei Frost ausdehnen und für vertikale Spannungen im Topf sorgen. Dies passiert besonders häufig bei Töpfen, die nach oben hin enger werden, wodurch der durchfrierende Wurzelballen sich nicht nach oben hin ausdehnen kann. Wählen Sie deshalb für den Winter Töpfe aus, die von oben nach unten hin schmaler werden. In solchen Töpfen kann sich die Erde bei Frost ungehindert ausdehnen.

Ein Gefäß aus Kretenzer Ton

Tips zum Transport schwerer Kübelpflanzen

Orangerie-Pflanzen werden in Räumen überwintert. Große Exemplare stehen oft in Holzkübeln, andere in Mörteleimern aus Plastik oder in großen Tontöpfen. Wegen ihres enormen Gewichtes können sie von einer Person oft nicht ohne Hilfsmittel umgestellt werden.

Beim Heben der Töpfe sollten Sie in die Knie gehen, den Topf umarmen und aus den Knien heraus aufstehen, um Ihren Rücken nicht zu stark zu belasten.

Für das Winterquartier können die Pflanzen zurückgeschnitten werden, wenn hierdurch das Passieren von Treppenhäusern und Türen erleichtert wird.

Kann man den Topf oder Kübel nicht mehr alleine hochheben, braucht man Hilfsmittel. Große Kübel haben oft Handgriffe, an denen man den Kübel hochheben kann. Aber meist sind in das Holz geschraubte Handgriffe hierfür nicht kräftig genug. Sie müssen an Reifen, die den Kübel umgeben, befestigt sein, nach Möglichkeit mit einer Verbindung zu mehreren Reifen untereinander, oder, noch besser, einmal um den Boden des Kübels herum. Auf diese Weise kann man einen schweren Kübel von zwei Personen tragen lassen.

Wenn der Kübel selbst für zwei Personen zu schwer ist, dann braucht man andere Hilfsmittel, wie z.B. Stecken oder einen altmodischen Radwagen, mit dessen Hilfe Orangerie-Pflanzen früher umgestellt wurden. Solche Wägen können am Hinterende auf Bodenniveau gestellt werden, so daß man den Kübel ohne Mühe hinaufschieben kann, bis er in der Mitte des Wagens zu stehen kommt. Eine weitere, aber zeitaufwendige Methode ist es, den Kübel auf Rollen zu stellen. Für diese Methode sollten Sie ein Holzbrett unter den Kübel schieben. Um diesen mit einem Ruck hochheben zu können, legen Sie unter den Balken runde Pfosten, über die der Balken rollen kann. Die Stämme, die an der Rückseite freikommen, werden vorne wieder angelegt. Bei Kurven werden die Rollen fächerartig gelegt. Sorgen Sie hierbei für einen kräftigen Untergrund. Früher wurden auf diese Weise die schweren Steine für die Pyramiden befördert, warum sollte Ihnen das nicht mit Ihren Orangerie-Pflanzen glücken?

Bei mehreren schweren Kübelpflanzen kann sich auch die Anschaffung eines Sackkarrens lohnen.

Schließlich noch einen banalen, aber doch wichtigen Tip: Einige Tage vor dem Umräumen sollten Sie nicht mehr gießen, denn Wasser ist schwer!

In der Toskana werden die Zitronenbäume ins Freie gestellt.

1 Bepflanzung von Kübeln und Hängekörben

Damit eine Pflanze in einem Kübel oder einem Hängekorb gut wächst, muß man für optimale Wachstumsbedingungen sorgen.
Wenn Sie die Ratschläge dieses Kapitels befolgen, werden die Pflanzen Ihren Kübel oder Hängekorb eindrucksvoll zieren.

Substrat

Für ein gutes Wachstum brauchen die Wurzeln der Pflanzen Feuchtigkeit, Nährstoffe und Sauerstoff. Bei einigen Pflanzen, wie z.B. Sumpfpflanzen, liegt der Schwerpunkt eher auf Feuchtigkeit und weniger auf Sauerstoff. Aber für die meisten Pflanzen ist eine lockere Erdmischung für ein gutes Wachstum essentiell.
Im Handel ist spezielle Kübelpflanzenerde erhältlich. Der Torfanteil verhilft ihr zu einer groben Struktur und zusätzlich ist auch meist Sand und Lehm untergemischt. Lehmklümpchen halten die Feuchtigkeit fest. Aber natürlich kann man sich auch sein eigenes Substrat zusammenstellen. Bringen Sie in Erfahrung, welche Ansprüche Ihre Pflanzen haben. Bei Pflanzen, die eher saueren Boden brauchen, erhöhen Sie den Torfanteil, und bei Pflanzen, die eher Kalkböden mögen, mischen Sie etwas mehr Lehm unter. Grober Sand kann sowohl kalkreich (dies ist an der kreideweißen Farbe zu erkennen), als auch kalkarm (gelb) sein. Mit Sand des entsprechenden Kalkgehalts kann man das Substrat auflockern. Aber hierfür können sie auch andere mineralische Stoffe verwenden, wie z.B. Kies. Sand und Kies machen die Töpfe aber recht schwer und können für Balkonkultur durch leichtere Substrate ersetzt werden.

Technik

1. Fast alle Kübelpflanzen brauchen ein gut durchlässiges Substrat. Das Gießwasser muß über den Boden des Topfes gut abfließen können. Dies ermöglichen große Löcher, die in den Topfboden gebohrt werden. Manchmal reicht auch ein Loch aus, aber es darf natürlich niemals verstopfen. Legen Sie deshalb ein oder mehrere Tonscherben über die Abflußlöcher, mit der runden Seite nach oben. Die Abzugslöcher nutzen aber nichts, wenn sie von unten verschlossen sind. Deshalb muß man darauf achten, daß die Pflanzengefäße auf vier Klötzen, Ziegelsteinen oder Leisten stehen.
2. Die Dränage wird noch verbessert, wenn man auf die Tonscherben eine Schicht aus Kies oder Blähton aufbringt. Da aber besonders auf Balkonen

Bohren Sie große Löcher in den Topfboden.

Legen Sie Tonscherben über das Loch.

Auf die Tonscherben breiten Sie Kies.

Legen Sie über die Kiesschicht ein Vlies.

die Töpfe nicht zu schwer werden sollten, können Sie statt Kies auch Plastik- oder Styroporflocken verwenden, die häufig für die Verpackung von Großgeräten in Kartons verwendet werden.

3. Auf die Kiesschicht oder die Styroporflocken legen Sie ein Stück Folie. Sie läßt Feuchtigkeit durch, aber keine Erde, so daß die Öffnungen zwischen den Steinchen nicht verstopft werden können. Kontrollieren Sie zunächst, ob das Vlies auch Feuchtigkeit durchläßt und stechen Sie einige zusätzliche Löcher hinein. Schneiden Sie das Vlies zurecht und bringen Sie es auf der Kiesschicht aus.
4. Füllen Sie den Topf mit speziellem Kübelpflanzensubstrat oder mit Ihrer eigenen Mischung auf. Drücken Sie die Erde fest gegen die Wände, so daß eine Art Mulde entsteht.
5. In diese Mulde setzen Sie den Wurzelballen Ihrer Pflanze, die vorher in einem Eimer mit Wasser gestanden hat, so daß der Ballen vollkommen naß ist.

Füllen Sie den Topf sorgfältig mit Substrat.

Graben Sie eine kleine Grube in den Boden.

Stellen Sie die Pflanze in den Topf und füllen Sie rund um den Wurzelballen mit Erde auf.

6. Füllen Sie den Raum um den Wurzelballen mit Substrat und drücken Sie es etwas an, so daß die Pflanze gut zu stehen kommt.
7. Zum Schluß füllen Sie den Topf bis einige Zentimeter unter dem Rand mit Substrat auf. Bedenken Sie, daß die Erde sich nach dem Gießen noch etwas setzt.
   Sorgen Sie in jedem Fall dafür, daß sich die Erdoberfläche ein paar Zentimeter unter dem Topfrand befindet, damit das Gießwasser gut eindringen kann und nicht über den Rand fließt.

Knollen und Zwiebeln in Töpfen

Töpfe und Kübel müssen nicht den ganzen Winter über leer stehen. Im Herbst kann man sie mit Knollen oder Zwiebeln bepflanzen, die im darauffolgenden Frühjahr zur Blüte kommen. Nach der Blüte dieser Pflanzen wird das entsprechende Gefäß dann mit einjährigen Sommerpflanzen gefüllt.
Verwenden Sie für eine Zwiebelpflanzung hauptsächlich weite Kübel oder Töpfe, die oben nicht spitz zulaufen. Die Zwiebeln sollten nicht zu nah am Rand zu stehen kommen, um Frostschäden zu vermeiden. Folgen Sie der allgemeinen Anleitung zum Auffüllen von Töpfen und Kübeln und sorgen Sie hauptsächlich dafür, daß die mit Knollen bepflanzten Schalen, die im Freien stehen sollen, eine gute Dränage haben.
Große Knollen werden tiefer gepflanzt als kleine, und deshalb kann man kleine und große Knollen gut miteinander in einer Schale kombinieren. Nehmen Sie z.B. Tulpen, die im April blühen, und pflanzen Sie darüber eine Schicht *Iris reticulata*, sie blüht im Februar, oder kombinieren Sie *Scilla* mit *Puschkinia* für einen blauen Blütenteppich im Mai. Es sieht auch hübsch aus, wenn sie farblich zueinander passende, unterschiedlich hoch wachsende Arten, die gleichzeitig blühen, miteinander kombinieren, zum Beispiel früh blühende Narzissen mit *Scilla*.
Bedenken Sie, daß Knollen, die im Boden ausgepflanzt vollkommen winterhart sind, trotzdem in Töpfen und Schalen erfrieren können. Natürlich müssen die Töpfe und Schalen selbst frostbeständig sein. Holen Sie mit Knollen bepflanzte Töpfe deshalb bei starkem Frost ins Haus, möglichst in einen kühlen Raum (wie z.B. den Dachboden), wo es sogar leicht frieren kann. Stellen Sie die Schalen im Winter keinesfalls in einen normalen Wohnraum. Dort ist es in jedem Fall für eine gesunde Entwicklung der Knollen zu warm. Die Töpfe können dunkel stehen, bis die ersten Triebspitzen zu sehen sind. Dann brauchen sie Licht.
Wenn man kein kühles Winterquartier zur Verfügung hat, sollte man die Schalen möglichst nahe ans Haus stellen. Bei sehr strengem Frost packt man sie mit isolierendem Material, wie Stroh oder Noppenfolie, ein.
Eine weitere gute Methode ist es, die Knollen mitsamt dem Kübel oder der Schale in den Garten einzugraben. So sind sie vor Frost geschützt und erhalten (in durchlässigen Töpfen) genügend Feuchtigkeit. Auch in der Phase, in der sie noch unter der Erde sitzen, brauchen Zwiebeln und Knollen Feuchtigkeit. Vergessen Sie deshalb nicht, Töpfe, die am Dachboden stehen, im Freien unter einem Vordach oder nah am Haus, ab und an zu gießen.
Nach der Blüte holt man die Knollen aus dem Topf, der Schale oder dem Kübel und pflanzt sie in den Garten; dort werden dann die Blätter absterben. Die wiederverwendbaren Gefäße kann man nun z. B. mit Einjährigen bepflanzen.

Hängekörbe

Hängekörbe wurden in letzter Zeit ausgesprochen populär. Früher zierten sie fast ausschließlich englische Häuser und Pubs, heute hängen sie in ganz Europa unter Vordächern oder auf der Terrasse. Und dies mit Recht, denn viele Pflanzen wachsen in Hängekörben besonders üppig, weil die Wurzeln auf diese Weise mehr Sauerstoff erhalten als in traditionellen Blumentöpfen.
Es gibt aber auch einige Nachteile. Hängekörbe müssen während der Sommermonate praktisch täglich gegossen werden. Die Feuchtigkeit verdunstet über alle Seiten des Korbes, so daß häufiges Gießen erforderlich ist. Der zweite große Nachteil liegt in der Verwendung einer Moosschicht. Diese Schicht besteht aus Torfmoos, das man sich aus Hochmoorgebieten holen kann. Aber da die noch bestehenden Hochmoore stets weniger werden und einige Tier- und Pflanzenarten darauf spezialisiert sind, ist mit dem Rückgang dieser Gebiete auch das Aussterben der entsprechenden Arten verbunden.

Glücklicherweise gibt es hierzu eine Alternative: die Verwendung von Kokosfasermatten. Hierbei handelt es sich um eine kreisförmige Kokosfasermatte mit Einschnitten, wodurch man sie leicht zur Auskleidung der Hängekorbs verwenden kann. Danach schneidet man die überstehenden Teile der Matte ab. Alle nachstehenden Anweisungen für die Bepflanzung eines Mooskorbes gelten auch für Körbe, die mit Kokosfasermatten ausgekleidet sind. In die Kokosfasermatten schneidet man einige zusätzliche Öffnungen, so daß die Wurzeln sich nach innen entwickeln können.

Flexible Einlagen aus Kokosfaser oder auch Schaumstoff halten das Wasser besser zurück. Die Körbe trocknen deshalb nicht so schnell aus.

Bepflanzung eines Hängekorbs

Ein Hängekorb wird normalerweise aus einem Rahmen aus Metallstäben gebildet, die manchmal mit Plastik überzogen sind. Oft wird das benötigte Torfmoos für die Erstbepflanzung mitgeliefert. Nachfolgend beschreiben wir schrittweise, wie man einen solchen Korb bepflanzt.

1. Kleiden Sie die Wand des Hängekorbes innen mit einer dicken Schicht Torfmoos aus. Die Schicht muß überall gleich dick sein und sollte keine Löcher aufweisen.
2. Legen Sie eine Schüssel oder ein Stück Plastikfolie in den entsprechenden Maßen in den ausgekleideten Korb.
   Dies verhindert, daß das Gießwasser direkt durch den Korb hindurchfließt. Aus diesem Reservoir kann das Wasser allmählich vom Substrat und damit auch von der Pflanze aufgenommen werden.
3. Füllen Sie die Schüssel oder die Plastikfolie mit

Füllen Sie den Korb mit Kübelpflanzensubstrat.

Verkleiden Sie die Ränder mit Torfmoos.

An der Seite durchbohren Sie das Moos und stecken den Wurzelballen einer Pflanze hindurch.

Stecken Sie mehrere Pflanzen in die Wand.

Kübelpflanzensubstrat, das bevorzugt auch einen Lehmanteil enthalten sollte, so daß das Wasser und die Nährstoffe besser festgehalten werden.

4. Von der Außenseite her formen Sie ein Loch in das Torfmoos und stecken den Wurzelballen einer Pflanze hindurch. Wenn der Ballen zu groß ist, die Pflanze aber eher klein, dann kann man sie auch in ein Papprohr schieben und dieses von innen nach außen durch das Moos stecken.
5. Bilden Sie weitere Löcher an anderen Stellen der Seitenwand (siehe Punkt 4). Die Wand eines

Füllen Sie den Korb weiter mit Erde auf.

mittelgroßen Korbes hat für drei bis fünf Pflanzen Platz.

6. Nach dem Bepflanzen der seitlichen Wände füllen Sie den Korb weiter mit Erde auf. Machen Sie ihn aber nicht zu voll, denn es sollte noch Platz für einige Wurzelballen bleiben.
7. Einige Pflanzen setzen Sie direkt oben in den Korb und drücken die Erde um die Pflanzen herum kräftig an. Eventuell können Sie noch zusätzliche Erde hinzufügen.
8. Gießen Sie reichlich oder tauchen Sie den ganzen

Setzen Sie einige Pflanzen oben in den Korb.

Korb in einen Eimer mit (nicht zu kaltem) Wasser.

9. Befestigen Sie die Kette am Korb.
10. Wählen Sie einen geeigneten Platz für den Korb aus und hängen Sie ihn in die Sonne oder in den (Halb-)Schatten, in Abhängigkeit von den Ansprüchen der ausgewählten Pflanzen.

Drücken Sie die Erde kräftig an.

Hängekörbe im Herbst

Im Herbst, wenn die einjährigen Pflanzen absterben, wird man sich wieder um den Korb kümmern. In vielen Fällen wird man nur den Metallrahmen aufbewahren und das Torfmoos wegwerfen. Aber das ist eigentlich nicht notwendig. Man kann das Moos sicher noch eine zweite Saison lang verwenden, aber nur, wenn man den Korb im Freien hängen läßt, denn im Haus wird das Torfmoos austrocknen und absterben. Hängen Sie den Korb in den Schatten, zum Beispiel unter einen Strauch. Feuchtes Torfmoos behält seine

Wirkung und kann in der folgenden Saison wieder verwendet werden.

Bepflanzung mit Zwiebeln

Zwiebeln, die in Töpfe gesteckt werden können, eignen sich auch für einen Hängekorb. Also warum bepflanzt man einen Hängekorb dann nicht im Herbst mit Zwiebeln oder Knollen? Stecken Sie Krokusse an die Seiten des Korbes in die Erde. Sie werden im Frühling ausgezeichnet austreiben, emporwachsen und prächtig blühen. Oben in den Korb passen Tulpen, Narzissen und andere Frühlingsboten.

Pflanzen, die sich für einen Hängekorb eignen

Für einen Hängekorb eignen sich hauptsächlich Hängepflanzen oder Arten, die vor allem in die Breite wachsen.
Sie kriechen über die Ränder und hängen verschwenderisch blühend oder mit zierlichen Blättern herab. Folgende Arten eignen sich besonders gut für einen Hängekorb:
Bacopa siehe Sutera,
Begonia semperflorens-Gruppe,
Begonia sutherlandii,
Bidens ferulifolia,
Brachycome iberidifolia,
Browallia-Arten,
Catharanthus roseus,
Chaenorrhinum organifolium,
Convolvulus cneorum,
Convolvulus sabatius,
Cymbalaria-Arten,
Erigeron karvinskianus,
Felicia amelloides,
Hedera helix,
Helichrysum petiolare,
Impatiens walleriana,
Laurentia axillaris,
Lobelia erinus,
Lobelia 'Richardii',
Lobularia maritima,
Lysimachia congestiflora,
Nemophila-Arten,
Nierembergia hippomanica,
Pelargonium x *peltatum*,
Petunia (hängende Arten),
Plectostachys serphyllifolia,
Plectranthus forsteri,
Portulaca grandiflora,
Sanvitalia procumbens,
Scaevola aemula,
Silene coeli-rosa,
Sphaeralcea-Arten,
Sutera cordata,
Verbena (hängende Arten),
Viola cornuta.

Innenhof des Schaugartens des Zuchtbetriebs De Rhulenhof

2 Pflege der Kübelpflanzen

Wasserversorgung

Bei einigen Arten steht im enzyklopädischen Teil vermerkt, in welcher Phase die Pflanzen viel oder wenig Wasser brauchen. Die Wassermenge hängt deutlich von folgenden Umständen ab:

- Je mehr Blätter die Pflanze hat, desto mehr Wasser wird sie verdunsten und desto öfter müssen Sie gießen.
- Dieselbe Pflanze wird an einem warmen Standort mehr Wasser verbrauchen als an einem kühleren Platz. Beachten Sie dies vor allem bei wintergrünen Pflanzen im Winterquartier. Im Sommer muß bei warmem Wetter häufiger gegossen werden.
- Steht eine Pflanze im Wind, verdunstet wesentlich mehr Wasser als im Windschatten.

Gleichgültig, ob Kübelpflanzen auf der Terrasse oder in einem Wintergarten stehen, am besten gießt man sie mit der Hand, also mit Gießkanne oder Schlauch. Hier sind Untersetzer äußerst vorteilhaft. Nicht nur, weil der Bodenbelag nicht verschmutzt, sondern auch weil die Bodenfeuchte erhöht und der Wasserverbrauch verringert werden kann.

Kübelpflanzen bekommen im Sommer ab und zu auch Regenwasser ab, in diesem Fall brauchen Sie nicht oder nur wenig zu gießen. Dies hängt stark von der Blattstellung der Blätter ab: läuft das Regenwasser an den Stengeln entlang in den Topf oder wirken die Blätter wie eine Art Regenschirm? In den Subtropen sind die Blätter oft nach außen gerichtet, um zu verhindern, daß das Wasser in das Zentrum der Pflanze gelangt. Bei Topfpflanzen gelangt das Wasser neben den Topf, und die Wurzeln vertrocknen.

Pflanzen unter Dächern darf man nicht vergessen. Aber auch Töpfe vor Mauern müssen bei Regenwetter zusätzlich gegossen werden. Folgende Ratschläge sind für das Gießen von Kübelpflanzen wesentlich: Die Pflanzen sterben eher als Folge von zu viel, als an einem Mangel an Wasser ab. Trockenheit erkennt man sehr schnell, aber wenn die Wurzelballen verrotten, bemerkt man die ersten Symptome meist erst dann, wenn es bereits zu spät ist.

Ernährung

Im Boden können die Pflanzen selbst nach den notwendigen Nährstoffen suchen. Topfpflanzen müssen dies auf relativ kleinem Raum tun. Hier müssen die notwendigen Nährstoffe vorhanden sein und bei gutem Substrat ist dies auch der Fall. Wenn der Säuregrad des Bodens mit dem Bedarf der Pflanzen übereinstimmt, werden die Wurzeln die Nährstoffe aus der Erde aufnehmen können.

Aber Nährstoffe werden im Laufe der Wachstumsperiode aufgebraucht oder werden duch das Gießwasser ausgespült. Hauptsächlich Pflanzen, die über mehrere Jahre hinweg in dem gleichen Substrat wachsen, bekommen auf Dauer zu wenig Nährstoffe. Deshalb muß gedüngt werden.

Im Frühling kann man die Blattbildung durch stickstoffreiche Dünger fördern, wie alten Kuhmist oder Hornspäne. Kuhmist ist auch für Pflanzen gut geeignet, die man nicht umtopft. Nehmen Sie vorsichtig einen Teil der Erdoberfläche ab und bringen Sie stattdessen neue Erde auf, die mit etwas altem Kuhmist vermischt wurde. Später in der Saison gibt man besser einen Dünger mit relativ niedrigem Stickstoffgehalt (N). Phosphor (P) und Kalium (K) sorgen für reiche Blütenpracht und für eine gute Abhärtung.

Wenn man es sich möglichst leicht machen möchte, verwendet man Düngekugeln, die von einer halbdurchlässigen Schicht umgeben sind, wodurch die Nährstoffe allmählich über diese Löcher freigegeben werden (dies geschieht unter warmen, feuchten Bedingungen schneller, als bei trockenem oder kühlem Wetter). Man gibt diese Kügelchen nur einmal im Frühling in den Topf, und mischt sie unter das Substrat. Hierdurch versieht man die Pflanze über eine Saison mit den notwendigen Nährstoffen.

Kübel mit *Petunia surfinea, Convolvulus sabaticus, Helichrysum petiolare* und *Brachycome iberidifolia*.

Häufig unterschätzt werden die sogenannten Spurenelemente. Diese sind in vielen Düngern nicht enthalten, man sollte deshalb vor dem Kauf lesen, was sich in der Packung befindet.

Krankheiten und Schädlinge

Manche Pflanzenliebhaber reagieren fast panisch, wenn sie kleine Tierchen oder unerklärliche Flecken auf ihren Pflanzen bemerken. Das ist aber vollkommen unnötig. In der Natur wird von allen möglichen Seiten an den Pflanzen gesaugt oder gefressen, ohne daß sie davon stark beeinträchtigt werden. Zumindest, wenn sie an einem guten Platz stehen. Das schlaffe Längenwachstum der Pflanzen, die sich an einem dunklen Standort befinden, hält sich mit Insekten die Waage, die sich meist von Triebspitzen ernähren. Die Wuchskraft leidet eher unter Schimmel- und Viruskrankheiten.

Plagegeister und Krankheiten sind natürliche Prozesse und sollten eher als Hilfsmittel der Natur betrachtet werden.

Mit etwas Verständnis für natürliche Entwicklungen sind Ungeziefer und Krankheiten kein Drama mehr. Und man lernt daraus. Wenn Pflanzen massenhaft von Schädlingen befallen werden oder stark kränkeln, ist dies meist ein Hinweis auf mangelnde Versorgung. Gesunde Pflanzen werden auch von Insekten befallen, aber nicht in Massen. Einer gesunden Pflanze macht es keine Mühe, mit Schädlingen zurechtzukommen.

Um die Schönheit der Pflanzen genießen zu können, muß man sie deshalb gut versorgen. Darauf legen wir in dieser Enzyklopädie großen Wert. Welcher Standort ist im Sommer geeignet, ein Platz in der Sonne oder im Schatten? Wo wird die Kübelpflanze am besten überwintert? Wieviel Wasser und Nährstoffe brauchen die Pflanzen im Sommer und im Winter? Welche Temperaturen sind ideal? Mit Hilfe dieser Anweisungen und einem „grünen Daumen“ kann man die Pflanzen optimal versorgen und gesund halten. Man wird merken, daß sich dann und wann an den Pflanzen Insekten befinden, aber sie werden die Pflanzen nicht drastisch schädigen.

Bei meinen Besuchen in zahlreichen spezialisierte Gärtnereien konnte ich fast überall „Tierchen“ durch die Makrolinse meiner Kamera beobachten. Einige Züchter, die mit chemischen Vernichtungsmitteln arbeiten, werden dies als Beleidigung auffassen. Andere, moderner eingestellte Züchter wissen, daß sich an ihren Pflanzen Insekten befinden – eine Methode, die man vielleicht nicht auf Anhieb versteht. Diese Tiere bringen Larven hervor, die auf Beute nach „Plagegeistern“ im Gewächshaus gehen, aber letztere werden auf diese Weise natürlich nicht vollständig ausgerottet. Die Räuber sind bereits verstorben oder vertrocknet, bevor sie die letzten Beutetiere vernichtet haben.

Nehmen Sie von der Vorstellung Abstand, daß Pflanzen von Insekten vollkommen frei sein müssen. Diese strengen Anforderungen, die viele Kunden an

Gefäß mit Petunien

Züchter stellen, gelten längst nicht mehr. Die Pflanzen leiden auf diese Weise an der unabdingbaren Verwendung chemischer Vernichtungsmittel und schaden unserem Lebensmilieu. Eine gute Versorgung und Pflege der Pflanzen macht die chemische Vernichtung von Insekten und Krankheiten überflüssig. Wenn Ihre Pflanzen plötzlich von einer Krankheit befallen werden, sollten Sie sorgfältig in dieser Enzyklopädie nachlesen, um feststellen zu können, wo es vielleicht am Standort oder der Versorgung mangeln könnte. Wenn die Luft in beheizten Zimmern zu trocken ist und die Pflanzen unter Spinnmilben oder Thripsen leiden, stellen Sie diese Pflanzen kühler und feuchter, am besten ins Freie, wenn es die Pflanzen vertragen. Sind die Triebspitzen der Pflanze von Blattläusen befallen? Stellen Sie dann in jedem Fall eine stickstoffreiche Düngung ein und stellen Sie die Pflanze kühler und heller, denn an warmen und dunklen Standorten wird sie dünne Triebe und Knospen ausbilden, und gerade das lieben Läuse. Wenn man die Versorgung verändert und anpaßt, wird die Plage von selbst wieder verschwinden. Man kann das Ergebnis natürlich beschleunigen und z. B. bei Läusen die Pflanze mit einem scharfen Wasserstrahl abbrausen. Dies ist auch bei Thripsen wirkungsvoll.

Verhindern Sie das Auftreten von Schild- und Schmierläusen, indem Sie die Pflanzen in einer luftigen Atmosphäre halten und dafür sorgen, daß das Substrat nicht zu naß ist. Haben sich Schild- und Schmierläuse einmal etabliert, ist es mühevoll, sie zu beseitigen (sowohl mit chemischen, als auch mit mechanischen Methoden). Topfen Sie dann die Pflanze in frisches Substrat und stellen Sie das Gewächs an die frische Luft ins Freie. Bei leichtem Befall kann man die Schildläuse mit einer Pinzette absammeln oder mit einem mit Alkohol befeuchteten Pinsel antippen.

Zu trockene Luft, ein warmes und dunkles Winterquartier und zu nasse Erde sind die größten Feinde der Pflanzen. Achten Sie deshalb besonders gut auf diese Punkte.

Überwinterung

Wo kann man eigentlich seine Kübelpflanzen überwintern? Das ist eine häufig gestellte Frage und ebenso zahlreich sind die Möglichkeiten für ein Winterquartier: Die Pflanzen können in der Garage (robuste Pflanzen), in Lichtschächten, auf dem Balkon, im kühlen bzw. im warmen Keller, im Treppenhaus, in Wohnräumen oder beim Gärtner überwintert werden.

In dieser Enzyklopädie beschreiben wir einjährige Pflanzen, Stauden und Orangerie-Pflanzen. Nur die letzte Gruppe muß im Winter sorgfältig versorgt werden. Winterharte Pflanzen kann man mitsamt dem Topf in die Erde eingraben oder in ein unbeheiztes Gewächshaus stellen, einjährige Pflanzen überstehen den Winter als Samen, aber Orangerie-Pflanzen müssen ins Haus. Der Zeitpunkt, zu dem man sie ins Haus holt und der dortige Standort ist je nach Art unterschiedlich. Diese Enzyklopädie legt auf einen idealen Standort im Winter großen Wert. Darüber hinaus vermerken wir häufig, unter welchen Bedingungen die Art in der Natur wächst. Denn dies liefert ausgezeichnete Informationen darüber, wie das Winterquartier beschaffen sein sollte.

Tropische Pflanzen vertragen keine lange anhaltenden Temperaturen unter 10 - 12 °C. Deshalb fragt man sich, warum sie nicht häufiger als Kübelpflanzen verwendet werden. Manche kann man im Wohnraum überwintern, aber die meisten Arten kommen nicht mit der trockenen Heizungsluft zurecht, die in zentral beheizten Häusern herrscht. Sie gedeihen am besten in Gewächs- oder Kalthäusern. Bedenken Sie bereits beim Kauf solcher Pflanzen, welche Kosten anfallen, wenn Sie Ihr Gewächshaus auf einer Temperatur von minimal 12 °C halten. Es kann durchaus sein, daß Sie dann vom Kauf einer solchen Pflanze absehen.

Die dankbarsten Kübelpflanzen kommen aus subtropischen und mediterranen Gebieten: aus Ländern um das Mittelmeer, den Atlantischen Inseln (Madeira, Kanarische Inseln und Azoren), dem Süden der Vereinigten Staaten, aus trockenen Teilen von Mittelamerika, aus den kühlen Gebieten der Anden und dem Süden Südamerikas, von den Inseln im Großen Ozean, Neuseeland, Australien und Südafrika. Dort wechseln sich warme Klimaperioden mit kühleren und/oder Regenzeiten mit Trockenphasen ab. Die Pflanzen folgen diesem Rhythmus und wachsen nur in

Mit Töpfen geschmückte Treppe auf La Palma

den für sie günstigen Monaten. Den Rest des Jahres stagniert das Wachstum – manchmal werfen sie sogar ihre Blätter ab. Einige dieser Arten behalten den Rhythmus ihres Herkunftsgebietes bei und wachsen und blühen bei uns im Winter. Aber es gibt auch zahlreiche Kübelpflanzen, die sich angepaßt haben und in unserem Sommer blühen, bzw. in unserem Winter ruhen.

Die Art und Weise, wie sie im Winter ruhen, ist je nach Art unterschiedlich. Manche Arten sterben oberirdisch ab, andere werfen einen Teil ihrer Blätter ab, hauptsächlich, wenn sie zu wenig Licht bekommen, und wieder andere Arten bleiben vollkommen wintergrün. Auch dies haben wir in dieser Enzyklopädie für jede Art vermerkt.

Hier möchten wir nur allgemeine Regeln zum Winterquartier besprechen, so daß Sie detailliertere Angaben besser bei jeder speziellen Art gesondert nachschlagen.

Die ideale Temperatur für die meisten echten Kübelpflanzen liegt zwischen 5 und 10 °C. Die Pflanzen stehen frostfrei, aber doch so kalt, daß sie nicht beginnen, auszutreiben. Der Moment, an dem die Pflanze zu wachsen beginnt, ist von der Art abhängig, aber das Startsignal liegt meist um 12 °C. Diese Temperatur sollte deshalb im Winter nicht erreicht werden, denn ein Austrieb im Winter ist für die Pflanzen schlecht.

Unsere Winter sind zu dunkel, um südliche Pflanzen gesund wachsen zu lassen. Die Pflanzen entwickeln schlaffe, hellgrüne Triebe, die sie erschöpfen und für Schädlingsbefall empfindlich machen. Solche dünnen Triebe sollte man im Frühling entfernen, da ansonsten Einschnitte in den Zweigen entstehen.

Je heller der Standort einer Pflanze ist, desto weniger schadet ihr hohe Temperatur. Aber wann immer die Pflanze wächst, braucht sie auch Wasser. Und nun gilt wieder: Je mehr Sie im Winter gießen, desto höher ist die Anfälligkeit der Pflanze für Schimmelpilze.

Da das Substrat lange feucht bleibt und über die Blätter Wasser verdunstet, steigt die Luftfeuchtigkeit, besonders, wenn die Temperatur nachts stark absinkt. Kalte Luft kann nämlich nicht viel Feuchtigkeit enthalten. Diese hohe relative Luftfeuchtigkeit geht verloren und da die Pflanzen jetzt nicht wachsen, verdunsten sie nicht viel Feuchtigkeit. Aber genug mit langweiligen Erklärungen, warum Pflanzen während kälterer Perioden wenig Wasser brauchen.

Die feuchte Luft hat den großen Nachteil, daß sich Schimmelpilze schnell ausbreiten können. Und deshalb ist auch verständlich, weshalb man die Pflanzen regelmäßig kontrollieren und abgefallene Blätter (Pilzsporen können sich leicht verbreiten) sorgfältig entfernen sollte. Nehmen Sie auch vertrocknete Blätter ab, die noch an der Pflanze hängen.

Alle Kübelpflanze lieben im Winter eine luftige Atmosphäre, die dafür sorgt, daß sie nicht so leicht von Schädlingen und Krankheiten befallen werden. Öffnen Sie so oft als möglich Türen und Fenster. Das heißt, bis die Minimumtemperatur für die meisten

Blumenzwiebeln überwintern im Topf bis zum Frühjahr

wärmeliebenden Pflanzen erreicht ist. Aber sorgen Sie sich nicht, wenn die Pflanze einmal ein bißchen zu kalt gestanden hat. Auch wärmeliebende Arten können kurzzeitig niedrigere Temperaturen vertragen, ohne direkt darunter zu leiden.
Pflanzen, die mehr Kälte vertragen, läßt man im Herbst so lange wie möglich im Freien stehen. Dort härten sie besser ab und erhalten frische Luft. Sorgen Sie dafür, daß das Substrat nicht zu naß wird, denn dies läßt sie gegenüber Kälte empfindlicher reagieren. Schützen Sie die Töpfe vor Regen und gießen Sie nicht mehr so oft.
Einige Arten können bereits im frühen Frühling wieder ins Freie, wie Kamelien, Lorbeer, Olive, Granatapfel, Yucca, *Corokia* und die kräftige *Trachelospermum*. Einige Grade Frost werden ihnen nicht schaden. Halten Sie sich an folgende Regel: Wenn es im Freien für die Pflanze nicht zu kalt ist, sollte sie auch draußen stehen. Sinkt die Temperatur deutlich, dann muß die Pflanze wieder ins Haus.
Dies kann natürlich ein mühsames Geschleppe werden. Aber wenn sich das Winterquartier zu ebener Erde befindet, dürfte das kein Problem sein. Dann kann man die Pflanzen auf eine bewegliche Unterlage stellen, z.B. auf ein flaches Wägelchen oder auf einen Teewagen. Am Abend rollt man dann bequem seine Pflanzen ins Haus.

Winterquartier für Orangerie-Pflanzen

Liebhaber von Topf- und Kübelpflanzen, die keinen Platz haben, um ihre Pflanzen im Winter optimal unterzubringen, können sich auf einjährige Pflanzen beschränken oder auf Arten, die viel Frost aushalten. In dieser Enzyklopädie werden Sie solche Pflanzen antreffen. Aber wenn man unbedingt Kübelpflanzen bzw. Orangerie-Pflanzen besitzen möchte, die ein Winterquartier brauchen, dann gibt es auch noch eine andere Möglichkeit: Versuchen Sie, die Pflanzen den Winter über an einem anderen Ort unterzubringen. Dies kann zum Beispiel eine ortsansässige Gärtnerei sein, die einen Teil ihrer Gewächshäuser den Pflanzen von Kunden zur Verfügung stellt. Hier haben die Pflanzen eine hellen, frostfreien Standort und die entsprechende Versorgung, um gut über den Winter zu kommen. Von vielen Gartenbauverbänden gibt es inzwischen vorgefertigte „Überwinterungs-Verträge", in denen die Leistungen des Gärtners genau bezeichnet sind. Die Überwinterungs-Saison läuft normalerweise von Oktober bis Mai. Ganz billig ist die Überwinterung beim Gärtner nicht, in Anbetracht der sachverständigen Pflege und der Überwinterungsdauer von meist 6 1/2 Monaten aber immer noch äußerst preisgünstig, zumal sehr oft sogar eine Art Überwinterungsgarantie gegeben wird.

Ausschnitt aus der Gärtnerei Overhagen

Abelia floribunda

Der mexikanische Strauch *Abelia floribunda* wächst in milden Klimagebieten sowohl im Sommer, als auch im Winter im Freiland. Aber in den meisten europäischen Regionen muß die Pflanze im Winter ins Haus gestellt werden. Wenn es mehr als einige Grade Frost hat, holen Sie den Topf oder Kübel ins Haus und bereiten ihm dort ein trockenes, kühles, aber helles Winterquartier.
Im Frühling treiben die biegsamen Zweige wieder aus und bereits im frühen Sommer bilden sich am neuen Holz Blüten. Diese Blüten erscheinen in reich gefüllten Trauben und haben eine dunkelrosa bis kirschrote Färbung.

○ 0 °C

Abelia floribunda

Abutilon x hybridum

Unter diesem Sammelnamen werden zahlreiche Kreuzungen von *Abutilon*-Sorten mit weißen, gelben, orangen oder roten Blüten oder in dazwischen liegenden Farbschattierungen angeboten. Wenn man diese Pflanzen im Sommer gut am Wachsen hält, indem man sie bei warmem Wetter häufig gießt und düngt, können sie auf Dauer über 2 m hoch werden.
Stellen Sie die Pflanze im Freien an einen sonnigen Platz. Sonne schadet nur dann, wenn die Pflanze zu wenig Wasser erhält. Dann kräuseln sich die Blätter von den Rändern her und fallen ab. Im Haus sollte man *Abutilon* vor der prallen Sonne schützen. Im Winter steht die Pflanze gerne an einem hellen, kühlen Platz. Obwohl einige Hybriden im Freien selbst einige Grade Frost vertragen können (wobei die Blätter abfallen), überstehen sie den Winter am besten bei Temperaturen zwischen 10 und 16 °C. Dann bleiben die meisten Blätter an der Pflanze, so daß das Substrat feucht genug gehalten werden muß, um die Verdunstung über die Blätter zu kompensieren. Bei einer höheren Wintertemperatur braucht die Pflanze mehr Wasser, da sie dann weiterhin wachsen und blühen wird.
Schneiden Sie die Pflanze im Herbst, oder eventuell auch im zeitigen Frühjahr zurück. Nach dem Schnitt sollten an jedem Zweig genügend Knospen übrigbleiben. Im Frühjahr werden geschnittene Pflanzen wesentlich kräftiger austreiben. *Abutilon*-Pflanzen sind für Spinnmilben, Weiße Fliege, Blatt-, Schild- und Schmierläuse anfällig.
Ein luftiger, aber zugfreier Standort verhindert den Befall durch solche Schädlinge.

○ 5 °C

Abutilon x hybridum

Abutilon x hybridum 'Albus'

An diesem sich reich verzweigenden Strauch entwickeln sich dunkelgrüne, samtige Blätter. Die weißen bis rahmweißen Blüten sehen flauschig aus. Durch ihr

Links: *Anisodontea capensis*

Abutilon x hybridum 'Albus'

langsames Wachstum bleibt diese Zuchtform sehr lange schön.

○ 5 °C

Abutilon x hybridum 'Donna'

Die großen Blüten entwickeln sich orangegelb, verfärben sich aber, wenn sie älter werden, nach Lachsrosa. Im Gegensatz zu den meisten Abutilons ist die Aderung bei dieser Hybride nicht dunkler gefärbt, sondern sie ist durchscheinend weiß. Darwinii-Gruppe.

○ 5 °C

Abutilon x hybridum 'Donna'

Abutilon x hybridum 'Eric Lilac'

Rosarote Blüten mit einer dunkelroten Äderung hängen elegant zwischen den Blättern herab. Die Blätter der Pflanze sind groß und samtig grün, wie die von einer ihrer Vorfahren, *Abutilon darwinii*. Eine große Gruppe von Hybriden wurde nach dieser Art benannt: die Darwinii-Gruppe.

○ 5 °C

Abutilon x hybridum 'Eric Lilac'

Abutilon x hybridum 'Eric Roze'

Diese Zuchtform aus der Darwinii-Gruppe macht in jeder Hinsicht einen helleren Eindruck, als 'Eric Lilac'. Sie hat hellrosa Blüten, die zart dunkelrosa bis rot geädert sind.

○ 5 °C

Abutilon x hybridum 'Eric Roze'

Abutilon x hybridum 'Kentish Belle'

Abutilon x hybridum 'Kentish Belle' ist eine reich blühende, sehr dankbare Pflanze aus der Megapotamicum-Gruppe, wobei die Blüten paarweise aus den Blattachseln herabhängen. Die eleganten Blätter sitzen an relativ lockeren, vertikalen Zweigen, die sich unter der Last der Blüten durchbiegen. Die Kronblätter sind orangegelb mit oranger Nervatur. Darüber entwickelt sich ein auffallend großer Kelch von einer leuchtend dunkelroten Farbe.

☼ 5 °C

Abutilon x hybridum 'Kentish Belle'

Abutilon x hybridum 'Laura'

Eine recht neue Sorte aus der Darwinii-Gruppe mit orangegelben Blüten, deren Farbe an den Rändern nach Rot mit einem rosafarbenen Hauch verläuft.

☼ 5 °C

Abutilon x hybridum 'Laura'

Abutilon x hybridum 'Pink Niedorp'

Die rosafarbenen Blütenblätter öffnen sich zu einer breiten Glocke mit einer dunkelrosa Äderung. Darwinii-Gruppe.

☼ 5 °C

Abutilon x hybridum 'Pink Niederop'

Abutilon x hybridum 'Red Princess'

Abutilon x hybridum 'Red Princess' ist wiederum eine Zuchtform, die zur Darwinii-Gruppe gehört. Sie trägt dunkelrote, glänzende Blüten.

☼ 5 °C

Abutilon x hybridum 'Red Princess'

Abutilon x hybridum 'Souvenir de Bonn'

Wegen der kräftigen Wuchsform wird *Abutilon* x *hybridum* 'Souvenir de Bonn' (Synonym: 'Andenken an Bonn') als Unterstamm benutzt, auf dem schwachwüchsige Abutilons gezogen werden. Der Strauch selbst ist aber nur schwer in Form zu halten, da die Zweige recht spärlich austreiben und deshalb oft geschnitten werden müssen.

Trotzdem wird *Abutilon* x *hybridum* 'Souvenir de Bonn' häufig angeboten, da die Blätter dieser Zuchtform eine besonders aparte Zeichnung haben. Der Blattrand der großen Blätter ist rahmweiß bis grüngelb, eine Eigenschaft, die sich bei ausgesäten Pflanzen wiederholt. Die Blüten sind lachsrosa mit einer dunkelrosa Äderung.

○ 5 °C

Abutilon x hybridum 'Souvenir de Bonn'

Abutilon megapotamicum

BELGISCHE FLAGGE

Die rot-gelben Blüten mit den meist purpurfarbenen Staubfäden haben dieser Pflanze den Namen Belgische Flagge gegeben (sie ist rot, gelb und schwarz). Die kugeligen Blüten hängen wie Lampions zwischen dem samtigen Laub herab. Spitze Blätter sitzen an langen, biegsamen Zweigen, die sich ausgezeichnet leiten lassen und einen Schirm von Blüten ausbilden können.

Ursprünglich kommt *Abutilon megapotamicum* aus Brasilien. Trotzdem verträgt sie im Boden ausgepflanzt einige Grade Frost. Lassen Sie es aber bei einer Kübelpflanze nicht darauf ankommen und holen Sie die Pflanze ins Haus, bevor die Temperatur unter 5 °C absinkt, ansonsten wird die Pflanze ihre Blätter abwerfen.

Ratschläge für die richtige Pflege von *Abutilon megapotamicum* lesen Sie unter *Abutilon* x *hybridum* nach.

○ 5 °C

Abutilon mecapotamicum

Abutilon pictum

An den gelborangen Blüten der Art *Abutilon pictum*, die auch unter dem Namen *Abutilon striatum* angeboten wird, fallen die verdickten, dunklen Nerven als erstes auf. Der kräftige Strauch wächst im Sommer im Freien in einem geräumigen Topf mit humusreicher Erde. Sorgen Sie im Winter für einen hellen, trockenen Standort mit einer minimalen Temperatur von 10 °C.

Meist wird man sich eine Zuchtform von *Abutilon pictum* kaufen. Die Sorte 'Thompsonii' ist wegen ihrer gelb-grün gemusterten Blätter sehr beliebt. Die Zeichnung entstand durch den sogenannten Mosaikvirus. Dieses hübsche Muster erscheint auch, wenn man die Pflanze aus Samen zieht. Stecken Sie diese aparte Sorte bei rund 20 °C in die Erde oder in lauwarmes Wasser.

○ 10 °C

Abutilon pictum 'Thompsonii'

Abutilon striatum

Siehe: *Abutilon pictum*

Abutilon sonneratianum

Die ungefähr 150 *Abutilon*-Arten wachsen in vielen tropischen und subtropischen Ländern, wie in Amerika, Afrika, Asien und Australien. *Abutilon sonneratianum* aus dem südlichen Afrika ist ein typischer Vertreter der ursprünglichen Arten, die überwiegend gelb oder orange blühen, aber relativ kleine Blüten entwickeln. Aus diesen Arten entstand ein überaus großes Sortiment an Zuchtformen.
Diese Kultivare, die unter dem Namen *Abutilon* x *hybridum* angeboten werden, blühen reichlich und über einen langen Zeitraum: In einem Kübel auf der Terrasse bilden sie von ungefähr April bis Oktober Blüten, in beheizten Wintergärten, Gewächs- und Kalthäusern das ganze Jahr über.

○ 5 °C

Abutilon sonneratianum

Acacia

Akazien wachsen in den trockenen Gebieten Australiens, Afrikas und Amerikas. Hauptsächlich die australischen Arten sind beliebte Pflanzen für subtropische Gewächshäuser und Wintergärten, aber sie eignen sich auch ausgezeichnet als Kübelpflanzen.
In der Natur wachsen Akazien auf scheinbar trockenen Plätzen, aber fast immer reichen die langen Wurzeln bis tief in die Erde, um an Wasser zu gelangen, oder die Pflanzen entwickeln ein weit verzweigtes Wurzelwerk an der Oberfläche, wo die Feuchtigkeit während der nächtlichen Abkühlung kondensiert. Dies erklärt auch, weshalb Akazien im Boden eines Gewächshauses besser wachsen als in einem abgeschlossenen Kübel.
Vergessen Sie deshalb bei Kübelkultur, daß es sich hierbei um Pflanzen aus trockenen Gebieten handelt und halten Sie den Boden während der Wachstumsphase gleichmäßig feucht. Aber das Gießwasser sollte nicht stehen bleiben. Eine gute Dränage des Kübels und eine lockere Erdmischung sind notwendig, um die Pflanze gesund zu halten.
Das Substrat sollte darüber hinaus eher sauer sein. In einer kalkreichen Erde können Krankheiten auftreten, wobei die Blätter ihre dunkle Farbe verlieren und sich gelbgrün verfärben.
Selbst im Winter sollte das Substrat nicht vollkommen austrocknen, da die Blätter, die an den Pflanzen bleiben, bereits ein klein wenig Feuchtigkeit verdunsten. Stellen Sie die Akazien an einen hellen Platz und vor allem nicht zu warm. Wenn sie kühl, bei maximal 10 °C überwintert werden, sollten sie besser blühen. Die meisten Arten vertragen einige Grade Frost und alle Arten lieben frische Luft. Deshalb halten die echten Liebhaber ihre Pflanzen möglichst lange im Freien und bringen die Akazien während frostfreier Perioden wieder hinaus.
Die meisten Arten blühen im Spätwinter oder im zeitigen Frühjahr, wobei auffällt, daß Pflanzen, die in Kübeln im Freien gestanden haben, am besten blühen. Die Blüten, die meist gelb oder rahmweiß gefärbt sind, sitzen in kleinen Kugeln beieinander. Sie werden unter dem Namen Mimosen als Schnittblumen verkauft, haben aber nichts mit der echten *Mimosa* gemeinsam. Auch der schmetterlingsblütige Baum (*Robinia pseudacacia*) wird oft Akazie genannt, aber er ist mit dieser Pflanze nicht verwandt.
Von den ungefähr 1000 Arten der echten Akazien werden nur einige hundert kultiviert. Die übrigen tragen zu viele Dornen oder wachsen schlecht oder zu schnell, wobei sie von unten her verkahlen.
Dieses Problem stellt sich übrigens bei allen Akazien mehr oder weniger stark, so daß die Pflanzen unbedingt geschnitten werden müssen.
Schneiden Sie die Sträucher oder Bäume nach der Blüte in Form.
Akazien kann man über Stecklinge vermehren, aber dies ist nicht einfach und eigentlich nur den ausgesprochenen Fanatikern oder professionellen Züchtern vorbehalten.
Auch Aussaat ist recht mühsam, aber für den Liebhaber noch die beste Vermehrungsmethode. Die Samen sind sehr hart und müssen zunächst in Wasser vorgeweicht werden, bis sie aufquellen. Dies kann manchmal 12 Stunden, aber auch bis zu 8 Tagen dauern. Einige Liebhaber beschleunigen den Prozeß, indem sie die Samen zwanzig Minuten lang in kochendes Wasser untertauchen, oder sie legen die Samen in bereits kochendes Wasser und lassen sie hierin zusammen mit dem Wasser abkühlen, bis sie ihr Volumen verdoppelt haben (nach ca. 2 bis 3 Tagen). Danach kann man sie bei einer Temperatur von über 20 °C aussäen. Das Ergebnis wechselt allerdings stark – meist dauert es 1 bis 3 Wochen, bevor die Samen, zu

keimen beginnen, aber manchmal kann auch ein Jahr vergehen.
Wir beschreiben nachfolgend drei der häufigsten Arten.

○ 15 °C

Acacia cultriformis

Was Sie vielleicht für die Blätter von *Acacia cultriformis* halten, sind in Wirklichkeit verdickte Stengel (sogenannte Phyllodien).
Bei dieser Art aus New South Wales (Australien) sind sie blaugrün und enden in einer stechenden Spitze.
In Regionen, in denen es nicht stark friert, werden die stacheligen Sträucher auch gerne als undurchdringliche Hecken angepflanzt.
Bei uns blüht *Acacia cultriformis* im Spätwinter und im zeitigen Frühjahr mit flaumigen, gelben Blütenköpfchen. Sie hat von Natur aus die Neigung, ihre Zweige hängen zu lassen, was durch gezielten Schnitt noch verstärkt werden kann. so daß man die Pflanze relativ kompakt ziehen kann. Für die weitere Versorgung siehe *Acacia*.

○ -5 °C

Acacia cultriformis

Acacia dealbata

MIMOSE
Acacia dealbata wird oft auch Mimose genannt. Bereits im 19. Jahrhundert wurden die blühenden Zweige im Winter im Süden Frankreichs und Italiens abgeschnitten und bei uns als Schnittblumen (unter dem Namen Mimose) verkauft. Von Natur aus wächst diese australische Art *Acacia dealbata* baumförmig mit hübsch gefiederten Blättern.
Durch sein oberflächliches Wurzelwerk erhält der Baum genügend Feuchtigkeit. Deshalb ist ein großer Kübel und regelmäßiges Gießen unbedingt wichtig. Da dies aber zu einem unüberwindlichen Problem werden kann, sieht man die 'unechte' Mimose oft in den Boden von Gewächshäusern und Wintergärten ausgepflanzt. Im Prinzip muß die Pflanze dort nicht wieder ausgegraben werden, denn die Art überlebt im Boden 10 Grad Frost.
Die weitere Pflege von *Acacia dealbata* lesen Sie unter *Acacia* nach.

○ -5 °C

Acacia dealbata

Acacia floribunda

Siehe: *Acacia retinoides*

Acacia retinoides

MIMOSE DER VIER JAHRESZEITEN
In Ländern, in denen es nur selten friert, wird *Acacia retinoides* an vielen Stellen angepflanzt, wegen ihrer langandauernden Blühperiode läßt man sie auch gerne verwildern. In solchen subtropischen Ländern wächst diese australische Pflanze zu einem strauchartigen Baum von ungefähr 5 m Höhe heran. Im Gegensatz zu den meisten anderen Akazien verträgt die Art *Acacia retinoides* kalkhaltigen Boden und dies erklärt auch,

weshalb gerade diese Pflanzenart so häufig verwildert. Auch die geringe Frostempfindlichkeit mag eine Rolle spielen. Selbst in Südwest-England kann *Acacia retinoides* im Freien, an Süd- und Westmauern, überleben. Lassen Sie deshalb mit diesem populären Gewächs bepflanzte Kübel so lange wie möglich im Freien stehen. Zwischen den bis 18 cm langen Phyllodien (verbreiterte Blattstiele) erscheinen das ganze Jahr über neue Trauben gelber, herrlich duftender Blüten. Der Strauch wächst schnell und kann je nach Belieben geschnitten werden. Die weitere Pflege steht unter *Acacia*.

○ -5 °C

Acacia retinoides

Acacia semperflorens

Siehe: *Acacia retinoides*

Acca sellowiana

Siehe: *Feijoa sellowiana*

Acer palmatum

JAPANISCHER FÄCHERAHORN

Der Japanische Fächerahorn ist im Garten vollkommen winterhart. Bevor die Blätter im Herbst abfallen, verfärben sie sich wunderschön nach Orange und Rot. Der Baum selbst bleibt klein und hat von Natur aus eine eher zierliche Wuchsform. Besonders behandelte Bäumchen wirken im Topf wie zu groß ausgefallene Bonsais.

Acer palmatum

Ziehen Sie den Japanischen Fächerahorn in einem frostbeständigen Topf oder Kübel, der mit genügend Abflußlöchern versehen sein sollte. Verwenden Sie ein lehmhaltiges, aber neutrales bis leicht saueres Substrat, das auch im Sommer genügend Feuchtigkeit speichern kann.

Schützen Sie den Japanischen Fächerahorn vor starkem Wind und praller Sonne, aber geben Sie dem Bäumchen einen hellen Standort. Wenn es stärker als 5°C friert, muß man den Topf vor Frost schützen, indem man ihn mit isolierendem Material einpackt und an das Haus stellt. Vor strengem Frost sollte man selbstverständlich den Kübel ins Haus holen und ihn dort an einen kühlen, eventuell dunklen Platz stellen.

Vom Japanischen Fächerahorn sind unglaublich viele Sorten im Handel, oft mit 5 oder 7 spitzen Lappen am Blatt. Die Blätter der Sorte 'Ornatum' (besser bekannt als *Dissectum atropurpureum*) sind so stark eingeschnitten, daß sie bandförmig wirken. Die Herbstfärbung ist grandios.

❄

Acer palmatum 'Ornatum'

Acidanthera bicolor

Siehe: *Gladiolus callianthus*

Acnistus

Bei spezialisierten Kübelpflanzenzüchtern findet der Sammler häufig drei Namen für Pflanzen vor, die sich stark ähneln: *Acnistus*, *Dunalia* und *Iochroma*.
Die Blüten von *Acnistus* sind kugelförmig und erscheinen in Trauben an den Enden der kräftigen Zweige.
Ihre Farbe liegt zwischen Blau und Orangerot, manchmal ist auch etwas Weiß zu sehen.
Ein Beispiel hierfür ist die Pflanze, die unter dem Namen *Acnistus arborescens* angeboten wird. Ihre glockenförmigen Blüten sind am Anfang weiß, verfärben sich aber am Kelchrand nach Lavendelrosa. Die länglichen, filzigen Blätter von *Acnistus arborescens* sitzen an grünen Zweigen, die verholzen, wenn sie älter werden.
Acnistus australis wächst auf ähnliche Weise strauchförmig, hat aber lilablaue Glockenblüten, die sich nach unten zu einem Röckchen verbreitern.
Die große Verwandtschaft zwischen *Acnistus* und *Iochroma* wird bei Kreuzungen deutlich, die beiden Gattungen können relativ einfach miteinander gekreuzt werden. *Acnistus australis* läßt sich mit *Iochroma cyaneum* kreuzen. Das Ergebnis ist ein Strauch, der schlankere, karmin- bis weinrote Blüten in üppigeren Trauben trägt, als dies bei *Acnistus* der Fall ist.
Die Pflege der *Acnistus*-Arten ähnelt der von *Iochroma*-Arten. Im Sommer die Sträucher bevorzugen einen sonnigen, warmen Platz, der nicht zu windig sein sollte, denn die Zweige brechen leicht ab. An solch einem „tropischen“ Standort muß man die Pflanze kräftig gießen und düngen, um das Wachstum in Gang zu halten. Relativ früh holt man die Pflanze ins Haus, in jedem Fall, bevor die Nachttemperatur unter 5 °C absinkt. Ein helles, luftiges Winterquartier bei Temperaturen zwischen 10 und 15 °C eignet sich bestens für *Acnistus*. Die Pflanze behält ihre Blätter und braucht deshalb viel Wasser, damit die Verdunstung kompensiert werden kann. In Notfällen kann man *Acnistus* auch an einem dunklen Platz bei niedrigeren Temperaturen überwintern, aber dann werden die Blätter abfallen und die Pflanze wird erst im Frühling wieder austreiben.
Wenn man die Sträucher im Frühjahr und Herbst kräftig schneidet, bleiben sie gut in Form. Im Sommer kann man vom grünen Holz Stecklinge nehmen, die unter Glas, bei einer Bodentemperatur von ungefähr 20 °C, leicht wurzeln sollten.

○ 5 °C

Acnistus australis

Acnistus arborescens

Acnistus australis x Iochroma cyaneum

Aeonium arboreum

Die großen Rosetten von *Aeonium arboreum* wachsen mit der Zeit zu verzweigten Stämmchen von einigen 10 Zentimetern empor. Nur an den Spitzen der Zweige sitzen grüne Blätter. Meist werden dunkelblättrige Zuchtformen von *Aeonium arboreum* angeboten, wie 'Atropurpureum' (Dunkelrot) oder 'Zwartkop' (Dunkelaubergine), aber auch die buntblättrige Sorte 'Variegatum' (Rahmweiß mit Grün) ist sehr beliebt.
Stellen Sie die Pflanze, die ursprünglich aus Marokko stammt, im Sommer in einem genügend großen Topf ins Freiland an einen sonnigen Platz. Obwohl *Aeonium arboreum* mit jedem Substrattyp zurechtkommt, bevorzugt sie eher mineralische Erde mit Lehm und Sand. Im Sommer wird sie maßvoll gegossen; *Aeonium arboreum* sollte vor Regengüssen unbedingt geschützt werden.
Im Winter gießt man *Aenium arboreum* nicht oder nur selten. Stellen Sie die Pflanze während dieser Zeit an einen hellen Platz in einen kühlen, aber frostfreien Raum.

○ 0 °C

Aeonium arboreum 'Zwartkop'

Aeonium ciliatum

Jedes der graugrünen Blätter der Rosetten von *Aeonium ciliatum* ziert ein rosarotes Rändchen. Die Rosette befindet sich am Ende eines dünnen Stämmchens, das manchmal mit der Zeit zum Liegen kommt, so daß man ältere Pflanzen auch gut als Hängepflanzen ziehen kann. Die Pflegemaßnahmen ähneln denen von *Aeonium decorum.*

○ 5°C

Aeonium ciliatum

Aeonium decorum

Aeonium decorum stammt ursprünglich von der Kanarischen Insel Gomerra und bildet kleine, dickblättrige Rosetten. Die untersten Blätter fallen häufig ab, wodurch die Rosetten an den Stengeln zu stehen kommen. Auf Gomerra werden sie ungefähr einen halben Meter lang. Aus den Blattrosetten bilden sich im Spätsommer Blüten, danach sterben sie ab.
Ziehen Sie die Pflanze in mineralischem Substrat (aus Lehm, Sand und Kies) mit etwas Humus. Gießen Sie *Aeonium decorum* im Sommer regelmäßig, so daß die Erde nicht austrocknet. Im Winter braucht die Pflanze einen trockenen und kühlen (minimal 5 °C), aber sonnigen Platz.

○ 5 °C

Aeonium arboreum 'Zwartkop'

Aeonium tabuliforme

Diese Art stammt aus Teneriffa. Ihre bewimperten Blätter überlappen einander spiralförmig und bilden auf diese Weise flache Rosetten. Da die Blätter recht dünn sind, brauchen die Pflanzen auch im Winter Wasser. Bei einer Minimumtemperatur von 15 °C gießt man die Pflanze im Sommer normal und im Winter etwas weniger. Im Herbst, sobald die Pflanzen im Freien beträchtlich niedrigere Temperaturen vertragen, können sich an den Rosetten Blüten entwickeln, mit vielköpfigen Blütenständen von ca. 25 cm Höhe und Breite. Die blühenden Rosetten, die hellgelbe Blüten tragen, sterben später ab, deshalb sammelt man reife Samen.

○ 5 °C

Aeonium tabuliforme

Agapanthus

SCHMUCKLILIE

Wegen ihrer großen, attraktiven Schirmblüten im Spätsommer und der einfachen Pflege gehört die Schmucklilie mit zu den dankbarsten Kübelpflanzen. Bequeme Menschen profitieren besonders von dieser Pflanze, denn sporadisches Umpflanzen stimuliert die Blütenbildung.

Man kann mit dem Umtopfen so lange warten, bis die Wurzeln den Plastiktopf auf der Unterseite durchdringen oder einen Tontopf fast sprengen.

Diese südafrikanische Pflanze braucht viel Wasser und Dünger. Sie bevorzugt im Sommer einen sonnigen und warmen Standort. Einige Schmucklilien behalten im Winter ihre Blätter, wohingegen sie bei Arten absterben, die in Regionen wachsen, wo sich Regenzeiten mit einer langen Trockenperiode abwechseln.

Agapanthus africanus

Kultivierte Arten verlieren im Winter ihre Blätter, wenn man sie an einen kalten und dunklen Platz stellt.

Im späten Winter werden sie wieder austreiben, im Juli oder August erscheinen die großen, kugelförmigen Schirmchen mit blauen oder weißen Blüten.

Nach der Blüte gibt man der Pflanze allmählich weniger Wasser und düngt sie nicht mehr. Die Pflanzen vertragen selbst im Topf einige Grade Frost und sollten deshalb so lange wie möglich im Freiland stehen. Bestimmte Sorten, wie die aus der sogenannten Headbourne-Hybrids-Gruppe, aber auch die Zuchtformen, die normalerweise bei uns erhältlich sind, können mit dem entsprechenden Winterschutz im Boden ausgepflanzt im Freiland bleiben, jedenfalls, wenn sie relativ trocken stehen. Bei einer zu warmen Überwinterung (über 10 °C) werden sich weniger oder keine neuen Blütenknospen entwickeln.

Die ungefähr 10 Arten der Schmucklilien, die allesamt natürlicherweise in Südafrika wachsen, kreuzen sich leicht. Dies hat sowohl Vorteile (es sind zahlreiche, hübsche Hybriden entstanden), als auch Nachteile. Es sind nämlich im Laufe der Jahrhunderte, in denen diese Pflanzen kultiviert werden, zahlreiche „unbewußte" Kreuzungen aufgetaucht, die wiederum bewußt oder unbewußt gekreuzt wurden. So ist es mittlerweise fast unmöglich geworden, die kultivierten Sorten mit dem richtigen Namen zu versehen. Nachstehende Arten und Sorten werden deshalb nur als Typen der Gruppen beschrieben.

○ ● 5 °C

Agapanthus africanus

Blätter und Blütenstiele dieser prächtigen, blattbehaltenden Art sind kürzer als die der bekannten *Agapanthus praecox*.

Die Blätter von *Agapanthus africanus* sind ca. 30 cm lang und bleiben meist aufrecht stehen. Die Stengel, die eine Höhe von 50 cm erreichen, tragen bis zu 30 violettblaue Blüten. Halten Sie die Pflanze unbedingt frostfrei.

○ 5 °C

Agapanthus africanus 'Albidus'

Eine blattbehaltende Sorte, die, im Gegensatz zu der Art, etwas Frost vertragen kann, ist *Agapanthus africanus* 'Albidus'. Nach den neuesten Erkenntnissen müßte diese Sorte eigentlich *Agapanthus* 'Umbellatus Albus' heißen. Die Blüten sind durchscheinend weiß mit purpurfarbenen Fecken an den Außenseiten der Blütenblätter.

○ 0 °C

Agapanthus africanus 'Albidus'

Agapanthus africanus 'Albus Nanus'

Diese Pflanze bildet ein dichtes, wintergrünes Blattwerk, die einzelnen Blätter sind etwas kürzer als die der Art. Die rein weißen Blüten stehen an ungefähr 40 cm langen Stengeln.

○ 5 °C

Agapanthus 'Lilliput'

Hierbei handelt es sich um eine Kreuzung aus unbekannten Vorfahren, aber nach der Blütenform ist die Pflanze mit *Agapanthus campanulatus* verwandt. Wie *A. campanulatus* ist *Agapanthus* 'Lilliput' ziemlich winterhart.
Ihre Blätter sind sehr spitz, wodurch die Pflanze fast grasähnlich wirkt. Sie werden ungefähr 10 cm lang und verwelken im Herbst. Die Blütenstände mit violettblauen Blüten wachsen ungefähr 40 cm hoch.

○ 0 °C

Agapanthus africanus 'Albus Nanus'

Agapanthus praecox orientalis

Von der wintergrünen *Agapanthus praecox*, die ihre Blütenstände fast mehr als einen Meter hoch austreibt, wird meist die kompaktere Unterart *A. p. orientalis* angeboten.
An den gut 60 cm langen Stengeln sitzen von Juli bis

Agapanthus 'Lilliput'

August kugelförmige Schirme mit zahlreichen (bis zu 100) Einzelblüten.
Sie sind wässrig blau gefärbt, mit dunkleren Streifen.

○ oder ● 5 °C

Agapanthus praecox orientalis

Agapanthus umbellatus

Siehe: *Agapanthus africanus* oder *Agapanthus praecox*

Agave

HUNDERTJÄHRIGE ALOE

Die kräftigen Rosetten der Agavearten wachsen von Natur aus im tropischen Amerika. Ihre Blätter und die enorme Wuchskraft sind so dekorativ, daß sie auch in anderen warmen Ländern angepflanzt und ausgewildert wurden. Wenn die Rosette vollständig ausgewachsen ist, was in unseren Regionen nur selten passiert, entwickelt sich im Zentrum der Pflanze ein langer Blütenstengel. Nach der Blüte stirbt die Rosette ab, aber meist haben sich bereits an ihrem Fuß junge Pflänzchen ausgebildet. Diese können wiederum getopft werden.

Agavesorten

Agave americana

Als Kübelpflanzen sind die Agaven nahezu unverwüstlich. Das einzige, was sie nicht aushalten, ist ein klatschnasses Substrat und Frost. Im Sommer können sie im Freiland in der vollen Sonne stehen, im Winter möchten sie einen hellen, kühlen Platz. Im Winterquartier brauchen sie kaum Wasser.

○ 0 °C

Agave americana

Die Blätter dieser wohl bekanntesten Agavenart können in der Natur fast zwei Meter lang werden. In Töpfen und Kübeln bleiben sie natürlich bedeutend kleiner.
Die Art verträgt einige Grad Frost, aber die bunten Sorten, die bei uns meist angeboten werden, sind wesentlich empfindlicher.
Beispiele sind:
Agave americana 'Marginata' (die Blätter haben breite, gelbe Blattränder);
Agave americana 'Medio-picta' (auf der Mitte des Blattes befindet sich ein breites, rahmweißes Band);

Agave americana 'Medio-picta'

Agave americana 'Striata' (mit gelb- oder gelbweiß gestreiften Blättern);
Agave americana 'Variegata' (die Blätter haben rahmweiße Blattränder).

○ 0 °C

Agave attenuata

An dieser ursprünglich aus Mexiko stammenden Agave, die in vielen Gärten auf den Kanarischen Inseln und auf Madeira wächst, wird man sich nicht stechen.
Ihre graugrünen Blätter, die bis zu einem halben Meter lang werden können, sind unbestachelt.
Nur in südlichen Ländern sieht man den spektakulären Blütenstand, der bis zu drei Meter lang werden kann.

○ 5 °C

Agave attenuata

Agave bovicornuta

Agave bovicornuta stammt, ebenso wie *Agave americana*, aus Mexiko, bleibt aber ungefähr um die Hälfte kleiner. Ihre Blätter sind wachsartig überzogen, hellgrün mit einem dünnen, rotgelben, bestachelten Rand und tragen eine rote Endspitze.

○ 0 °C

Agave ferox

Die eindrucksvoll bestachelten Blätter von *Agave ferox* werden rund 30 cm breit und ungefähr zwei Meter lang. Diese Blätter schlagen sich hübsch um (siehe Bild) und geben der Pflanze ein apartes, gefäßähnliches Aussehen.

○ 0 °C

Agave ferox

Agave filifera

Agave filifera scheint sich fortwährend „in der Mauser" zu befinden. An ihren Blatträndern befinden sich weiße Fäden, die sich kräuseln und auf Dauer abfallen. Die Rosette wird nicht größer als im

Agave bovicornuta

Durchschnitt einen halben Meter, deshalb eignet sich die Pflanze ausgezeichnet für einen kleineren Kübel.

○ 0 °C

Agave filifera

Agave parryi

Die Blattrosette von *Agave parryi*, die sehr apart blaugrün überzogen ist, wird im Laufe vieler Jahre kaum einen halben Meter breit. An den Rändern der dicken Blätter von *Agave parryi* sitzen schokoladebraune Stacheln.

Stellen Sie diese Pflanze, die aus dem glühend heißen südwestlichen Teil der Vereinigten Staaten und dem angrenzenden Mexiko stammt, in die volle Sonne, so daß der Überzug erhalten bleibt.

○ 0 °C

Agave parryi

Agave titanota

Die kurzen, graugrünen Blätter dieser Pflanze haben einen auffallend kastanienbraunen Rand mit gebogenen Stacheln, die nach allen Seiten abstehen. Die Pflanze wirkt äußerst dekorativ und eignet sich auch für kleinere Töpfe oder Schalen.

○ 0 °C

Agave titanota

Ageratum houstonianum

LEBERBALSAM

Einige Zuchtformen des Leberbalsams bleiben so niedrig und klein, daß man sie leicht in einer flachen Schale ziehen kann. Im Handel gibt es zahlreiche Sorten, die alle knopfförmige blaue, violette, rosa und weiße Blüten tragen. Sie werden hauptsächlich als einjährige Sommerpflanzen gezogen. Man sät sie im Frühling im Haus aus. Nachdem die Sämlinge verzogen und abgehärtet sind, kann man sie nach dem letzten Nachtfrost an einen sonnigen oder leicht schatti-

Ageratum houstonianum

gen Platz ins Freiland setzen. Halten Sie die Erde gleichmäßig feucht, aber nicht zu naß.

(1)

Ageratum mexicanum

Siehe: *Ageratum houstonianum*

Albizia julibrissin

SEIDENBAUM, SCHLAFBAUM

Die fein gefiederten, zart gelbgrünen Blätter von *Albizia julibrissin* falten sich gegen Abend zusammen, daher kommt auch der Name Schlafbaum. Den anderen populären Namen, Seidenbaum, verdankt die Pflanze ihren Blütenköpfchen, die sie im Spätsommer entwickelt. Die Köpfchen tragen lange heraushängende Staubblätter, die den Eindruck eines Pinsels erwecken.

Bei uns ist der Seidenbaum nahezu winterhart (vor allem die Sorte *Albizia julibrissin* 'Rosea'), dennoch muß man den Topf oder Kübel mit der Pflanze (die im Laufe der Zeit einige Meter hoch werden kann) im Winter bei Frost ins Haus stellen. Die Pflanze braucht dort kaum Wasser und Licht, denn sie wird ihre Blätter verlieren. Der Boden sollte gut durchlässig sein, halten Sie ihn im Sommer gleichmäßig feucht, aber nicht naß. Düngen Sie nicht zu häufig, denn die kostbaren Pflanzen leiden unter zu schnellem Wachstum.

● -5 °C

Albizia julibrissin

Alchemilla mollis

FRAUENMANTEL

Der Frauenmantel ist eine vollkommen winterharte, blattverlierende Gartenpflanze, die sich auch für den Topf ausgezeichnet eignet. *Alchemilla mollis* stellt kaum Ansprüche, hat aber trotzdem einige Wünsche: Die Pflanze möchte humusreichen Boden, der bevorzugt kühl und feucht bleiben sollte, deshalb kann man den Topf gut in den Halbschatten stellen. Wenn aber diese Ansprüche nicht erfüllt werden können, überlebt *Alchemilla mollis* trotzdem. Steht sie zu trocken, werden ihre Blätter hängen, nach dem Gießen richten sie sich aber schnell wieder auf. Die Pflanze kann den Winter im Topf im Freien verbringen. Bei sehr strengem Frost muß man den Topf selbstverständlich gut isolieren.

❄

Alchimilla mollis

Allamanda cathartica

Diese Kletterpflanze aus Brasilien wächst in tropischen Gewächshäusern häufig an den Wänden hoch. In einem Topf oder Kübel kann man *Allamanda cathartica* durch Schnitt im Frühjahr auch buschig halten. Stellt man sie im Sommer sehr warm (über 20 °C), kommt man in den Genuß ihrer gelben Blüten. Weiterhin bevorzugt *Allamanda* nährstoffreiche, lockere und humusreiche Erde und während des Wachstums viel Wasser.

Überwintern Sie die Pflanze bei einer minimalen Temperatur von 12 °C an einem hellen Platz mit möglichst hoher Luftfeuchtigkeit in mäßig feuchtem Substrat.

○ 12 °C

Allamanda carthartica

Allamanda neriifolia

Siehe: *Allamanda schottii*

Allamanda schottii

Diese Pflanze wird wegen ihrer strauchartigen Wuchsform auch goldener Trompetenstrauch genannt. Wenn dieses Gewächs warm genug steht, erscheinen im Sommer Trauben goldgelber Blüten, deren Kelch orangebraun gestreift ist. Unter günstigen Bedingungen bilden sich danach große, bestachelte Früchte, aus denen man Samen gewinnen kann. Der goldene Trompetenstrauch, der auf die gleiche Weise wie *Allamanda cathartica* versorgt wird, wird noch recht selten angeboten, gehört aber zu den beliebten Neuheiten unter den Kübelpflanzen. Wenn man ihm ausreichend Wärme und Feuchtigkeit bieten kann, wird man sich lange an ihm erfreuen.

☼ 12 °C

Allamanda schottii

Allium albopilosum

Siehe: *Allium christophii*

Allium christophii

Die hellvioletten Blüten dieser Pflanze haben einen metallischen Glanz. Sie stehen in großer Zahl in Dolden oder Kugeln zusammen (im Durchschnitt 20 cm) und setzen farbige Blickpunkte und Akzente im Blumenbeet oder in einem Topf oder Kübel. Nach der Blüte bilden sich attraktive Fruchtstände, die als Trockenblumen die Rabatten oder unsere Wohnungen zieren können.

Allium (Zierlauch) kann im Garten ausgepflanzt und dort auch überwintert werden, man kann ihn aber auch in einem großen Topf oder Kübel ziehen. Pflanzen Sie seine Zwiebeln im Herbst (eventuell auch im Winter) ca. 10 cm tief in nahrhaften, gut durchlässigen Boden. Halten Sie das Substrat nach dem Pflanzen auch im Winter gut feucht. Nur bei strengem Frost holen Sie die Pflanze ins Haus, denn die Zwiebeln müssen kühl überwintert werden.

Während der Blüte, im Juni oder Juli, beginnen die Blätter des Lauchs zu welken. Dies kann kaschiert werden, indem man an den Fuß der Pflanze ein anderes Gewächs setzt. Sobald die Blätter abgestorben sind, holen Sie die Zwiebeln aus dem Boden und stellen sie an einen trockenen und relativ warmen Platz. Man kann die Zwiebeln auch den Sommer über im Topf lassen, aber dann sollte das Gefäß an einem trockenen und warmen Platz stehen.

❄

Allamanda christophii

Aloe barbadensis

Siehe: *Aloe vera*

Aloe barbadensis

Aloe striatula

In Gebieten, in denen es nicht friert, sind Aloen verwilderte Gartenpflanzen. Über den dickfleischigen Rosetten erheben sich lange Stengel, an denen in dichter Reihe längliche Blüten sitzen. Sie sind rot, orange oder gelb (oft mit grün) gefärbt, oder haben eine dieser Zwischenfarben. *Aloe striatula* blüht gelb bis orange.
Im Boden ausgepflanzt, verträgt diese Art einige Grad Frost, aber im Topf muß *Aloe striatula* ins Haus geholt werden, bevor die ersten Nachtfröste eintreten. Stellen Sie Aloe im Haus an einen hellen und kühlen (möglichst zwischen 5 °C und 12 °C) Platz. Gießen Sie nur, wenn die Blätter zu schrumpfen beginnen.
Im Sommer bevorzugen Pflanzen mit gut entwickeltem Wurzelwerk einen Platz in der vollen Sonne. Gießen Sie häufig, aber lassen Sie das Substrat danach immer gut abtrocknen. Die Erde sollte locker und gut durchlässig sein und möglichst aus mineralischen Bestandteilen bestehen (mit viel Sand, Steinen und Lehm).

○ 5 °C

Aloe vera

Die bekannte Pflanze *Aloe vera* enthält Öle, die heute in der kosmetischen Industrie sehr beliebt sind. Man findet die Pflanze oft auf Crèmes oder Haarshampoos

Aloe striatula

abgebildet. Ursprünglich stammt die Art *Aloe vera* von den Kapverdischen Inseln, aber sie wird in vielen Gebieten angebaut, so daß man ihr ebenfalls auf den Kanarischen Inseln, rund um das Mittelmeer und in Süd- und Mittelamerika begegnet.
Ihre saftigen Blätter bilden eine kompakte Rosette, woraus sich im Sommer lange Blütenstengel mit zitronengelben Blüten entwickeln. Pflegen und versorgen Sie die Pflanze wie *Aloe striatula*.

○ 5 °C

Alpinia purpurata

ROTER INGWER

Ihren deutschen Namen ‘Roter Ingwer’ verdankt die Pflanze den roten Blütenständen. Die rot beschuppten, äußerst dekorativen Blütenähren können bei guten Bedingungen fast einen halben Meter lang werden. Sie befinden sich am äußeren Ende eines großblättrigen Triebes von ungefähr zwei Meter Länge. Diese Triebe wiederum entwickeln sich aus einem ingwerähnlichen Wurzelstock.
Zur Zeit werden die ersten vorsichtigen Versuche unternommen, um diesen Zieringwer aus Malaisia als Kübelpflanze einzuführen. Die Pflanze verträgt zwar niedrige Temperaturen, blüht aber nur unter tropischen Bedingungen, das bedeutet also, sie möchte es warm und vor allem feucht.
Um *Alpinia purpurata* auch als Kübelpflanze zur Blüte zu bringen, braucht die Pflanze deshalb warme Sommer. Stellen Sie das Gewächs an einen luftigen Platz, nicht in die pralle Sonne – ein geschlossenes Gewächshaus eignet sich bestens –, so daß die Blätter nicht vertrocknen. Im Sommer braucht *Alpinia purpurata* reichlich Wasser und Dünger. Sorgen Sie für einen ausreichend Platz bietenden, mit humusreicher Erde gefüllten Kübel und halten Sie das Substrat konstant feucht. Geben Sie der Pflanze reichlich Dünger.
Nach der Blüte gibt man allmählich weniger Wasser und beendet das Düngen. Im Winter behält die Pflanze

unter normalen Bedingungen ihre Blätter, das bedeutet, daß sie einen hellen und nicht zu kühlen Platz braucht.
Diese Pflanze eignet sich ausgezeichnet für den anspruchsvollen Hobbygärtner.
Ihre Wurzelstöcke lassen sich gut teilen, so daß die Vermehrung nicht problematisch ist und man mit jungen Pflänzchen die Toleranz dieses „neuen“ Gewächses austesten kann.
Darüberhinaus entwickelt *Alpinia purpurata* sogenannte „adventive Knospen“, d.h. komplette junge Pflanzen, die in feuchter Erde bei Zimmertemperatur leicht wurzeln. Andere Arten, die nur selten angeboten werden, sind:
Alpinia calcarata, die Pflanze wird ungefähr 1 m hoch und trägt violettrot geäderte, weißgelbe Blüten;
Alpinia galanga, eine Besonderheit, blüht nur bei hoher Luftfeuchtigkeit mit gelben und grünweißen Blüten;
Alpinia zerumbet braucht wesentlich weniger Luftfeuchtigkeit und Wärme, um die weißrosa-gelben Blüten zu entwickeln.

○ 13 °C

Alpinia purpurata

Alyogyne huegelii

Dieses Familienmitglied von *Hibiscus* wächst von Natur aus in Australien. Seit kurzem blüht *Alyogyne huegelii* auch in unseren Gewächshäusern oder auf unseren Terrassen. Die Pflanze wächst strauchförmig, wird ungefähr einen halben Meter hoch, und trägt besonders hübsche, dunkelrosa Blüten zwischen den weichen, tiefgelappten Blättern.
Während der Wachstumsphase muß die Pflanze regelmäßig gegossen und ab und zu gedüngt werden.

Alyogne huegelii

Holen Sie die Pflanze im späten Sommer, sobald die Nachttemperaturen unter 10 °C absinken, ins Haus. Dies ist auch die Minimaltemperatur für die Pflanze, um gut durch den Winter zu kommen. Gießen Sie während dieser Zeit nur soviel, daß die Pflanze ihre Blätter behält, aber keinesfalls mehr. Sollte sie trotzdem viele Blätter abwerfen, geben Sie noch weniger, und keinesfalls mehr Wasser. Die Wurzeln sind im Winter sehr anfällig für Fäulnis. Bei Temperaturen über 15 °C braucht *Alyogyne* mehr Wasser. Die Pflanze wird weiter wachsen und muß dann im Frühling kräftig zurückgeschnitten werden.

○ 10 °C

Alyogne huegelii 'Trumpet Serenade'

Alyssum maritimum

Siehe: *Lobularia maritima*

Amaryllis belladonna

Die Amaryllis aus dem Blumenfenster heißt offiziell *Hippeastrum*, ist aber der *Amaryllis belladonna* sehr ähnlich. Dieses Knollengewächs aus Südafrika wächst

verwildert auf den Azoren und den Kanarischen Inseln, wo milde Klimabedingungen herrschen. Die echte *Amaryllis* wird normalerweise nur von spezialisierten Züchtern angeboten.
Pflanzen Sie die Knolle von *Amaryllis belladonna* im Frühjahr in einen großen Topf und lassen Sie die Spitze herausschauen. Solange die Pflanze bandförmige, grüne Blätter trägt, gießen und düngen Sie normal. Manchmal vertrocknen die Blätter zu Beginn des Sommers. Die Pflanze folgt dann ihrem natürlichen Zyklus und stirbt nicht ab. Während dieser blattlosen Periode gießt man überhaupt nicht. Geben Sie der Pflanze einen möglichst warmen Platz auf der Terrasse, im Wintergarten oder im Gewächshaus.
Im Spätsommer kann sich aus der blattlosen Knolle ein kräftiger Blütenstengel entwickeln, aber meist geschieht das erst ein Jahr später. Im Herbst werden sich in jedem Fall wieder Blätter bilden, so daß die Pflanze im Winter einen hellen, frostfreien Platz und nur wenig Wasser braucht. Topfen Sie die Pflanze nur selten um.

○ 0 °C

Amaryllis belladonna

Ampelopsis

SCHEINREBE, DOLDENREBE

Ampelopsis brevipedunculata var. *maximowiczii* 'Elegans' ist ein komplizierter Name für die Scheinrebe. Verwenden Sie besser den neuen Namen: *Ampelopsis glandulosa* 'Elegans'. Diese buntblättrige Sorte läßt sich als einzige gut im Zimmer halten. Die Pflanzen sind grünblättrig und können ganze Fensterfronten bewachsen. Trotz des populären Namens Scheinrebe bleibt die Sorte 'Elegans' etwas Besonderes und wird wie eine Kübelpflanze behandelt.
Sobald die Nachttemperaturen nicht mehr unter 5 °C absinken, kann man diese Pflanze in einem Kübel ins Freie stellen, am besten an einen luftigen Platz mit leichtem Schutz vor der heißen Mittagssonne. Die Blätter, die neben grünen auch graugrüne und rahmfarbene Flecken aufweisen (oft mit einem rosa Hauch), bleiben dort gut erhalten. Außerdem ist der Zierwert dieser Pflanze im Schatten enorm, da gerade dort die Blätter dieser Pflanze prächtig zur Geltung kommen. Lassen Sie die Scheinrebe nicht austrocknen und düngen Sie regelmäßig. Zu üppige Triebe, die sich mit ihren Ranken an anderen Pflanzen festhalten, kann man eventuell kürzen.
Ein heller Standort, hohe Luftfeuchtigkeit und eine Temperatur von ungefähr 10 bis 15 °C werden dafür sorgen, daß die Pflanze ihre Blätter behält. Es ist auch möglich, *Ampelopsis* dunkel zu überwintern, aber dann darf man der Pflanze keinesfalls zu viel Wasser geben.

○ 10 °C oder ● 5 °C

Amelopsis glandulosa 'Elegans'

Anigozanthos

KÄNGURUHBLUME

Die elf Arten der Känguruhblume stammen alle aus dem westlichen Australien. Man hat sie als eine Art Kuriosität entdeckt und die Pflanzen wurden in so großen Mengen von ihren natürlichen Wachstumsplätzen entfernt, daß man sich um den Fortbestand dieser Arten Sorgen machen mußte. Zur Zeit werden sie über ihr Wurzelwerk vermehrt.
Fast immer handelt es sich hierbei um Zuchtformen, deren Ursprung nicht mehr bekannt ist, aber in denen stets die kräftige, gelbblühende Art *Anigozanthos flavidus* zu erkennen ist. Die Känguruhblume wird immer eine seltsame Pflanze bleiben, aber es ist nicht einfach, sie gesund zu halten.
Sorgen Sie im Sommer für viel Licht und Wärme – am besten eignet sich ein geschützter Platz in der vollen Sonne. In kühlen Sommern kommt die Pflanze besser in den Wintergarten oder in das Gewächshaus (oder an einen hellen Platz in einen Wohnraum). Halten Sie den

Wurzelballen ständig feucht, sonst werden die Blütenknospen absterben, aber sorgen Sie dafür, daß überflüssiges Wasser gut abfließen kann.
Die meisten Pflanzen sterben im Winter an Lichtmangel. Sorgen Sie für einen sehr hellen, kühlen Standort (zwischen 5 und 15 °C) und gießen Sie nur soviel, daß die Austrocknung des Wurzelballens verhindert wird. Verwenden Sie Regenwasser oder enthärtetes (abgekochtes) Wasser.

○ 5 °C

Anigozanthos

Anisodontea capensis

Dieser kleine Strauch aus Südafrika blüht den ganzen Sommer über. Wenn man das Wachstum dieser Pflanze durch reichlich Wasser und Dünger ausreichend fördert, erscheinen ab dem späten Frühjahr ständig neue Blüten. Stellen Sie den Strauch am besten an einen warmen, sonnigen Platz in den Garten, mit Schutz vor der prallen Mittagssonne. Beim ersten Nachtfrost holen Sie *Anisodontea* ins Haus, obwohl die Pflanze einige Grad Frost vertragen kann. Meist wird sie um diese Zeit noch blühen.
Es ist nicht sinnvoll, die Pflanze den Winter über am Wachsen zu halten, deshalb sollten Sie allmählich weniger gießen und sie in einen kühlen, hellen Raum stellen.
Im Frühling kann man die Pflanze kräftig zurückschneiden, danach wird sie wieder austreiben und Sie über einen langen Sommer mit ihrer Blütenpracht erfreuen.

○ 0 °C

Anisdontea capensis

Antigonon leptopus

Wenn diese Kletterpflanze aus Mexiko nichts zum Festhalten findet, kriecht sie über den Boden. In vielen tropischen Ländern ist sie in Massen verwildert. In unseren Gebieten eignet sich diese Pflanze für den Wintergarten oder das Gewächshaus, sie wird ungefähr ein Jahr nach der Aussaat in üppigen Trauben weißer bis rosafarbener Blüten blühen. Gönnen Sie dieser Pflanze einen sonnigen Standort und geben Sie ihr im Sommer reichlich Wasser. Im Winterquartier sollte die Temperatur ungefähr 10 °C betragen. Halten Sie die Pflanze während dieser Zeit relativ trocken. Während der Ruhezeit kann man sie zurückschneiden.

○ 10 °C

Antigonon leptopus

Apios americana

ERDBIRNE

Diese schmetterlingsblütige Kletterpflanze entwickelt sich aus Wurzelknollen, die für die Nordamerikanischen Indianer eine wichtige Nahrungsquelle darstellen. Die Pflanze schlingt sich während einer Wachstumsperiode ungefähr drei Meter empor und blüht im Sommer reichlich. Aber die Blüten haben eher eine dezente Farbe und fallen kaum auf. Deshalb handelt es sich hierbei um eine echte Liebhaberpflanze, die in letzter Zeit immer häufiger angeboten wird.
Ihre Blätter sterben im Winter ab, aber die Knollen sind vollkommen winterhart. Lassen Sie sich aber nicht dazu verleiten, die Pflanze in den Boden auszupflanzen, denn dort wird sie sich stark wuchernd ausbreiten. Ziehen Sie die Pflanze besser in einem großen Kübel an einem sonnigen Platz. Geben Sie *Apios americana* reichlich Wasser.

❄

Apios americana

Apios tuberosa

Siehe: *Apios americana*

Aporocactus flagelliformis

SCHLANGENKAKTUS, PEITSCHENKAKTUS

Die dünnen Stengel, die mit harmlosen Dornen besetzt sind, hängen einige 10 Zentimeter herab. Wenn man diese Pflanze gut pflegt, blüht sie jedes Frühjahr mit rosafarbenen, ca. 10 cm langen Blüten.
Im Winter braucht der Schlangenkaktus eine strenge Ruheperiode. Gießen Sie nur dann, wenn die „Peitschen“ zu schrumpfen beginnen und hängen Sie die Pflanze an einen hellen, kühlen Platz, an dem die Temperatur nicht mehr als 15 °C erreichen kann. Wenn im Frühling kleine rosarote Punkte (die Knospen!) sichtbar werden, beginnen Sie, allmählich mehr Wasser zu geben. Hängen Sie die Pflanze jetzt an einen warmen, sehr hellen Platz, aber nicht in die volle Mittagssonne. Nach dem letzten Nachtfrost bringt man den Schlangenkaktus wieder ins Freie, nicht nur, weil die Pflanze auf einer Pergola so dekorativ wirkt, sondern vor allem, weil dieser Kaktus frische Luft besonders bevorzugt. Im Haus wird er häufig von Spinnmilben befallen.

○ 2 °C

Aporocactus flagelliformis

Araujia sericifera

WÜRGEPFLANZE, FOLTERPFLANZE

Durch den süßlichen Duft der Blüten der Folterpflanze werden Nachtfalter angelockt. Nachtfalter stecken ihren Rüssel auf der Suche nach Nektar in die Blüten. Aber dort erwartet die Insekten eine Überraschung. Die Blüten halten die Rollzunge fest, und wie der Falter auch herumzappelt, die Zunge bleibt fest sitzen. Erst früh am Morgen lassen die Blüten ihre Opfer los. Am Falter klebt nun ein kleines Pollenpaket. In der darauffolgenden Nacht macht der Falter an einer anderen blühenden Teufelspflanze die gleiche Erfahrung, und während er sich bemüht, sich zu befreien, streift er sein Pollenpaket ab. Die Pflanze hat wegen dieser Eigenschaft, die Falter festzuhalten, den Namen Folterpflanze erhalten. Nach der Bestäubung entwickelt sich eine Frucht von ungefähr 10 cm Länge.
Stellen Sie diese Würgepflanze in einen geräumigen Topf mit nährstoffreicher, feuchtigkeitspeichernder Erde und geben Sie *Araujia sericifera* während der

Wachstumsperiode reichlich Wasser und Dünger.
Diese Kletterpflanze, die ursprünglich aus Argentinien und Peru stammt, liebt Wärme. Ein Platz in einem Wintergarten oder einem Gewächshaus wäre deshalb ausgezeichnet geeignet. Wenn Sie aber einen geschützten, warmen und sonnigen Platz im Freien zur Verfügung haben, wird die Pflanze sich auch wohlfühlen.
Die wintergrüne *Araujia sericifera* wird im Winter eher trocken gehalten. Sie erhält dann einen hellen Standort, an dem die Temperatur nicht unter 10 °C abfällt.

○ 10 °C

Araujia sericifera

Argyranthemum 'Flamingo'

STRAUCHMARGERITE

Eine der hübschen, neueren Strauchmargeriten ist *Argyranthemum* 'Flamingo', sie gehört zu der Frutescens-Gruppe. Den recht niedrigen, locker geformten Strauch schmückt ein Meer rosafarbener Blüten mit einem dunklen Zentrum. Pflegemaßnahmen, wie unter *Argyranthemum frutescens* beschrieben.

(1)
Argyranthemum 'Flamingo'

Ardisia crenata

Ardisia wird zwar häufig als Zimmerpflanze angeboten, eignet sich aber wesentlich besser für die Kübelpflanzenkultur. Sobald die Nachttemperaturen nicht mehr unter 5 °C absinken, kann man diesen dunkelgrünen Strauch im Frühling ins Freie stellen.
Im Sommer werden sich weiße oder rosa Blüten entwickeln, die zwar im Freiland, aber nicht im Haus bestäubt werden können. Und nur die bestäubten Blüten können im Herbst rote Beeren bilden, die den größten Zierwert der Pflanze darstellen. Stellen Sie die Pflanze im Herbst, wenn Sie Beeren trägt, an einen möglichst kühlen Platz ins Haus. Auf diese Weise können Sie den Fruchtschmuck von *Ardisia crenata* länger genießen.
Im Sommer bevorzugt der Strauch einen zugfreien Platz im lichten Schatten. Halten Sie das humusreiche Substrat konstant feucht.
Im Winter braucht die Pflanze einen kühlen (5 bis 12 °C) Standort und nur noch wenig Wasser. Im Frühjahr läßt sich *Ardisia crenata* leicht aus Samen vermehren.

○ 5 °C

Argyranthemum frutescens

STRAUCHMARGERITE, SOMMERMARGERITE

Unter dem Namen *Argyranthemum frutescens* werden heutzutage zahlreiche Zuchtformen der auf den Kanarischen Inseln wildwachsenden Margeriten ange-

Ardisia crenata

boten. Ihre Blätter sind manchmal grau- oder blaugrün und zart gefiedert. Die Blüten der echten Strauchmargerite sind weiß mit einem gelben Zentrum.
Die Blüten der Zuchtformen haben oft eine rosa, gelbliche, rahmfarbene oder lila Tönung. Häufig aber werden die goldgelb blühenden *Euryops*-Arten fälschlicherweise unter dem Namen *Argyranthemum* verkauft. Strauchmargeriten bevorzugen Wärme und Sonne, bei gleichzeitig frischer Luft. Auch im Halbschatten blühen sie prächtig und dort verdunsten sie weniger Feuchtigkeit, so daß man sie entsprechend weniger oft gießen muß. Aber vergessen Sie nicht: Diese durstigen Pflanzen sollten niemals völlig austrocknen. Düngen Sie regelmäßig, damit die Pflanzen den ganzen Sommer über blühen.
Bevor der erste Nachtfrost auftritt, sollten Sie die Strauchmargeriten ins Haus holen, so daß Sie auch im Zimmer noch die Blütenpracht genießen können. Obwohl sich die Strauchmargerite im Spätsommer gut durch Stecklinge vermehren läßt, ist es für die meisten Pflanzenliebhaber wohl am einfachsten, im Frühjahr ein neues, blühendes Exemplar dieser Pflanze zu kaufen.

(1)

Argyranthemum frutescens

Asarina erubescens

KLETTERGLOXINIE

An den Enden der klimmenden Ranken von *Asarina erubescens* entwickeln sich den ganzen Sommer über neue, rosa Blüten, von denen jede einzelne bis 7 cm lang werden kann. Die mexikanische Kletterpflanze erreicht die Höhe der Kletterhilfe, die man ihr zur Verfügung stellt (sie kann während einer Saison eine Höhe von 3 m erreichen). In einem geräumigen Topf mit Bambusstecken bleibt die Pflanze eine kompakte Kugel voller Blüten. Stellen Sie den Kübel sonnig oder in den lichten Schatten und gießen Sie reichlich.
Am Ende der Saison entwickeln sich kugelförmige Früchte, in denen sich geflügelte Samen befinden, die man im Februar unter Glas aussät, wenn man die Pflanze auch im folgenden Jahr wieder ziehen möchte. Man kann die kletternde Gloxinie aber auch nach einem Rückschnitt im Herbst an einem frostfreien, aber trockenen und hellen Platz überwintern.

(1) oder ○ 0 °C

Asarina erubescens

Asclepias curassavica

SEIDENPFLANZE

Die Seidenpflanze läßt sich ausgezeichnet mit anderen Kübelpflanzen kombinieren, wenn sie aber alleine steht, fällt ihr sparriger Wuchs ins Auge.
Die Blüten, die sich im Mai – Juni entwickeln, sind rot mit orange, gelb-orange und manchmal weiß-orange. Den ganzen Sommer über erscheinen neue Schirme an den Spitzen der Triebe, danach entwickeln sich lange Früchte. Beim Öffnen wird deutlich, weshalb diese Pflanze den Namen Seidenpflanze trägt: An jedem Samen sitzt eine seidenartige Fruchtfaser.
Stellen Sie die Seidenpflanze den Sommer über an einen sonnigen Platz in gut durchlässiges Substrat und gießen Sie großzügig. Regelmäßige Düngergaben fördern die Blütenentwicklung. Im Winter braucht die Pflanze, die ihre Blätter behält, wenig Wasser, aber dann sollte man sie auch an einem möglichst idealen Standort halten, die bevorzugte Temperatur liegt zwischen 10 und 15 °C.
Wenn man im Januar – März die Samen im Haus vorzieht, kommen die Pflänzchen noch im selben Sommer zur Blüte.

○ 10 °C

Ascalepias curassavica

Asclepias fruticosa

SEIDENPFLANZE

Bei dieser ungefähr einen Meter hohen Art geht es nicht so sehr um die blassen Blüten, sondern um die dekorativen Blasenfrüchte, die sich aus den Blüten entwickeln. In Südafrika werden sie mit Silberfarbe besprüht und als Weihnachtskugel verwendet.
Pflege und Vermehrung siehe unter *Asclepias curassavica.*

○ 10 °C

Aspidistra elatior

SCHUSTERPALME

Aspidistra ist wirklich eine robuste Pflanze. Diese ursprünglich chinesische Pflanze wächst auch unter sehr ungünstigen Umständen und füllt mit der Zeit den ganzen Topf durch ihren dicken Wurzelstock, aus dem sich die mit der Zeit langen Blätter entwickeln. Stellen Sie die Pflanze nicht in die volle Sonne und lassen Sie den Wurzelballen nicht zu lange im Wasser stehen.
Mit einer schattigen Terrasse, auf die man ansonsten keine mediterranen Pflanzen stellen könnte, kommt die fast 1 m hohe *Aspidistra elatior* gut zurecht. Ihre dunkelgrünen Blätter vermitteln die Atmosphäre alter Sitzplätze.
Neben der grünblättrigen Art gibt es auch Zuchtformen mit gelben oder weißen Flecken oder Streifen auf den Blättern. Die bekannteste ist wohl *Aspidistra elatior* 'Milky Way', mit rahmfarbenen Flecken. *Aspidistra elatior* 'Variegata Ashei' hat weiße Streifen, wohingegen bei 'Variegata Exotica' das Streifenmuster chaotischer ist.
0 °C

Aspidistra elatior 'Milky Way'

Aster amelloides

Siehe: *Felicia amelloides*

Azalea mollis

Siehe: *Rhododendron molle*

Asclepias fruticosa

B b

Bacopa 'Snowflake'

Siehe: *Sutera cordata* 'Snowflake'

Ballota pseudodictamnus

An diesem kleinen Strauch, der von Natur aus an den Küsten Griechenlands wächst, ist einfach alles zart – die Stengel und die Blätter. Auch die schüsselförmigen Umhüllungen, aus denen sich die kleinen, weißpurpurfarbenen Blüten entwickeln, sind fein weiß befilzt.
Ballota pseudodictamnus ist eine ausgezeichnete Kübelpflanze, die in sandigem Boden in der vollen Sonne stehen mag und selbst dort nur sehr wenig Wasser braucht. Der weiße Flaum bleibt am schönsten erhalten, wenn kein Wasser an ihn gelangt.
Die Pflanze verträgt in gut durchlässigem Boden 10 Grad Frost, kann aber als Kübelpflanze auch bei Frost an einen hellen und kühlen Platz ins Haus geholt werden. Man kann *Ballota* über Stecklinge vermehren.

☼ -5 °C

Ballota pseudodictamnus

Basella alba

BASELLA

Bassella alba ist ein tropisches Gemüse. Die Blätter und die saftigen jungen Stengel werden gedämpft oder im Wok zubereitet. Man kann diese Kletterpflanze aus Samen großziehen. Säen Sie Basella im zeitigen Frühjahr im Zimmer oder im Gewächshaus aus und lassen Sie die gekeimten Pflänzchen bei Raumtemperatur anwachsen. Nach ungefähr drei Monaten kann man die jungen Pflänzchen vereinzeln, danach werden die Pflanzen sich reich verzweigen.
Im Sommer kann diese Kletterpflanze in einem geräumigen Topf im Freien stehen, wobei als Kübelpflanzen besonders die roten Sorten 'Rubra' und 'Rosebud' gezogen werden. Man nennt sie wegen der weinroten Stengel und Blattnerven auch rote Basella. Geben Sie den Pflanzen reichlich Wasser und düngen Sie für ein gutes Wachstum.
Aus den kleinen, blasenförmigen Blüten entwickeln sich karminrote Beeren, und in diesen Beeren befinden sich die Samen. Man kann sie sammeln, sobald die Beeren schrumpfen. Seien Sie vorsichtig mit dem herauslaufenden Saft, der in Asien als Farbstoff verwendet wird.

(1)

Basella alba 'Rosebud'

Begonia-Cane-Gruppe

STRAUCHBEGONIE

Aus der großen Zahl der Strauchbegonien eignet sich eine Gruppe besonders gut für die Kübelkultur, die *Begonia-Cane*-Gruppe. Es handelt sich hierbei um Kreuzungen zwischen aufrecht wachsenden Begonienarten mit solchen, die teilweise hochschießende, leicht überhängende junge Triebe ausbilden. Sie erinnern von der Wuchsform her ein bißchen an Zuckerrohr.

Die Knospen, aus denen sich die länglichen Blätter entwickeln, sind von häutigen Blättchen umgeben. Die Blätter haben eine charakteristische Form, sie sind wesentlich breiter als lang. Auf dem grünen bis rotgrünen Laub befinden sich häufig silbrige Flecken.

Die weißen, rosa, roten oder orangen Blüten hängen in reizvollen Blütenständen aus der Blattachsel heraus.

Begonia Cane-Gruppe

Die Vorfahren der *Cane*-Begonien stammen hauptsächlich aus Brasilien. Aus *Begonia maculata* entstanden bekannte Zimmerpflanzen, wie *Begonia* 'Lucerna' (mit großen Trauben weißer bis hellrosafarbener Blüten) und *Begonia* 'Picta' (mit einem auffallend silberfarbigen Blattmuster). Die Blattränder sind meist glatt. Wenn aber *Begonia aconitifolia* eingekreuzt wurde, und der Blattrand gewellt, manchmal auch gelappt ist, spricht man von 'Superba Cane'.

Durch den kräftigen Wuchs der Cane-Begonien eignen sie sich sehr gut als Kübelpflanzen. Die hoch wachsenden Arten können sehr wohl eine Stütze gebrauchen, vor allem, wenn sie zunächst im Zimmer gestanden haben. Möchte man eine kompakte, buschige Wuchsform erzielen, muß man die Pflanze im Frühjahr bis auf einige Knospen über dem Boden kräftig zurückschneiden. Während des neuen Austriebs entstehen kräftige, vertikal ausgerichtete Äste, die sich nur wenig verzweigen, aber auch schlaffere, eher horizontal wachsende Zweige. Aber je nach Wunsch kann man eher die vertikalen oder die hängenden Zweige fördern bzw. abknipsen.

In Abhängigkeit von der Sorte und der Art und Weise, wie man die Pflanze aufbindet bzw. schneidet, können die Strauchbegonien 50 cm bis 3 m hoch werden. Trotzdem muß man sie in einen relativ kleinen Topf mit gut durchlässigem Boden setzen, so daß das Substrat während zweier Gießphasen wieder gut abtrocknen kann. Ein luftiger Platz in der Morgen- oder Abendsonne ist der ideale Standort. Nur während der Mittagshitze stehen diese Begonien gerne im Schatten.

Im Herbst holt man die Pflanzen sinnvollerweise ins Haus. Sie können dann immer noch blühen, so daß man auch im Haus noch ihre Schönheit genießen kann.

Um Schimmelbildung zu vermeiden, entfernt man regelmäßig die älteren, abgestorbenen Blätter und die verwelkten Blüten. Begonien, die in der feuchten Herbstluft noch im Freien stehen, sind für Mehltau anfällig. Entfernen Sie die befallenen Blätter (sie haben einen weißen Überzug) und vernichten Sie diese, oder schneiden Sie die Pflanze bis auf einige Knospen über dem Boden zurück.

Überwintert man die Begonien im Haus, dann muß man regelmäßig gießen, damit sie ihre Blätter behalten. Wenn Sie die Pflanzen an einen kühlen Platz stellen, sollte die Erde relativ trocken bleiben, wobei es völlig normal ist, daß die Blätter abfallen. Nach dem Frühjahrsschnitt treibt die Pflanze relativ schnell wieder aus.

Im Sommer kann man die Pflanzen leicht durch Stecklinge vermehren, indem man ca. 10 cm lange Kopfstecklinge in Wasser oder feuchtem Torfmoos wurzeln läßt. Decken Sie sie nicht mit Plastikfolie ab. Nach ungefähr einem Monat sind die Stecklinge bewurzelt und sollten sich schnell zu blühenden Pflanzen entwickeln.

○ 5 °C

Begonia coccinea

Auch diese brasilianische Art wächst strauchförmig und wird ungefähr einen Meter hoch. Die Stengel von *Begonia coccinea* sind saftig und brechen leicht ab. Auch die glänzenden grünen Blätter mit dunkelroten Rändern sind sukkulent (saftig) und haben eine deutliche Flügelform. In England wird diese Art deshalb auch 'Engelsflügelbegonie' genannt.

Männliche Blüten von *Begonia coccinea* werden im Durchschnitt rund 2 cm und sind rosarot. Die weiblichen Blüten sind rot und werden etwas größer.

Begonia coccinea kann man auf die gleiche Weise versorgen wie die *Cane*-Begonien.

○ 5 °C

Begonia fuchsioides

Die Zweige, Blätter und Blüten dieser Begonie aus Venezuela ähneln auf den ersten Blick denen von Fuchsien. Und wirklich, die kleinen, gezahnten Blätter, die schlaffen, roten Stengel und die Trauben kugeliger Blütchen an Stielen erinnern tatsächlich an sie. *Begonia fuchsioides* ist durch ihre dichte Strauchform eine Kostbarkeit unter den Kübelpflanzen. Aber man sollte die Pflanze im Herbst rechtzeitig ins Haus holen, denn diese *Begonia* verträgt keine Temperaturen unter 10 °C. Im Winter wird *Begonia fuchsioides* zur idealen Zimmerpflanze, die den ganzen Winter über blühen kann. Im Sommer gibt man der Pflanze regelmäßig Wasser und nach Möglichkeit einen Platz im (Halb-)Schatten. Zur Vermehrung dieser Pflanze gewinnt man im Sommer Stecklinge; verwenden Sie hierfür ein Stengelstück, an dem sich einige Blattknospen befinden.
10 °C

Begonia fuchsiodes

Begonia coccinea

Begonia minor

Begonia minor ist eine der ungefähr tausend natürlichen Begonienarten, die in den wärmeren Regionen von Amerika, Afrika und Asien wachsen. *Begonia minor* (oft auch *Begonia nitida* genannt) war die erste Art, die 1777 nach Europa gebracht wurde.

Bis heute noch ist sie eine der wenigen botanischen Arten, die kultiviert wird. Ursprünglich stammt sie aus Jamaika, aber mittlerweilen ist diese Begonie über die ganzen Tropen und Subtropen als Gartenpflanze verbreitet.

Im Schatten wächst sie am besten und auch als Zimmerpflanze bevorzugt *Begonia minor* einen kühlen, schattigen Platz.

Ein Fenster nach Norden wird sie auf Dauer vollkommen mit bis zwei Meter langen Stengeln bedecken, die sich nach dem Licht orientieren.

Im Sommer steht *Begonia minor* am liebsten im Freiland. Dort bekommt sie genügend frische Luft und Licht, wodurch sie kompakter wächst.

Stellen Sie die Pflanze auch hier in den lichten Schatten und schützen Sie die Begonie vor praller Mittagssonne.

Man kann diese Pflanze in einem relativ kleinen Topf ziehen. Das Substrat sollte ganz durchwurzelt sein, so daß die Wurzeln das Wasser gut aufsaugen können. Lassen Sie das Substrat während der Gießperioden abtrocknen und stellen Sie die Pflanzen während langer Regenperioden an einen trockenen Platz.

Sobald die Temperatur im Herbst unter 5 °C absinkt, holt man die noch blühenden Pflanzen ins Haus, wo sich die Blütenpracht an einem kühlen Standort noch lange Zeit entwickeln kann.

○ 5 °C

Begonia minor

Begonia nitida

Siehe: *Begonia minor*

Begonia Semperflorens-Gruppe

Diese Begonien sind vor allem wegen ihrer rosa, roten und weißen Blüten als Park- und Rabattenpflanzen bekannt, mit denen man wunderhübsche Farbteppiche bilden kann. Gerade weil die Pflanzen den ganzen Sommer über nahezu ununterbrochen blühen, sind sie die Lieblinge von Gärtnern, die mit Hilfe dieser Begonien farbenfrohe Muster gestalten. Auch Liebhaber von bunten Blumenschalen oder farbenfrohen Balkonkästen kommen kaum ohne die Semperflorens-Begonien aus.

Sie entstanden aus Kreuzungen zwischen *Begonia semperflorens* und *Begonia schmidtiana*, beide Pflanzen wachsen von Natur aus in Brasilien. Zur Zeit verwendet man auch andere Begonien für Kreuzungen, so daß die Herkunft der Semperflorens-Hybriden nicht mehr exakt nachvollziehbar ist.

In jedem Fall geht es hierbei um Pflanzen mit saftigen Blättern und Stengeln, die leicht brechen, so daß es sich empfiehlt, sie vor starkem Wind zu schützen.

Nach dem letzten Nachtfrost kommen die Pflanzen ins Freiland, wo sie in der Sonne oder im Halbschatten bis zum ersten Nachtfrost ununterbrochen blühen sollten. Gießen Sie normal, aber sorgen Sie dafür, daß die Topferde zwischen den Wassergaben gut abtrocknen kann, ansonsten ist die Gefahr für Mehltau sehr groß.

Im Herbst kann man die Pflanze im Haus als Zimmerpflanze ziehen, vorzugsweise an einem nicht zu heißen Platz. Wird die Pflanze unansehnlich bzw. häßlich, kann man sie bedenkenlos wegwerfen. Im Frühjahr kauft man normalerweise neue Pflanzen, die leicht ausgesät werden können oder – im Falle der sterilen Pflanzen mit gefüllten Blüten – über Stecklinge vermehrt werden.

(1)

Beonia Semperflorens-Gruppe

Begonia sutherlandii

Die orangefarbenen Blüten dieser afrikanischen Knollenbegonie wirken vor den olivgrünen Blättern sehr dekorativ. Zur Zeit wird die Pflanze gerne als Hänge- oder Ampelpflanze für die Terrasse verkauft. Das ist eine gute Wahl, denn *Begonia sutherlandii* bevorzugt frische Luft und verträgt niedrige Temperaturen. Seien Sie aber trotzdem vorsichtig und holen Sie die Pflanze vor dem ersten Nachtfrost ins Haus.

Dort wird sie dann noch einige Zeit blühen. Bei warmer, heller Überwinterung werden die Blätter an der Pflanze bleiben, deshalb gießt man immer dann, wenn die Erde sich trocken anfühlt.

Wenn es Ihnen nur um die Sommerblüte im Freiland geht, überwintern Sie *B. sutherlandii* an einem kühlen, trockenen Platz und stellen das Gießen ein. Die Blätter werden absterben, aber die knollenartigen Wurzeln bleiben am Leben. Stellen Sie die Pflanze an einen frostfreien, eventuell dunklen Platz und geben Sie genügend Wasser, um zu starke Austrocknung zu vermeiden.

Im April – Mai, wenn die Wurzelknollen wieder austreiben, gibt man allmählich wieder mehr Wasser.

Man kann die Pflanze über Knöllchen, die sich in den Blattachseln bilden, vermehren. Im Herbst sind sie reif und können getopft werden. Die Pflanzen, die hieraus entstehen, werden bei guter Pflege im zweiten Jahr blühen.

○ 15 °C oder ● 0 °C

Begonia 'Tamaya'

Die neue Zuchtform 'Tamaya' ist eine Begonie, die auf dem Unterstamm einer anderen Sorte gezogen wurde. Ihre Blätter und Blüten ähneln denen von

Begonia sutherlandii

Begonia corallina, aber dadurch, daß sie von einem Stämmchen herabhängen, sieht die Zuchtform 'Tamaya' fast wie ein Bonsai aus. Dieser Effekt wird noch verstärkt, wenn man die Pflanze in eine Schmuckschale topft.
Wie bei einem echten Miniaturbäumchen muß man die Pflanze schneiden, um ihre Form zu erhalten. Schneiden Sie aber nach der Blüte, denn die Blüten, an denen auffallend lange Früchte hängen, sind viel zu schön, um abgeschnitten zu werden.
Begonia 'Tamaya' ist eine Ziersorte für die Terrasse, dort wird sie im Sommer prächtig blühen. Sorgen Sie wiederum dafür, daß überflüssiges Wasser gut abfließen kann und gießen Sie dann, wenn sich das Substrat wieder trocken anfühlt. Ein heller Standort, aber nicht in der prallen Mittagssonne, ist für die Pflanze am besten geeignet.
Sobald die Nachttemperaturen unter 7 °C absinken, holt man *Begonia* 'Tamaya' ins Haus, dort behandelt man sie wie eine Zimmerpflanze.

○ 7 °C

Begonia 'Tamaya'

Begonia Tuberhybrida-Hybriden

KNOLLENBEGONIE

Die meisten der ca. 1000 Begonienarten sind immergrüne Pflanzen. In milden Klimaregionen ohne Frost und langen Trockenperioden wachsen sie durchgehend den ganzen Sommer und Winter über. Begonien aus Berggebieten, wie die aus den Anden, bilden hingegen eine Ausnahme. *Begonia boliviensis, Begonia clarkei, Begonia davisii, Begonia pearcei, Begonia veitchii* und *Begonia froebelii* kennen aus den Anden eine Wachstumsphase, die mit einer Ruheperiode abwechselt. Während der Ruhezeit sterben die oberirdischen Teile ab. Im Boden sitzt eine verdickte Wurzelknolle, in der die Nährstoffvorräte gespeichert werden.
Die Knollenbegonien, die bei uns im Sommer im Freien in Parks, in Schalen und Töpfen blühen, sind Kreuzungen zwischen den vorher genannten Sorten. Die Blüten können einfach oder gefüllt, weiß, rosa rot, orange, gelb oder mehrfarbig gefleckt sein.
Um die unterschiedlichen Blütenformen anzudeuten, hat man die Knollenbegonien in zahlreiche Gruppen unterteilt und mit Gruppennamen versehen.
Beispiele hierfür sind:
Die Camelliiflora-Gruppe (mit Blüten, die denen von Kamelien ähneln),
die Picotee-Gruppe (mit einem gefärbten Rand an jedem Blütenblatt),
die Multiflora-Gruppe (mit vielen kleinen Blüten) und die Pendula-Gruppe (mit hängenden Blüten, wodurch sich diese Gruppe ausgezeichnet für Hängekörbe eignet). Knollenbegonien eignen sich ausgezeichnet für Leute, die im Winter mit Platzmangel zu kämpfen haben. Im Herbst sterben die Stengel und Blätter ab. Entfernen Sie die vertrockneten Teile, um Schimmelbildung zu vermeiden, lassen Sie die Knollen in dem Topf mit Erde sitzen, und stellen Sie den Topf an einen dunklen, kühlen Platz. Die ideale Wintertemperatur liegt zwischen 5 und 10 °C. Man kann die Knollen auch im Herbst aus dem Topf herausholen und sie in Torf oder Sägemehl aufbewahren. Da es nicht einfach ist, den Torfmull oder das Sägemehl leicht feucht zu halten, kommt es vor, daß die Knollen zu stark eintrocknen.
Im Frühjahr setzt man die Knollen wieder in den Topf, der mit frischer, leicht feuchter Erde gefüllt sein sollte. Pflanzen Sie die Knollen nur so tief, daß man später noch leicht die Oberseite der Knolle bedecken kann. (Beachten Sie: die runde Seite ist die Unterseite, aus

Begonia Tuberhybrida-hybride

der sich die Wurzeln entwickeln). Während dieser Phase bilden sich nicht nur die Wurzeln und neuen Triebe, sondern auch kleine Auswüchse an der Seite der Knollen. Diese Auswüchse kann man abbrechen und gesondert eintopfen.
Wenn die neuen Triebe sich gut entwickeln, füllt man den Topf mit Erde auf, so daß die Knolle vollkommen bedeckt ist.
Wenn man keine Möglichkeit hat, die Knollen zu überwintern, wirft man sie am Ende der Saison weg und kauft im Frühling neue. Zur Zeit werden Knollenbegonien auch wie einjährige Pflanzen behandelt und im Frühjahr ausgesät, sie kommen noch im selben Sommer zur Blüte.
Knollenbegonien gedeihen sowohl im Halbschatten als auch in der vollen Sonne. Gießen Sie regelmäßig und lassen Sie die Erde zwischen den Wassergaben gut abtrocknen. Wenn Sie einmal vergessen haben, zu gießen, ist das in der Regel nicht tragisch; mit Wind hingegen kommen die Knollenbegonien nicht zurecht, da hierdurch häufig die saftigen Stengel von der Knolle abbrechen.
Vermeiden Sie auch, diese Begonien an Wegränder zu pflanzen und auch an Stellen, wo sie von Kindern oder Haustieren beschädigt werden können. Hauptsächlich bei großblütigen und gefülltblühenden Zuchtformen besteht die Gefahr, daß die Stengel unter dem Gewicht der Blüten abbrechen.
Stützen Sie die Pflanzen z.B. mit kleinen Stöckchen, aber achten Sie darauf, daß die Stützstäbe die Knolle nicht verletzen.

● 5 °C

Begonia Tuberhybrida-hybride

Bellis caerulescens

BLAUES GÄNSEBLÜMCHEN

Das Blaue Gänseblümchen wächst natürlicherweise im nordafrikanischen Atlasgebirge. Dort friert es zwar regelmäßig, aber niemals tritt Frost in Verbindung mit Nässe auf. Deshalb ist dieses Gänseblümchen in unseren Rasen nicht verwildert.
Die aparten Topfpflanzen müssen im Winter trocken und hell stehen, und können dann sogar etwas Frost vertragen. Aber gerade wenn diese Pflanze im Topf steht, muß man den Wurzelballen vor strengerem Frost schützen. Ansonsten ist das Blaue Gänseblümchen eine problemlose Pflanze, die im Sommer reichlich Blüten trägt, die etwas größer sind, als die des „normalen" Gänseblümchens. Es sieht nett aus, wenn Sie die weißen Blümchen mit Blauen Gänseblümchen in einem Topf kombinieren. Gänseblümchen werden im Herbst gesät. Bedecken Sie die Samen nicht oder kaum, denn *Bellis* ist ein Lichtkeimer.

○ - 5 °C

Begonia caerulescens

Bellis rotundifolia caerulescens

Siehe: *Bellis caerulescens*

Berberidopsis corallina

KORALLENSTRAUCH

In den Wäldern Chiles klettert *Berberidopsis* bis zu einer Höhe von 4 Metern hoch in den Bäumen. In unserem Klima sind dies die perfekten Pflanzen, um schattige Plätze zu begrünen.
Ziehen Sie diese wintergrüne Kletterpflanze in einem großen Kübel oder Topf in nährstoffreicher, feuchtigkeitsspeichernder Erde und schützen Sie die Pflanze vor Wind. Die hübschen, dunkelgrünen Blätter bleiben

auf diese Weise von Juni bis spät in den Herbst zwischen Trauben feuerroter Blüten an der Pflanze hängen. Diese Blüten sind kugelförmig und durchschnittlich 1,5 cm breit.
Im Boden ausgepflanzt verträgt *Berberidopsis* bis 10 Grad Frost, aber ein getopftes Exemplar stellt man nach den ersten Nachtfrösten ins Haus an einen hellen, kühlen Platz, dort gießt man nur ab und zu.

○ 0 °C

Berberidopsis corallina

Bidens ferulifolia

ZWEIZAHN

1992 wurde ein kleiner Strauch eingeführt, der wie eine hängende Form von *Coreopsis* aussieht.
Die Zweige dieser mittelamerikanischen Pflanze fallen etwas unordentlich auseinander, das ist normalerweise kein gutes Zeichen für eine erfolgreiche Zierpflanze. Aber wenn man einmal gesehen hat, wie dekorativ *Bidens* in einer Ziervase wirkt, wird man begeistert sein.
Die Pflanze machte eine Blitzkarriere und heute hängen die halbhängenden, winkelartig beblätterten Triebe überall aus Vasen und Hängekörben. Dieser dankbare gelbe Sommerblüher ist in Süddeutschland und Österreich eine der populärsten Arten für Balkonkästen.
Der Zweizahn ist robust, verträgt volle Sonne, aber auch kühlere Standorte.
Wenn man die Samen im Februar - März im Haus aussät, blühen die Pflanzen ab Juni bis weit in den Herbst hinein.
Im Prinzip ist es möglich, die Pflanzen zu überwintern, aber meist werden sie wie einjährige behandelt.

(1)

Bignonia buccinatoria

Siehe: *Distictis buccinatoria*

Blechnum gibbum

Eigentlich ist *Blechnum gibbum* ein kleiner, seltener Baumfarn, der im Alter ein kurzes Stämmchen ausbildet. Ursprünglich stammt die Pflanze aus Südamerika. Ihre stark gewellten, derben, hellgrünen Blätter bilden eine dichte Krone. Durch die Anordnung der Wedel erinnert der Farn an eine Palme. Diese botanische Rarität bevorzugt hellen, absonnigen Standort.
Wenn man den Wurzelballen gut naß hält, kann die Pflanze sogar in der Sonne stehen. Ballentrockenheit führt unweigerlich zum Absterben des Farns.

Blechum gibbum

Zum Gießen sollten Sie nur enthärtetes Wasser verwenden, denn dieser Farn ist extrem kalkempfindlich.
Vor dem ersten Nachtfrost holt man den Farn ins Haus, wo man ihn an einen hellen, kühlen Platz stellt. Dort braucht *Blechnum gibbum* im Winter wenig Wasser. Es tut ihm gut, wenn Sie ihn ab und zu besprühen.
An jungen Wedeln von *Blechnum gibbum* findet man gelegentlich Blattläuse. Lästig werden können auch manchmal Schild- und Wolläuse.
Wenn Sie sich diesen prächtigen Farn anschaffen möchten, suchen Sie im Gartencenter in der Zimmerpflanzenabteilung nach ihm.

○ 5 °C

Boronia heterophylla

Die Zweige von *Boronia* wachsen nahezu rechtwinklig. Die schmalen, langen Blätter sorgen dafür, daß die Pflanze einen vertikalen Eindruck erweckt. Die Blätter ähneln denen von Rosmarin, die kugeligen Blüten hingegen erinnern eher an Heidelbeeren.

Dieser merkwürdige kleine Strauch, der bei uns ungefähr einen Meter hoch wird, kommt aus Australien. Die Blüten duften zart und werden in der Parfümindustrie verwendet. Pflanzen Sie den Strauch in einen engen Topf mit einer Mischung aus Sand und Torf (oder in ein anderes saueres Substrat). Das Gießwasser sollte gut abfließen können. Stellen Sie den Topf an einen hellen Platz, aber nicht in die volle Sonne, und schützen Sie ihn vor Ostwinden. Gießen Sie mäßig und schneiden Sie die Triebe nach der Blüte kräftig zurück, wenn Sie eine buschige Wuchsform erzielen möchten.

Im Herbst, vor dem ersten Nachtfrost, muß *Boronia heterophylla* ins Haus geholt und kühl und hell überwintert werden. Gießen Sie die Pflanze während dieser Periode recht sparsam.

○ 5 °C

Begonia heterophylla

Bougainvillea

BOUGAINVILLEA, DRILLINGSBLUME

Diese Pflanzen haben es in unseren Klimaregionen recht schwer. Sie wachsen am besten in einem großen, luftigen Gewächshaus oder in einem Wintergarten. Die zweite gute Zuchtmethode ist, sie als Kübelpflanzen zu halten. Drillingsblumen dürfen erst relativ spät ins Freiland, ungefähr im Juni - Juli, wenn die Hochblätter, die die eigentlichen Blüten umgeben, beginnen sich zu verfärben. Pflanzen, die zu früh nach draußen kommen, werden nur in sehr heißen Sommern Blüten entwickeln.

Stellen Sie den Topf oder Kübel an den sonnigsten und geschütztesten Platz, den Sie finden können, ein Standort vor einer Südseite des Hauses wäre optimal. Das Substrat muß durchlässig sein und sollte viele mineralische Bestandteile enthalten (Sand und Lehm). Gießen Sie großzügig.

Vor dem ersten Nachtfrost wird die Pflanze ins Haus geholt. Man kann sie kühl überwintern, hierbei werden die Blätter abfallen, oder nach einem warmen Überwinterungsquartier suchen, wobei die Blätter an der Pflanze sitzen bleiben. Letztere Methode bietet mehr Sicherheit, denn vor allem schwache Pflanzen treiben im Frühjahr nach einer langandauernden blattlosen Periode nur schwer oder nicht mehr aus.

In einem warmen Winterquartier (zwischen 12 und 20 °C) gießt man mäßig. Normale Wohnräume sind oft für *Bougainvillea* zu trocken, deshalb stellen Sie die Pflanze besser in ein nur wenig beheiztes Schlafzimmer, aber achten Sie auf ein sonniges Fenster. Während der kalten Überwinterung (2 bis 15 °C) braucht *Bougainvillea* kein Licht. Vermeiden Sie, daß während dieser Periode der Wurzelballen ganz austrocknet. Ab März - April, wenn der Strauch langsam austreibt, können Sie mehr Wasser geben. Ab Mai - Juni sollte die Pflanze gut durchtreiben und braucht dann auch reichlich Wasser. Jetzt können Sie auch beginnen, zu düngen.

Für beide Überwinterungsmethoden gilt: Versuchen Sie, möglichst häufig zu lüften und sprühen Sie die Blätter im Winter und Frühling möglichst oft, um Spinnmilben zu vermeiden.

Beim Kauf sollte die *Bougainvillea* blühen. Die Umstellung der Pflanze in Zimmer mit trockener Luft kann das Abfallen der Blüten verursachen. Deshalb tauchen Züchter die Pflanzen oft in das Bewurzelungshormon Rhyzopon B. Das chemische Mittel verzögert den Blütenabwurf. Man kann selbst versuchen, den Abwurf zu vermeiden, indem man gekaufte Pflanzen an einen gut belüfteten Platz mit hoher Luftfeuchtigkeit stellt, oder indem man die Pflanzen unmittelbar nach dem Kauf ins Freie bringt.

Bougainvillea

Man kann Drillingsblumen zwar durch Stecklinge vermehren, aber das ist nicht ganz einfach. Schneiden Sie im Frühjahr oder Sommer nicht blühende Kopfstecklinge von ungefähr 10 cm Länge ab und stecken Sie diese in torfhaltiges Anzuchtsubstrat. Decken Sie die Stecklinge mit Glas oder einer Plastikfolie ab und halten Sie die Bodenwärme in der Schale um 20 °C. Stellen Sie die Schale keinesfalls in die pralle Sonne. Mit Hilfe von Bewurzelungspräparaten werden die Stecklinge schneller wurzeln.
Auch Pfropfen ist möglich, wodurch kostbare Züchtungen, wie die *spectabilis*-Kultivare und buntblättrige Sorten auf einem kräftigen Unterstamm entstanden sind.

● 2 °C oder ○ 12 °C

Bougainvillea 'Lady Mary Bering'

Bougainvillea x buttiana

BOUGAINVILLEA

Bei vielen der strauchförmigen Drillingsblumen, die unter dem Namen *B. spectabilis* angeboten werden, handelt es sich im Grunde um Kreuzungen zwischen *Bougainvillea glabra* und *Bougainvillea peruviana*. Die Hochblätter können hellrot gefärbt sein, oder rosa,

Bougainvillea x buttiana

Bougainvillea x buttiana

lachsfarben, orange, crème oder weiß. Meist werden die zahlreichen Zuchtformen namenlos verkauft. Buntblättrige Sorten werden am besten warm überwintert.

● 2 °C oder ○ 12 °C

Bougainvillea x buttiana

Bougainvillea glabra

BOUGAINVILLEA

Die bekannteste Bougainvillea stammt ursprünglich aus Brasilien, ist aber heute in allen Ländern um das Mittelmeer herum als Zierpflanze anzutreffen. Die Hochblätter sind bei den Nachkommen dieser Pflanzen meist lila gefärbt und werden im Laufe der Zeit stets heller. Weniger häufig ist die weißblühende Form zu sehen.

Bougainvillea glabra-hybride

Aus dieser Art entstanden zahlreiche Zuchtformen, häufig tragen sie lilafarbene Hochblätter.
Bei den meisten Sorten, die rosa bis orange Hochblätter besitzen, ist *Bougainvillea peruviana* eingekreuzt und diese Art gehört wiederum zu *Bougainvillea* x *buttiana*.
Bougainvillea glabra 'Sanderiana' ist ein kompakter Strauch mit größeren, lebhaft mauvefarbenen Hochblättern, die nach der Blüte lange Zeit wie eine Art „Trockenblumen" an der Pflanze bleiben.
Bougainvillea glabra 'Alexandra' entstand aus oben genannter Zuchtform. Ihre Hochblätter haben eine blassere, rot-violette Farbe.
Auch diese Pflanze wächst in kompakter Strauchform.

● 2 °C oder ○ 12 °C

Bougainvillea glabra 'Sanderiana'

Bougainvillea sanderiana

Siehe: *Bougainvillea glabra* 'Sanderiana'

Bougainvillea spectabilis

BOUGAINVILLEA

Zahlreiche Kreuzungen aus Bougainvillea werden unter dem Namen *spectabilis* angeboten, aber dies ist selten der richtige Name. *Bougainvillea spectabilis* ist eine schnellwachsende Art aus Brasilien.
Ihre recht dünnen Zweige sind mit Dornen besetzt, mit deren Hilfe die Pflanze hoch in Bäume klettern kann.
Die Pflanze kommt nur an einem warmen Platz durch den Winter und ist in jeder Hinsicht kostbarer, als die Pflanzen, die als *spectabilis*-Hybriden verkauft werden. Fast immer handelt es sich bei letztgenannten Sorten um Exemplare von *Bougainvillea* x *buttiana*.

○ 12 °C

Bougainvillea x buttiana

Brachycome iberidifolia

Ab Juni bis tief in den Herbst hinein ist diese australische einjährige Pflanze mit gänseblumenähnlichen Blüten übersät. Ihr Zentrum ist gelb oder braun, wohingegen bandförmige Blütenblätter alle möglichen Tönungen zwischen Violett und Rosa haben können. *Brachycome* (meist verkauft unter dem falschen Namen *Brachyscome*) eignet sich ausgezeichnet für Hängekörbe. Nicht nur die Blüten, sondern auch die zartfiedrigen Blätter kommen darin gut Geltung und darüberhinaus ist die Pflanze gegenüber Trockenheit recht unempfindlich. Stellen oder hängen Sie die ungefähr 30 cm hohe Pflanze an einen sonnigen Platz und geben Sie ihr regelmäßig Wasser. Säen Sie im März - April im Haus oder ab Mai ins Freiland aus.

(1)

Brachycome iberidifolia

Brachyscome

Siehe: *Brachycome*

Brassica oleracea

ZIERKOHL

Wenn die anderen Topfpflanzen beginnen, zu verwelken, kommt der Zierkohl auf den Markt. Es handelt sich hierbei um Nachkommen der gewöhnlichen Kohlpflanzen.

Durch Selektion entstanden die meist bizarren Formen und Farben. Auf dem Markt werden unzählige, vor allem japanische Zuchtformen angeboten. Sie haben gezackte oder gekräuselte Blätter in sehr unterschiedlichen Farben: Weiß, Grün, Rosa oder Rot nach Violett, oft sind sie auch zweifarbig.

Meist wird Zierkohl einjährig gezogen: Im Haus im März vorgezogen (oder ab April im Freiland) entwickeln sich die gekeimten Pflänzchen bis zum Sommerende zu dekorativen Exemplaren, die in der vollen Sonne die prächtigsten Farben tragen.

Browallia americana

(1)

Browallia americana

Die lockere Wuchsform und reiche Blütenpracht machen *Browallia americana* zu einer ausgezeichneten Topfpflanze für Liebhaber mit einem besonderen Geschmack. Die blühenden Triebe hängen apart über den Rand eines Topfes oder Kübels, wobei die violett bis rosafarbenen Blütchen von eineinhalb cm Breite wie Schmetterlinge an den Zweigen hängen. Die hel-

Brassica oleracea

len Flecken um die dunklen Blütenzentren vergrößern die Wirkung der raffinierten Blüten.
Säen Sie *Browallia americana* (oder *Browallia viscosa* und *Browallia speciosa*, die ihr stark ähneln), im März im Haus aus. Wenn keine Gefahr mehr für Nachtfrost besteht, können die Sämlinge dieser wärmeliebenden, südamerikanischen Arten ins Freiland. Stellen Sie den Topf an einen sonnigen Platz und folgen Sie den normalen Pflegeratschlägen für einjährige Pflanzen. Man kann leicht Samen von dieser Pflanze gewinnen.

(1)

Brugmansia arborea

Der Name *arborea* verweist auf die baumartige Wuchsform dieser Art, die sich hübsch in die Breite entwickelt. Durch ihre Form und die flaumigen Blätter wird sie zur Attraktion auf der Terrasse. Im Spätsommer entwickeln sich relativ kurze, breite, weiße Blüten, die betörend duften. Bei genügend Feuchtigkeit und viel Dünger blüht die Pflanze üppig. Stellen Sie das Gewächs im Sommer in die volle Sonne oder in den Halbschatten.
Lassen Sie *Brugmansia* zur Abhärtung möglichst lange im Freien stehen, aber wenn die ersten

Brugmansia arborea

Nachtfröste auftreten, muß die Pflanze ins Haus geräumt werden. Große Pflanzen kann man, um Platz zu sparen, kräftig zurückschneiden. Es gibt zwei Möglichkeiten zur Überwinterung: An einem kühlen (5 bis 12 °C), dunklen und natürlich trockenen Platz, wobei die Pflanze ihre Blätter verlieren wird, oder an einem hellen, jedoch feuchten Platz bei einer Temperatur von ungefähr 12 bis 15 °C. Im warmen Winterquartier behält *Brugmansia* ihre Blätter. Lassen Sie die Temperatur aber nicht über 15 °C ansteigen, denn dann würde die Pflanze weiter wachsen und hierfür sind unsere Winter zu dunkel, die Triebe würden sich nur schwach entwickeln und müßten im Frühling entfernt werden. Alle Teile der Pflanzen sind giftig.

● 5 °C oder ○ 12 °C

Brugmansia cornigera

Siehe: *Brugmansia arborea*

Brugmansia x flava

Kreuzungen müssen nicht immer die Folge menschlicher Eingriffe sein. *Brugmansia arborea* und *Brugmansia sanguinea* kommen beide aus den Anden und lieferten die natürliche Hybride *Brugmansia* x *flava*, die übrigens schon recht lange kultiviert wird.

Brugmansia x flava

Die gelben Blüten von *Brugmansia* x *flava* hängen nicht herab, zeigen aber nach unten. An der Seitenkante des Kelchs sind die kräftigen, grünlichen Nerven deutlich zu sehen, das beste Kennzeichen für diese Sorte. Die Blätter sind variabel, aber meist mehr oval als länglich ausgebildet.
Die Pflege erfolgt, wie bei *Brugmansia arborea*.

● 5 °C oder ○ 12 °C

Brugmansia suaveolens

Im Südosten von Brasilien wächst die wilde Art *Brugmansia suaveolens*. Diese Pflanzen sind bei uns nur selten zu sehen und Gewächse, die unter diesem Namen verkauft werden, sind fast immer Kreuzungen. Oft wurde *Brugmansia versicolor* (aus Ecuador) eingekreuzt.
Die Hybride wurde wiederum mit *Brugmansia suaveolens* rückgekreuzt und wird dann *Brugmansia* x *insignis* genannt. Die duftenden Blüten dieser zweifelhaften Sträucher, die auch noch oft fälschlicherweise als *Brugmansia arborea* verkauft werden, sind nicht weniger attraktiv. Sie sind trichterförmig und haben

Brugmansia suaveolens

eher zarte Farben wie Buttergelb, Hellrosa, Lachsrosa oder Rahmweiß. Versorgung wie bei *Brugmansia arborea*.

● 5 °C oder ○ 12 °C

Brugmansia suaveolens 'Guatemala'

Die Blütenfarbe dieser Sorte verläuft von oben nach unten von Weiß nach Rosa. Der grünliche Überzug an der Basis der Trompeten und die Äderung der

Brugmansia suaveolens 'Klerx Variegata'

Kronblätter sind Kennzeichen, wodurch sich die attraktive Sorte *B. suveolens* 'Guatemala' von anderen unterscheidet.
Für die Pflege siehe *Brugmansia arborea*.

● 5 °C oder ○ 12 °C

Brugmansia suaveolens 'Klerx Variegata'

Am Fuße einer gewöhnlichen *Brugmansia suaveolens* entwickelte sich schon vor langer Zeit ein Trieb mit bunten Blättern, der seitdem über Stecklinge vermehrt wurde.
Diese Sorte behielt auch nach einem langen Zeitraum der Vermehrung über Stecklinge ihre Farben. Die

Brugmansia Suaveolens 'guatemala'

Blätter sind grün mit graugrünen Flecken und buttergelben bis rahmweißen Nerven an den Rändern. Die Pflanze wächst schön kompakt.
Diese echte Liebhaberpflanze kann man den Winter über an einem hellen Standort weiter wachsen lassen. Geben Sie der Pflanze dann mäßig Wasser und halten Sie die Temperatur auf minimal 15 °C, dann fallen nur wenig Blätter ab, denn manchmal passiert es, daß diese Pflanzen nach Blattverlust im Frühjahr nur schwer wieder austreiben.

○ 15 °C

Brunfelsia pauciflora

Wer kein Gewächshaus oder keinen Wintergarten zur Verfügung hat, wird *Brunfelsia* kaum zum Blühen bringen. Im späten Winter und frühen Herbst braucht dieser locker wachsende Strauch aus Brasilien ein tropisches Klima, um die Knospen zu entwickeln: Die richtigen Bedingungen für diese Pflanze sind Zimmertemperatur in Kombination mit einer hohen Luftfeuchtigkeit.
Aber sobald sich die Knospen im April gebildet haben, wünscht die Pflanze niedrigere Temperaturen

Brunfelsia pauciflora

(rund 13 bis 18 °C). Im Sommer, während der Blütezeit, wächst die Pflanze auch im Freiland gut, aber nur, wenn sie an einem hellen, warmen, geschützten und einigermaßen schattierten Platz steht. Geben Sie ihr im Freien reichlich Wasser und genügend Dünger.
Sobald die Nachttemperaturen unter 7 °C absinken, muß man die kälteempfindliche *Brunfelsia* ins Haus holen. Sorgen Sie für ein helles, natürlich trockenes und warmes Winterquartier (10 bis 18 °C) und für eine relativ hohe Luftfeuchtigkeit. Sprühen Sie die Pflanze regelmäßig.

○ 7 °C

Buxus sempervirens

BUCHSBAUM

Der wintergrüne Buchsbaum eignet sich ausgezeichnet für Formschnitte aller Art. Um ein optimales Ergebnis zu erzielen, sollten Sie sich bereits bei Jungpflanzen für eine bestimmte Form entscheiden und dann allmählich darauf hinarbeiten.
Rechnen Sie damit, daß die Pflanze sehr langsam wächst. Kugeln, Pyramiden, rechtwinklige Blöcke oder Figuren wirken in klassischen Tontöpfen oder anderen stilvollen Gefäßen ausgezeichnet.
Obwohl der Buchsbaum, im Boden ausgepflanzt, vollkommen winterhart ist, muß man *Buxus sempervirens* im Topf sowohl vor dem allerstrengsten Frost als auch vor Sonne und starkem Wind schützen.
Stellen Sie den Kübel im Winter an ein Haus oder schützen Sie ihn, indem Sie ihn in Stroh, Rietmatten, Noppenfolie oder in anderes, isolierendes Material einpacken.
Am besten eignet sich für *Buxus sempervirens* ein Platz außerhalb der vollen Sonne und nicht im austrocknenden Wind. Der Wind sorgt nämlich dafür, daß die Feuchtigkeit über die wintergrünen Blättern verdunstet, und die eingefrorenen Wurzeln können nicht für Wassernachschub sorgen.
Den Sommer über kann man den Buchsbaum in fast jedem Substrat ziehen, vorausgesetzt, daß sich im Topf kein Wasser staut. Der Strauch bevorzugt einen hellen Standort.

❄

Buxus sempervirens

C c

Caesalpinia ferrea

Im Osten von Brasilien, dem Herkunftsort von *Caesalpinia ferrea*, kann sich die Pflanze zu einem Baum von gut 10 Metern Höhe entwickeln.
Auch in anderen tropischen Ländern wird diese Art wegen des hübschen, schuppigen Bastes und der dekorativen Blätter häufig angepflanzt. Gerade wegen der transparenten, hellgrünen Blätter wird *Caesalpinia ferrea* als Kübelpflanze angeboten. Die kleinen, gelben Blüten entwickeln sich nur an einem sehr warmen Standort.
Diese Art steht gerne noch etwas wärmer als *Caesalpinia gilliesii*, aber ansonsten ist die Versorgung gleich.

○ 8 °C

Caesalpinia ferrea

Caesalpinia gilliesii

PARADIESVOGELBUSCH

Aus den großen, gelben Blüten des Paradiesvogelbusches ragen rote Staubfäden von ungefähr 10 cm Länge heraus. Im Süden von Südamerika wächst diese Art als großer Strauch oder kleiner Baum.
In Kübelkultur kann man die lang und dünn auswachsenden Zweige des Paradiesvogelbuschs direkt nach der Blüte abschneiden. Diese *Caesalpinia* blüht im Freien nur an einem warmen, sonnigen Standort zwischen Juli und August.
Halten Sie die Erde im Sommer ständig feucht (aber nicht klitschnaß) und geben Sie der Pflanze hauptsächlich zu Sommeranfang reichlich Dünger. Obwohl der Strauch im Boden bis 10 Grad Frost vertragen kann, muß er im Kübel vor dem ersten Frost ins Haus geholt werden, wo man die Pflanze an einen hellen Platz stellt. In einem dunklen Winterquartier werden die Blätter abfallen. In beiden Fällen sollten Sie im Winter genügend gießen, damit der Wurzelballen nicht völlig austrocknet.

● oder ○ 5 °C

Caesalpinia gilliesii

Calliandra

Die Blüten von *Calliandra* scheinen nur aus Staubfäden zu bestehen. Oft sind sie rot und fallen deshalb stark auf. Aber zahlreiche Arten dieses aus Amerika, Afrika und Asien stammenden Strauchs haben wunderschön gefiederte Blätter und sind alleine deshalb aller Mühe wert.
Es gibt ungefähr 200 verschiedene *Calliandra*-Arten. Die wechselständig angeordneten Blätter sind doppelt gefiedert, die Fiedern und Blättchen paarig. Sie unterscheiden sich nur in der Anordnung der Fiederblätter. Auch die Blüten der unterschiedlichen Arten ähneln einander stark.
Die wintergrünen Pflanzen brauchen im Winter eine hellen, mäßig warmen Standort, am besten zwischen 12 und 16 °C. Im Frühjahr sind die Pflanzen besonders anfällig für Spinnmilben. Man kann dieser Plage zuvorkommen, indem man für viel frische Luft sorgt und die Blätter besprüht.

Im Winter gibt man kaum Wasser. Im Sommer steht *Calliandra* gerne an einem sehr warmen Platz, am liebsten in einem Gewächshaus oder Wintergarten, ansonsten an einem geschützten Platz im Freien. Stellen Sie die Pflanze in lockeres Substrat mit genügend Nährstoffen und gießen Sie regelmäßig.

○ 12 °C

Calliandra

Calliandra tweedii

Die fein gefiederten Blätter von *Calliandra tweedii* sind zart, ebenso wie die Knospen und Blüten mit ihren 3 cm langen, tiefroten Staubfäden. Die Blüten dieser Pflanze, die aus Brasilien stammt, stehen in Büscheln beieinander.

12 °C

Calliandra tweedii

Callistemon citrinus

ZYLINDERPUTZER

Viele Arten dieser Gattung werden heute in tropischen und subtropischen Ländern, so auch im Mittelmeerraum, als Ziergehölze angepflanzt. Es sind immergrüne Sträucher oder auch kleine Bäume mit wechselständig angeordneten, lanzettlichen Blättern. Ihre Schönheit verdanken diese Arten den zahlreichen Blüten, die zylinderputzerartig rings um die Zweige angeordnet sind. Als Blickfang dienen die zahlreichen langen, meist leuchtend roten oder gelben Staubgefäße. Diese haben die Funktion der Blütenblätter übernommen und locken Insekten an. Interessanterweise werden die Blütenstände übergipfelt, d.h. die Sprosse setzen sich als beblätterte Zweige weiter über den Blütenstand fort. Der Zylinderputzer braucht einen sonnigen Standort und viel frische Luft. Wind wird gut vertragen, deshalb eignet er sich auch für einen zugigen Balkon. Es handelt sich hierbei um eine ausgezeichnete, weil robuste Kübelpflanze, die nahezu frei ist von Schädlingen und Krankheiten und auch unregelmäßige Versorgung gut verträgt. Pflanzen Sie den Zylinderputzer in leicht saures Substrat und gießen Sie im Sommer normal. Bis zum Herbst kann die Pflanze im Freien bleiben, denn sie verträgt einige Grad Frost.
Im Winter brauchen die Pflanzen eine hellen, kühlen Platz in der frischen Luft. Ideal ist eine Temperatur zwischen 5 und 10 °C. Gießen Sie *Callistemon citrinus* sehr mäßig, aber achten Sie darauf, daß der Wurzelballen nicht austrocknet. Ballentrockenheit, wie auch Nässe können zu empfindlichen Schäden oder gar zum Absterben der Pflanze führen. Ab dem zeitigen Frühjahr bis in den Spätsommer bekommt sie in gut durchlässigem Substrat reichlich Wasser. Eine reichliche Ernährung während der Wachstumszeit ist eine Voraussetzung für gutes Gedeihen und regelmäßiges Blühen. Die beste Zeit zur Stecklingsgewinnung ist August.

○ 0 °C

Callistemon citrinus

Callistemon 'Violaceus'

ZYLINDERPUTZER

Über den Blüten von *Callistemon* 'Violaceus' hängt ein dunkelvioletter Schleier. Die recht kleinen, kräftig blaugrünen Blätter bekommen später in der Saison, wenn die Nächte kälter werden, eine rotbraune bis violettbraune Färbung.
Die Pflege informieren Sie sich bei *Callistemon citrinus*.

○ 0 °C

Callistemon 'Violaceus'

Calycanthus fertilis var. laevigatus

GEWÜRZSTRAUCH

Mit großen, glänzenden Blättern und merkwürdig geformten, purpurfarbenen Blüten macht *Calycanthus* einen exotischen Eindruck. Trotzdem sind die Sträucher vollkommen winterhart.
Sie stammen ursprünglich aus China oder den Vereinigten Staaten. In den USA wachsen fünf oder sechs Arten, die sich nur wenig voneinander unterscheiden. Die Blätter sind in Form und Farbe leicht unterschiedlich, die Zweige und Blätter sind mehr oder weniger behaart und die Blütenfarben können variieren, aber ansonsten macht es wenig aus, ob Sie *Calycanthus occidentalis, Calycanthus floridus* oder *Calycanthus fertilis* kaufen.
Calycanthus fertilis var. *laevigatus* unterscheidet sich durch ihre Blätter, die auch auf der Unterseite glänzend grün sind. Die Blüten duften nach reifen Früchten. Stellen Sie die Pflanze in einen geräumigen Kübel mit humusreicher Erde und an einen sonnigen Platz. Nachdem die Pflanze den Sommer über geblüht hat, düngen Sie nicht mehr, um den Ästen die Gelegenheit zu geben, gut auszureifen. Schwache neugebildete Triebe werden erfrieren. Halten Sie das Substrat stets feucht.
Calycanthus kann im Winter im Freien bleiben und während dieser Periode fallen die Blätter ab, so daß man die Pflanze nun nicht mehr gießt. Es sollte kein Wasser im Kübel stehen bleiben, und bei strengem Frost muß der Kübel isoliert werden, da Pflanzen im Kübel stets empfindlicher sind, als im Boden ausgepflanzte Exemplare.

❄

Calycanthus fertilis var. laevigatus

Camellia japonica

KAMELIE

Die bekanntesten Kamelien sind die rund 2000 Kreuzungen, von denen *Camellia japonica* eine der Elternpflanzen ist.
Kamelien sind eine Wissenschaft für sich und eine Kultur von Spezialbetrieben. Verschiedene deutsche und italienische Baumschulen bieten bis zu 200 Sorten

Camellia

Camellia japonica 'Elegans'

an. Ihre Blütenfarben variieren von Rot über Rosa nach Weiß, mit allen dazwischenliegenden Nuancen. Manchmal sind die Blüten mehrfarbig gestreift oder gefleckt.

Bei den einfachblütigen Sorten fallen hauptsächlich die dekorativen Staubfäden auf, aber es gibt auch halbgefüllte und gefüllt-blütige Formen.

Im Boden vertragen viele der modernen Sorten von *Camellia japonica* bis 18° Frost. Kamelien in Töpfen und Kübeln muß man bei Frost ins Haus holen, wo sie einen möglichst kühlen, frostfreien Platz brauchen, der darüber hinaus auch noch sehr luftig sein muß.

Da diese Sträucher auch im Winter ihre Blätter behalten, muß man das Substrat leicht feucht halten. Nach einer kühlen Periode brechen die Knospen (die bereits im vorigen Sommer angelegt wurden) leicht ab. Manchmal sind sie bereits Anfang Februar offen. Lassen Sie die Pflanzen an dem kühlen Platz stehen,

Camellia japonica 'Guilio Nuccio'

denn eine plötzliche Erhöhung der Temperatur und ein Unterschied in der Luftfeuchtigkeit können zum Abfallen der Knospen und Blüten führen.

Während der Knospenphase empfiehlt es sich, die Pflanze mit entkalktem (z.B. abgekochtem) Wasser zu sprühen. Sobald die Knospen beginnen, sich zu verfärben, gießt man mehr, aber sorgen Sie dafür, daß überflüssiges Wasser gut ablaufen kann. Während der Blüte sprühen Sie nicht mehr.

Bei frostfreiem Wetter bleibt die Kamelie im Freien stehen. Im Sommer braucht der Strauch einen (halb-)schattigen Standort mit Schutz vor Wind. In gleichmäßig kühler Luft wächst sie am besten.

Die Erde darf absolut keinen Kalk enthalten – verwenden Sie z.B. Rhododendron-Erde – und auch beim Gießen müssen Sie darauf achten, daß kein Kalk in die Erde kommt. Wenn man diese Vorsorgemaßnahmen einhält, kann die Kamelie jahrelang in demselben großen Topf oder Kübel stehen bleiben, denn auf eine Wurzelverletzung reagiert sie enorm empfindlich.

Kamelien wachsen gleichmäßig nach allen Seiten aus, so daß Schnitt kaum notwendig ist. Muß man trotzdem schneiden, dann sollte dies direkt nach der Blüte erfolgen, denn die Kamelie blüht am Holz des vorhergehenden Jahres.

Einige populäre Sorten sind:

Camellia japonica 'Elegans' – diese kräftig wachsende Kübelpflanze bildet große Blüten und ihre rosa Blütenblätter haben oft weiße Streifen;

Camellia japonica 'Guilio Nuccio' – mit ihren prächtig gewellten, roten bis rosaroten Blütenblättern und stark kontrastierenden gelben Staubfäden im Zentrum

Camellia 'Button Bows'

Camellia japonica 'Mathotiana Alba'

der Blüte ist diese Sorte eine der schönsten Kamelien; *Camellia japonica* 'Mathotiana Alba' – eine Sorte mit lockerem Wachstum und ausgezeichnet geformten, reinweißen Blüten, die am schönsten bleiben, wenn man den Kübel während der Blüte schützt oder ins Haus stellt.

○ 0 °C

Camellia 'H. Gouillon'

Camellia sinensis

TEE

Tee wächst an Sträuchern. Was man in die Teekanne gibt, sind kleine Schnipsel getrockneter Blätter von *Camellia sinensis*, einem Strauch, der ursprünglich aus China kommt, aber heute in vielen subtropischen Bergregionen angebaut wird. *Camellia sinensis* wächst in feuchten, kühlen Gebieten. Dort sind die Nächte kühl, so daß der Teestrauch als Kübelpflanze sowohl im Sommer als auch im Winter eine Minimumtemperatur von 12 °C braucht, um in guter Verfassung zu bleiben. Da es in unseren beheizten Räumen zu trocken ist und die Sommer bei uns nur relativ kurz sind, ist ein Gewächshaus oder Kalthaus der ideale Standort für diese Pflanze.

Stellen Sie den Teestrauch als Kübelpflanze im Sommer in den Halbschatten auf einen Platz, an dem er vor Wind geschützt ist. Geben Sie ihm einen großen Kübel mit kalkfreiem Substrat, das Sie im Sommer gleichmäßig feucht und im Winter mäßig feucht halten.

○ 12 °C

Camellia sinensis

Camellia x williamsii

Camellia saluensis und *Camellia japonica* sind die Vorfahren von *Camellia* x *williamsii*, woraus später zahlreiche Zuchtformen entstanden sind. Sie halten Kälte genauso gut, manchmal sogar noch besser aus,

Camellia x williamsii 'Jury's Yellow'

als die *Camellia japonica*-Sorten und werden auch auf die gleiche Weise gepflegt.
Versorgung siehe *Camellia japonica*.
Camellia x *williamsii* 'Jury's Yellow' besitzt als eine der wenigen Kamelien gelbe Blüten. Umrandet von weißen Blütenblättern befindet sich ein gelber Pompon.
Dieser besteht aus Blütenblättern, welche sich aus Staubfäden entwickelt haben.
Diese Sorte, die aus dem Jahre 1976 stammt, ist eine prachtvolle, dankbare Kübelpflanze, die lange und reich blüht und kompakt wächst.

○ 0 °C

Campsis x tagliabuana 'Madame Galen'

TROMPETENBLUME

Campsis x *tagliabuana* entstand aus dem bei uns nicht winterharten amerikanischen Trompetenklimmer (*Campsis radicans*) und der großblütigen, kostbaren, chinesischen *Campsis grandiflora*.
Im Gegensatz zum Trompetenklimmer hält sich diese Kreuzung nicht selbst an Mauern fest, sondern wächst eher wie ein Strauch, mit sehr langen Ausläufern, die festgebunden werden können.
Die am häufigsten gezüchtete Sorte ist 'Madame Galen', die prächtige, aprikotfarbene Blüten trägt, die sich später nach Rot verfärben.
Obwohl 'Madame Galen' an einem sonnigen Platz im Boden 10 Grad Frost verträgt, zieht man sie besser in einem breiten Kübel mit gut durchlässigem Substrat. Wenn man eine Erdmischung aus Humus und Sand verwendet und dafür sorgt, daß diese im Sommer gut feucht bleibt, sollte die Pflanze nicht übermäßig viel Grün ausbilden, aber recht gut blühen. Im Boden eines Gewächshauses treibt sie meterhoch.
Stellen Sie den Kübel draußen an einen möglichst warmen Platz, am besten in die volle Sonne. Wenn im Herbst die Blätter abfallen, kann man die Seitentriebe kräftig zurückschneiden.
Sobald sich die Temperatur dem Gefrierpunkt nähert, holt man den Kübel ins Haus in ein kühles, eventuell dunkles Winterquartier, wobei die Erde fast trocken gehalten wird.

● 0 °C

Canna x generalis

BLUMENROHR

Das Blumenrohr kommt aus dem tropischen Südamerika und blüht dort das ganze Jahr über. Bereits im Mittelalter brachten spanische und portugiesische Seefahrer die Pflanze in ihre Heimatländer. Bei uns werden die unterschiedlichen Zuchtformen als Sommerblüher für Rabatten oder Kübel gezogen.
Die Blüten von *Canna* x *generalis* sind groß und grell gefärbt – rot, orange und gelb –, aber manchmal auch etwas zarter getönt: zartrosa oder rahmfarben. Auch zweifarbige, getüpfelte oder gestreifte Blüten kommen vor.
Sie entwickeln sich am Ende von Blütentrieben, die 1 bis 2 Meter lang werden. Unterhalb der Triebe sitzen große, schlaffe, bananenähnliche Blätter.
Im Frühjahr werden die Wurzelstöcke langsam zum

Campsis x tagliabuana 'Madame Galen'

Canna

Austreiben gebracht, indem man sie im Topf an einen wärmeren Platz stellt (15 bis 25 °C) und etwas häufiger gießt.
Nach dem letzten Frost kommen die Pflanzen wieder ins Freiland an einen windgeschützten Standort. Nun kann man den Pflanzen reichlich Wasser und Dünger geben, denn sie blühen nur in sehr nährstoffreichem Boden gut.
Der Kübel muß, bevor sich der erste Nachtfrost ankündigt, ins Haus, dort braucht die Pflanze ein nicht zu kaltes, eventuell dunkles Winterquartier.
Da die Blätter nun absterben, braucht man die Pflanze kaum mehr zu gießen.
Die Vermehrung erfolgt am einfachsten durch Teilung der Wurzelstöcke im zeitigen Frühjahr. Aber solange das nicht notwendig ist, sollte man die Pflanze möglichst in Ruhe lassen.

● 10 °C

Canna Indica-Gruppe

Siehe: *Canna* x *generalis*

Capsicum annuum

Zierpaprika, Spanischer Pfeffer

Zierpaprika und Spanischer Pfeffer stammen von dem wildwachsenden *Capsicum annuum* ab, der vermutlich in der Wildnis Südamerikas wächst.
In vielen Gärtnereien und Gartencentern hat man ab Sommerbeginn die Wahl unter diesen Zwergsträuchern mit roten, orangen, gelben, grünen bis auberginefarbigen Früchten, die sich aus weißen Blüten entwickeln.
Geben Sie Zierpaprika den Sommer über einen Platz im Freien in der vollen Sonne und gießen Sie reichlich.
Im Herbst holt man den Zierpfeffer ins Haus, dort sorgt die Pflanze im Wohnraum noch einige Zeit für Farbe.
Im Prinzip ist es möglich, Zierpaprika zu überwintern, aber neu gekaufte oder aus Samen gezogene Pflanzen entwickeln sich besser und deshalb werden sie hauptsächlich wie Einjährige gezogen.
Im zeitigen Frühjahr säen Sie bei einer Temperatur von ungefähr 20 °C aus.

(1)

Capsicum annuum

Capsicum annuum 'Madame Jeanette'

Spanischer Pfeffer

Diese Sorte des Spanischen Pfeffers verbindet Schönheit mit Nützlichkeit. Die Pflanze, die ungefähr einen Meter hoch wird, bildet auch an einem schattigen Platz auf dem Balkon oder der Terrasse im Laufe des Sommmers gelbe Früchte – ein prächtiger Anblick. Hat man ihn genügend lange genossen, kann man die Früchte ernten und essen.
Aber seien Sie vorsichtig: Es geht das Gerücht, daß diese Zuchtform nach einer der „heißen Damen“ aus Südamerika benannt ist.
Die Samen, die sich in der Frucht befinden, sind besonders scharf und deshalb wird dieser Pfeffer meist in Gerichten mitgekocht.
Bevor man die Speise zu sich nimmt, entfernt man das Gewürz, zurück bleibt ein intensiver Geschmack, der besonders in der Küche Surinams sehr beliebt ist. Ziehen Sie diese Sorte auf dieselbe Weise wie die Art.

(1)

Capsicum annuum 'Madame Jeanette'

Capsicum annuum 'Habanero'

SPANISCHER PFEFFER

Die Sorte 'Habanero' schmeckt milder als 'Madame Jeanette', aber auch dieser Pfeffer ist nur genießbar, wenn man scharf gekochtes Essen liebt. Für alle anderen ist es eine prächtige Zierpflanze, die auch an einem beschatteten Platz auf dem Balkon oder der Terrasse zur Fruchtbildung kommt. Dieser Pfeffer hat eine bizarre Form und verfärbt sich im Spätsommer nach Orange. Behandeln Sie diese Sorte auf die gleiche Weise wie die Art.

(1)

Capsicum annuum 'Habanero'

Carica papaya

PAPAYA

Die Papaya eignet sich hauptsächlich für Liebhaber von Besonderheiten.

Die südamerikanische Art bildet einen bis 3 Meter hohen, faserigen Stamm, an dessen Spitze sich ein Schirm großer Blätter befindet.

Früchte von *Carica papaya* sind nur in warmen Regionen zu erwarten, und wenn man sowohl weibliche, als auch männliche Pflanzen besitzt. Auch zweigeschlechtige Exemplare bilden Früchte, aber die Pflanzen sind sehr merkwürdig.

Wenn man *Carica papaya* in einem Topf oder Kübel zieht, wird die Pflanze nicht höher als ungefähr ein bis eineinhalb Meter.

Ist die Gefahr für Nachtfröste vorüber, kann der Kübel ins Freie. Stellen Sie den Topf an einen möglichst warmen, zugfreien Platz. Geben Sie *Carica papaya* ein nahrhaftes, gut durchlässiges Substrat, denn bei Staunässe stirbt die Papaya garantiert ab. Dies geschieht auch, wenn die Pflanze bei Frost im Freien stehen bleibt. Deshalb holen Sie *Carica papaya* rechtzeitig ins Haus in ein helles Winterquartier (minimal 5 °C). Die Erde wird während dieser Zeit recht trocken gehalten.

Anstelle der „echten" Papaya kann man auch *Carica pentagona* ziehen. Diese Art wird fast ausschließlich durch Stecklinge vermehrt, ist aber selten angeboten.

Carica pentagona bleibt kleiner und verträgt mehr Kälte als *Carica papaya*.

Da ausgewachsene Pflanzen nicht lange leben, muß man *Carica papaya* alle drei bis fünf Jahre neu aussäen.

Die Aussaat erfolgt unter Glas, bei einer Bodentemperatur von ca. 25 °C in sandiger, gut durchlässiger Erde, die eigentlich vorher bedampft werden sollte, um Krankheitskeime abzutöten.

○ 5 °C

Carica papaya

Carissa grandiflora

Siehe: *Carissa macrocarpa*

Carissa macrocarpa

Dieser unverwüstliche Strauch aus Südafrika wird in seinem Herkunftsland wegen der gabeligen Stacheln gerne als undurchdringliche Hecke angepflanzt.

Selbst die grünen Blätter, die den Winter über am Strauch bleiben, sind widerspenstig steif. Im Sommer erscheinen zwischen diesen Blättern die herrlich duf-

Carissa macrocarpa

Carissa macrocarpa

tenden Blüten, die sich schließlich zu orangeroten Früchten von Pflaumengröße entwickeln. Die Früchte von *Carissa macrocarpa* sind eßbar.

Trotzdem hält man diese Pflanze besser nur der Zierde wegen, um Verwechslungen mit den extrem giftigen Früchten der nah verwandten *Acokanthera* zu vermeiden. Carissa *macrocarpa* bevorzugt frische Luft und steht den Sommer über gerne im Freien. Geben Sie der Pflanze erst dann wieder Wasser, wenn sich das Substrat trocken anfühlt und schützen Sie das Gewächs vor lang andauerndem Regen. Verwenden Sie ein lockeres, gut durchlässiges Substrat und düngen Sie zurückhaltend. Sobald die Temperatur unter 5 °C absinkt, holt man die Pflanze ins Haus an einen hellen Standort. Vermeiden Sie feuchte Luft und geben Sie während dieser Phase kaum Wasser.

Bei Temperaturen von 5 bis 12 °C werden die Blätter nur wenig Wasser verdunsten.

☼ 5 °C

Cassia corymbosa

Zwischen den paarig gefiederten Blättern dieses mittelamerikanischen Strauchs entrollen sich ab Juni

Bidens ferulifolia

bis zum Oktober goldgelbe Blüten mit einem auffallend geknickten Stempel und besonders aparten Staubfäden. Die Pflanze wird in einem Topf bis zwei Meter hoch und verträgt starken Rückschnitt.
Im Sommer bevorzugt *Cassia corymbosa* im Freien einen sonnigen Standort, dort hat sie einen hohen Wasserbedarf. Das Substrat sollte aus Lehm und Sand bestehen.
Durch regelmäßige Düngergaben während der Wachstumsphase wird die Pflanze zu optimalem Wachstum und zur Blütenentwicklung angeregt. Im Winter steht *Cassia corymbosa* kühl und hell, dort braucht sie nur wenig Wasser.
Bei höheren Temperaturen kann man sie an einem sehr hellen Platz durchwachsen lassen, dann wird sie auch im Winter noch einige Zeit lang blühen. Schneiden Sie die Pflanze nach der Blüte kräftig zurück, so daß sich *Cassia corymbosa* in der neuen Saison reich verzweigen kann.

○ 5 °C

Cassia didymobotrya

Eigentlich sollten die *Cassia*'s *Senna* heißen, aber dieser Name wird fast nicht mehr verwendet.
Die Blüten von *Cassia* (*Senna*) *didymobotrya* sitzen an langen Stengeln, die während der Blüte stets länger werden. Die Blätter bestehen aus zahlreichen Fiederblättchen, die paarig längs des Hauptnervs stehen.
Ursprünglich kommt die Art aus den Ländern rund um den Indischen Ozean, aber heute wächst sie in allen Ländern mit einem milden tropischen oder mediterranen Klima. Auch wenn *Cassia didymobotrya* gegenüber Kälte empfindlicher reagiert, als die anderen beiden Arten, die hier behandelt werden, stellt man die Pflanze trotzdem im Sommer in einem großen Topf oder Kübel ins Freie. Aber holen Sie das Gewächs, das ungefähr 2 Meter hoch wird, ins Haus, sobald die Temperatur unter 10 °C absinkt. Schneiden Sie die Blütenstengel direkt nach der Blüte ab, um eine neue Knospenentwicklung zu fördern.
Die weitere Versorgung lesen Sie unter *Cassia corymbosa* nach.

Cassia didymobotrya

○ 10 °C

Cassia x floribunda

Cassia multiglandulosa und *Cassia septemtrionalis* sind die Eltern dieser Kreuzung, die wie eine verkleinerte Ausführung von *Cassia corymbosa* aussieht. Die Kreuzung blüht wesentlich üppiger und erweckt im Kübel einen zierlicheren Eindruck.
Die Pflege dieser Kreuzung wie bei *Cassia corymbosa*.

○ 5 °C

Cassia x floribunda

Catharanthus roseus

CATHARANTHUS

Die üppige und lange Blütenpracht dieser Pflanze macht Catharanthus zu einer der populärsten einjährigen Rabattenpflanzen. *Catharanthus roseus* stammt ursprünglich aus Madagaskar und ist ein dankbarer

Sommerblüher für Balkon, Terrasse und Fensterkästen.
Wenn die Gefahr für Fröste vorüber ist, kann *Catharanthus* (der alte, bekanntere Name ist *Vinca rosea*) ins Freiland. Stellen Sie Catharanthus dort an einen sonnigen Platz oder in den lichten Schatten und gießen Sie häufig. Die Pflanze wird wie eine einjährige behandelt. Im zeitigen Frühjahr (März - April) säen Sie unter Glas aus.

(1)

Catharanthus roseus

Ceanothus x delilianus 'Gloire de Versailles'

SÄCKELBLUME

Entlang der trockenen Westküste von Südkanada, den Vereinigten Staaten und Nordmexiko blüht die Säckelblume im Gebüsch. Es gibt sowohl rosa als auch weißblühende Arten, aber die meisten sind hellblau gefärbt. Im Volksmund wird der Strauch oft „Amerikanischer Flieder" genannt.
Die Blühperiode fällt in die zweite Hälfte des Sommers, bis früh in den Herbst hinein, so daß die Säckelblume die Rolle der verblühten Sommerblüher übernimmt. Deshalb brauchen Sie eigentlich unbedingt einen Strauch davon in Ihrem Garten.
Trotzdem sorgt die Pflanze häufig für eine Enttäuschung, denn gewöhnlich erfriert *Ceanothus* x *delilianus* im ersten strengen Winter.
Obwohl die blattverlierenden Arten allgemein etwas kräftiger sind als die wintergrünen Exemplare, bleiben sie bei mehr als 10 Grad Frost empfindlich.
Ziehen Sie die Säckelblume deshalb in einem großen Topf und gießen Sie im Sommer regelmäßig; wenn die Pflanze auch aus ursprünglich trockenen Gebieten kommt, verdunsten ihre Blätter dennoch viel Feuchtigkeit.
Lassen Sie den Topf im Herbst möglichst lange in der frischen Luft, aber wenn es mehr als 5 °C friert, muß die Pflanze ins Haus. *Ceanothus* 'Gloire de Versailles', eine Zuchtform von *Ceanothus* x *delilianus*, gehört zu den kräftigeren Herbstblühern. Im Boden ausgepflanzt überlebt sie 15° Frost. Da ihre Blätter im Herbst abfallen, kann man sie im Haus an einem dunkleren Platz halten.
Wählen Sie einen möglichst kühlen Standort aus und stellen sie die Pflanze wieder ins Freie, sobald die Temperatur über -5 °C erreicht.
Im Frühjahr erscheint wieder frisches Grün. Getopfte Exemplare brauchen nun Dünger, um Energie zur Blütenentwicklung zu haben.
Obwohl die Vermehrung dieser Pflanze sowohl über Aussaat, als auch durch Stecklinge möglich ist, sollte man dies besser Experten überlassen.

○ -5 °C

Ceanotus x delilianus 'Gloire de Versailles'

Centradenia inaequilateralis

Von dieser mexikanischen Art wird nur die Sorte 'Cascade' angeboten, die einer weiteren Art aus Mexiko, *Heterocentron elegans*, stark ähnelt. Bei einigen Züchtern wird man die Pflanze auch unter dem Namen *Heterocentron* 'Cascade' antreffen. Bei der Pflege wirkt sich dies aber nicht aus.
'Cascade' wächst am liebsten als Hängepflanze in der vollen Sonne, wo man sie normal gießt und in gut durchlässiges, nährstoffreiches Substrat setzt. Wenn man sie während der Wachstumsphase ab und zu düngt, wird die Hängepflanze, die auch als Bodendecker verwendet werden kann, reichlich blühen. Von Mai bis Mitte Juli kann man einen wahren Blütenrausch erwarten, mit einer Nachblüte bis in den

Herbst. Holen Sie die Pflanze vor dem ersten Nachtfrost ins Haus und schneiden Sie das Gewächs dann kräftig zurück.
Die Pflanze wird kühl, hell und recht trocken stehend überwintert.
Die Zuchtform kann man im Sommer durch Stecklinge vermehren: Nehmen Sie Kopfstecklinge und stecken Sie diese in sandiges Substrat in einer abgedeckten Schale.

○ 7 °C

Centradenia inaequilateralis 'Cascade'

Ceratostigma willmottianum

Die Blüten dieser Staude sind von einem intensiven Blauton. Die Blüten entwickeln sich zwar recht spät am Ende des Sommers, aber die dekorative Wirkung wird durch die Blätter fortgesetzt, die sich von den Spitzen her nach Rot verfärben.
In China kann *Ceratostigma* zu einem Strauch von einem Meter Höhe heranwachsen, aber in unseren Gebieten frieren die oberirdischen Teile in einem mäßigen Winter ab, und das Wachstum beginnt wieder von vorne.
Füllen Sie den Kübel mit gut durchlässiger, humusreicher Erde. Suchen Sie ein sonniges bis halbschattiges Plätzchen für die Pflanze aus und gießen Sie im Sommer regelmäßig. Im Winter kann die Pflanze mitsamt dem Topf eingegraben werden, bevorzugt an einem trockenen Platz im Garten.

❄

Cestrum

HAMMERSTRAUCH

Einige der mittel- und südamerikanischen *Cestrum*-Arten blühen lange andauernd. Ihre kugelförmigen Blüten entwickeln sich bei genügend Wärme und Feuchtigkeit das ganze Jahr über, weshalb diese Pflanzen bei Eigentümern von Gewächshäusern und Wintergärten besonders beliebt sind.
Wer nicht über ein solch luxuriöses Quartier verfügt, genießt nur im Sommer die Blüten von *Cestrum*, aus denen sich später rote bis schwarze Beeren entwickeln. Beachten Sie aber, daß diese kräftigen Sträucher von ungefähr zwei Meter Höhe im Winter ins Haus müssen.
Wenn man ein großes, helles, nicht allzu warmes Zimmer zur Verfügung hat, in dem die Luftfeuchtigkeit nicht so stark absinkt, kann man *Cestrum* auch durchblühen lassen. Ansonsten tut es auch ein heller, kühler Raum (10 bis 15 °C). Während dieser Ruheperiode im Haus behält die Pflanze ihre Blätter und muß deshalb ab und zu etwas Wasser erhalten. Selbst ein dunkles Winterquartier ist möglich, aber nur bei ganz niedrigen Temperaturen (zwischen 0 °C und ungefähr 5 °C). Die Pflanze verliert dann ihre Blätter und wird vollkommen trocken gehalten. Im Herbst, Winter und im zeitigen Frühjahr kann man den Strauch schneiden, aber passen Sie auf, die ganze Pflanze ist giftig.
Die Blüten, die sich im Sommer an den neuen Trieben ausbilden, erscheinen in großer Anzahl, wenn man der Pflanze nährstoffreiche Erde und reichlich Wasser, aber auch regelmäßig Dünger bietet. Stellen Sie *Cestrum* im Sommer an einen warmen Platz, mit Schutz vor der prallen Mittagssonne.
Die Vermehrung erfolgt über Aussaat, auch Hybriden keimen (wenn andere *Cestrum*-Arten in der Nähe stehen), oder durch Stecklinge.
Nehmen Sie im Frühjahr oder Frühsommer halbver-

Ceratostigma willmottianum

holzte Stecklinge und lassen Sie diese bei einer Bodenwärme von über 20 °C wurzeln.
Die Hammersträucher gehören zu den wichtigsten Kübelpflanzen, weil sie sehr reich blühen und in der Kultur einfach sind.

○ 10 °C oder ● 0 °C

Cestrum aurantiacum

Diese auffällige Art aus Guatemala trägt orangegelbe Blüten, die bei in Kübeln gezogenen Exemplaren den Sommer über bis weit in den Herbst hinein erscheinen.
Diese Pflanze verliert ihre Blätter, sobald die Temperaturen unter 13 °C absinken, deshalb stellt man *Cestrum aurantiacum* rechtzeitig in ein warmes Winterquartier.
Die weitere Versorgung lesen Sie unter *Cestrum* nach.

○ 13 °C

Cestrum aurantiacum

Cestrum elegans

Dies ist die bekannteste Art, die oft auch als *Cestrum purpureum* angeboten wird. Der Strauch wächst zunächst straff empor, mit lanzettförmigen, samtig grünen Blättern. Mit der Zeit beginnen die Zweige unter dem Gewicht der roten Blütentrauben herabzuhängen.
Pflegemaßnahmen siehe *Cestrum*.

○ 10 °C oder ● 2 °C

Cestrum fasciculatum

Diese Art ähnelt *Cestrum elegans* stark, aber der Strauch wächst sofort etwas mehr in die Breite. Die Blüten von *Cestrum fasciculatum* sind an der Außenseite leicht samtig behaart. Die Versorgung und Pflege dieser Art lesen Sie unter der Gattung *Cestrum* nach.

○ 10 °C oder ● 2 °C

Cestrum fascicalatum

Cestrum fasciculatum 'Newellii'

Siehe: *Cestrum* x *newellii*

Cestrum elegans

Cestrum aurantiacum 'Album'

Cestrum-Hybride

Cestrum-Arten kreuzen sich leicht untereinander, so daß inzwischen zahlreiche Hybriden entstanden sind, manche eher zufällig, manche als bewußter Versuch von Züchtern, um das Sortiment durch hübsche Formen zu erweitern.
Die breitblättrige Pflanze mit rahmfarbenen Blüten ist solch ein Test. Ein mißglückter Versuch, denn die Züchter haben sie auf den Markt gebracht, obwohl sie nur vier Wochen lang blüht. Sie ähnelt übrigens stark der dankbaren und prächtigen *Cestrum aurantiacum* 'Album'.
Pflegemaßnahmen siehe unter *Cestrum*.

○ 13 °C

Cestrum-hybride (Kirschrot)

Cestrum x newellii

Die rotblühenden Sorten sind noch wesentlich schwieriger voneinander zu unterscheiden. Die zahlreichen Kreuzungen werden manchmal nur durch die Blütenfarbe, z.B. Kirschrot, angedeutet.
Cestrum x *newellii* ist die bekannteste in dieser Gruppe. Vermutlich entstand sie aus *Cestrum elegans* und *Cestrum fasciculatum*.
Ihre dunkelroten Blüten stehen in großen Trauben am Ende der gebogenen Zweige.
Pflegemaßnahmen siehe *Cestrum*.

○ 10 °C oder ● 2 °C

Cestrum fasciculatum 'Newellii'

Cestrum nocturnum

Auf den ersten Blick sieht *Cestrum nocturnum* nicht sehr ansprechend aus. Die grünlichen bis grünweißen Blüten sind lang, aber sehr schmal. Sie erscheinen in großer Zahl am Ende der vertikal wachsenden Triebe. Gegen Abend beginnen sie, intensiv zu duften. Manche Menschen finden diesen Geruch herrlich und setzen *Cestrum nocturnum* zwischen andere Kübelpflanzen auf die Terrasse.
Manche sind allerdings der Meinung, daß die Planze ziemlich unangenehm riecht.
Pflegemaßnahmen siehe *Cestrum*.

○ 10 °C oder ● 2 °C

Cestrum parqui

Vermutlich wegen der kurzen Blüte im Juni und Juli ist diese Art wenig zu sehen. Ich persönlich halte sie für die schönste von allen *Cestrum*-Arten. Die grüngelben Blüten von *Cestrum parqui* verströmen die Atmosphäre der Anden. Gegen Abend duften sie exotisch.

Die Trauben ragen am Ende der vertikalen Zweige stolz empor, die Blätter sind auffallend länglich. Die Pflanze wird für medizinische Zwecke verwendet, ist aber höchst giftig.
Pflegemaßnahmen siehe *Cestrum*.

○ 10 °C oder ● 0 °C

Cestrum parqui

Cestrum nocturnum

Cestrum purpureum

Siehe: *Cestrum elegans*

Chaenorrhinum organifolium

Das dichte, niedrige Wachstum und die üppige Blütenpracht machen *Chaenorrhinum organifolium* zu einer der dankbarsten Topfpflanzen auf der Terrasse. Die kleinen Blüten sind besonders hübsch: Violettrosa, prächtig gestreift und mit einer gelbweißen Lippe. Wenn man die Pflanze auf den Tisch stellt, kann man sie dort in voller Pracht genießen. Meist wird die Zuchtform 'Blue Dream' angeboten.
C. organifolium bevorzugt einen sonnigen Platz und gut durchlässige Erde, sie wächst im Mittelmeergebiet auch als Staude. In unseren Regionen zieht man sie besser als Einjährige.
Nach der Blüte entwickeln sich die dunkelbraunen Samen. Wenn man diese im März-April im Haus vorsät, beginnt die Pflanze bereits Ende Mai zu blühen. Möchte man keine Samenentwicklung, werden die verblühten Triebe abgeknipst.
Die Pflanze bleibt so kompakt und wird länger blühen.

(1)

Chaenorrhinum organifolium 'Blue Dream'

Chamaecytisus palmensis

Dieser Ginster wächst im lichten Schatten der heimischen Kiefern auf La Palma (Kanarische Inseln). Die Pflanze steht Modell für niedrige Arten, die mit dem griechischen Wort *chamae* (niedrig) von dem Wort für den gewöhnlichen Ginster *cytisus* abgetrennt werden. *Chamaecytisus* kommt ursprünglich aus dem Balkan, Zentraleuropa, Nordamerika oder Japan, die Pflanzen sind auch bei uns gut winterhart. Nur die Arten von

den Kanarischen Inseln, darunter auch *Chamaecytisus proliferus* (die Pflanze ähnelt *Chamaecytisus palmensis*) müssen im Winter ins Haus.
Möchte man *Chamaecytisus* in Töpfen ziehen, geben Sie den Pflanzen sandige, kalkfreie Erde, die während der Wachstumsphase stets feucht sein sollte. Am besten eignet sich ein Platz im Halbschatten.
Beim ersten Nachtfrost, möglichst schon davor, müssen die Pflanzen ins Winterquartier.
Da die Blätter im Winter am Strauch sitzen bleiben, sollte der Standort hell sein. Weiterhin darf das Raumklima nicht zu trocken sein, ideal wäre ein Kalthaus oder ein Gewächshaus.
Hat man dies nicht zur Verfügung, stellen Sie die Pflanze in ein kühles Zimmer. Entspitzen Sie *Chamaecytisus* im Winter oder direkt nach der Blüte, ansonsten wächst der Strauch sparrig.
Schneiden Sie rechtzeitig, denn alle Ginsterarten haben nach Schnittmaßnahmen erst einmal Schwierigkeiten. Das alte Holz treibt nicht oder nur langsam wieder aus.
Die *Chamaecytisus*-Arten von den Kanarischen Inseln sind im allgemeinen nicht im Handel und werden momentan nur von echten Liebhabern gezogen.
Auch die winterharten Arten, wie *Chamaecytisus multiflorus* (syn. *Chamaecytisus albus*), *Chamaecytisus austriacus*, *Chamaecytisus hirsutus* und die bekannte *Chamaecytisus purpureus* eignen sich als Kübelpflanzen. Sie werden in Gärtnereien verkauft und können den Winter über im Topf bleiben, wenn man sie selbstverständlich bei mehr als 10 Grad Frost nach drinnen stellt (an einen hellen Platz).

○ 0 °C

Chamaecytisus x spachianus

Siehe: *Genista* x *spachiana*

Chrysanthemum frutescens

Siehe: *Argyranthemum frutescens*

Cibotium

BISCHOFSSTAB, VEGETABILISCHES LAMM

In großen Schauhäusern botanischer Gärten kann man stattliche Lammbaumfarne bewundern. Sie gehören zur Familie *Dicksonaceae*. Bevor sich die jungen Blattwedel von *Cibotium* entfalten, sitzen sie zusammengerollt am Ende des Stiels. Diesen gefalteten Blättern, die einem Bischofsstab ähneln, verdankt die Pflanze ihren Namen.
Alle Baumfarne, ungefähr 15 Arten, wachsen am besten in einem kühlen Gewächshaus oder Kalthaus, wo sie luftig und dennoch warm stehen.
Im Sommer wachsen sie auch im Freiland ausgezeich-

Chamaecytisus palmensis

Cibotium

net an einem (halb-)schattigen, warmen und vor Zugluft geschützten Platz. Temperaturen zwischen 15 und 30 °C sind ideal.
Im Herbst holt man *Cibotium* ins Haus, sobald die Nachttemperaturen unter 5 °C absinken. Hier geben Sie der Pflanze einen hellen, luftigen Platz außerhalb der prallen Mittagssonne und halten die Temperatur bevorzugt zwischen 7 und 15 °C.

○ 5 °C

Cistus

Cistus ist wieder zurückgekehrt, nachdem diese Sträucher aus dem Mittelmeergebiet über einen langen Zeitraum in Vergessenheit geraten waren. Das befremdet, denn die Pflanzen gehören mit zu den ersten, die als Kübelpflanzen kultiviert wurden.
Aber wahrscheinlich sind sie durch ihren hohen Lichtbedarf im Winter aus der Gunst geraten. Heute wird *Cistus* aber wieder häufiger gekauft. In Katalogen werden zahlreiche Arten und Sorten als Kübelpflanzen angeboten – anscheinend vertragen sie doch mehr Frost als früher bekannt war.
An einem sonnigen, geschützten Platz überstehen einige Arten sogar 12 Grad Frost. Bedingung hierfür ist allerdings, daß die Erde gut trocken ist.
An Plätzen, an denen es stärker friert, behandelt man die Pflanze wie eine Kübelpflanze. Das ist aber nicht schlimm, denn die niedrigen Sträucher machen sich gut in Keramikgefäßen.
Geben Sie ihnen im Sommer einen sonnigen und warmen Standort und reichlich Wasser. Sorgen Sie auch dafür, daß das Substrat locker genug ist, denn die Pflanzen vertragen keine Staunässe. Am besten eignet sich Kübelpflanzenerde, die mit etwas Lehm und grobem Sand vermischt wurde. Im Winter braucht *Cistus* einen hellen, kühlen (2 bis 12 °C), aber vor allem luftigen Platz. Sobald es das Wetter zuläßt, sollte man lüften. Die Pflanze ist während dieser Phase mit sehr wenig Wasser zufrieden.
Während der Blühperiode im Frühjahr oder Sommer entfalten sich stets neue Blüten. Die Kronblätter, die verschrumpelt zum Vorschein kommen, scheinen sich im Laufe eines Morgens durch die Sonne glattzustrecken. Am Mittag fallen sie ab, aber glücklicherweise gehen am darauffolgenden Morgen wieder neue Knospen auf.
Cistus-Arten sind leicht im Frühjahr auszusäen, aber da sie sehr leicht kreuzen, ist es nicht sicher, welche Pflanze sich daraus entwickelt.
Aussaat hat zu einer enormen Zahl an Kreuzungen geführt, mit vorhersehbaren Problemen, was die Namensgebung betrifft. Viele Sorten scheinen Kreuzungen zu sein.
Im Sommer kann man Stecklinge nehmen, indem man kurze Seitentriebe (maximal 10 cm lang) von größeren Ästchen abschneidet, aber Sie können auch Kopfstecklinge gewinnen. Wenn man ihnen ganz wenig Wasser gibt, wurzeln die Stecklinge leicht in einer sterilen Mischung aus Torf und Sand.
Nachfolgend beschreiben wir einige der häufiger angebotenen Sorten und Zuchtformen.

○ 0 °C

Cistus 'Barnsley Pink'

Siehe: *Cistus* 'Grayswood Pink'

Cistus 'Grayswood Pink'

Diese Kreuzung bildet einen kompakten, sich hübsch verzweigenden Strauch von einigen 10 Zentimetern Höhe und Breite. Zwischen den samtigen, graugrünen Blättern von *Cistus* 'Grayswood Pink' erscheinen im Juni und Juli hellrosa Blüten. Diese Sorte ähnelt stark *Cistus* 'Silver Pink'.
Die Versorgung steht bei *Cistus*.

○ 0 °C

Cistus 'Grayswood Pink'

Cistus ladanifer

Über die Länder rund um den westlichen Teil des Mittelmeergebiets wächst diese sehr variable Art. Ihre weißen Blüten haben oft einen roten bis braunroten Fleck an der Basis jedes Kronblatts. Im Kalthaus aus-

gepflanzt, wächst und blüht *Listus ladanifer* am besten. An den klebrigen Stengeln und Blättern wurde im Altertum eines der kostbarsten Harze gewonnen. Laudanum hilft gut bei Verstopfung und Kahlheit und wird zum Blutstillen verwendet.
Pflegemaßnahmen siehe *Cistus*.

○ 0 °C

Cistus ladanifer-hybride

Cistus monspeliensis

Die länglichen Blätter von *Cistus monspeliensis* rollen sich am Rand um.

Cistus monspeliensis

Auf den Kanarischen Inseln und im westlichen Mittelmeergebiet können die eineinhalb Meter hohen Sträucher weite Landstriche bedecken. Deshalb kann man das Harz, das von den jungen Zweigen abgeschieden wird, überall riechen.
Die Art wird auffallend oft verwendet, um neue Zuchtformen zu gewinnen.
In einem Topf wächst *Cistus monspeliensis* ziemlich in die Höhe, dies kann man aber durch Entspitzen korrigieren.
Führen Sie diese Arbeit im zeitigen Frühjahr durch, denn die ebenholzweißen Blüten erscheinen bereits im Mai - Juni an den Spitzen der jungen Triebe.
Weitere Pflegeempfehlungen siehe *Cistus*.

○ 0 °C

Cistus x pulverulentus

Die weißwollige *Cistus albidus* und die ebenfalls behaarte *Cistus crispus* sind die Vorfahren dieser Kreuzung, woraus die populäre Sorte *Cistus* 'Sunset' gewonnen wurde.
Letztere kann einen halben Meter hoch und breit werden. Die Pflanze bleibt schön kompakt und hat gewellte, wollige Blätter.
Ab Mai bis Juli erscheinen an den Pflanzen große, dunkelrosa Blüten.
Pflegemaßnahmen wie bei *Cistus*.

○ 0 °C

Cistus x pulverulentus 'Sunset'

Cistus symphytifolius

Die großblütige *Cistus symphytifolius* kommt ursprünglich von den Kanarischen Inseln. Man findet sie

nur in spezialisierten Gärtnereien, und die Tatsache, daß sie nur selten angeboten wird, hängt vermutlich mit der lockeren Wuchsform von *Cistus symphytifolius* zusammen. Das ist schade, denn ihre meist gewölbten Blätter, die nur auf der Unterseite behaart sind und ihre 5 cm breiten, karminrosa Blüten machen diese Art zu einem Schatz.
Pflegemaßnahmen siehe *Cistus*.

○ 5 °C

Cistus symphytifolius

x *Citrofortunella microcarpa*

CALAMONDINORANGE, CALAMONDIN-ZIERAPFELSINE

Hierbei handelt es sich um ein Zierapfelsinenbäumchen, das man häufig auf unseren Fensterbänken sieht.
Die Pflanze ist eine Kreuzung zwischen *Citrus reticulata* und *Fortunella margarita*. Als Resultat dieser Kreuzung erhielt man einen kompakten Strauch mit kleinen gelben oder orangen Früchten, die lange an der Pflanze hängen bleiben. Im Haus werden das ganze Jahr über neue Blüten ausgebildet, auf die, bei guten Bedingungen, Früchte folgen.
Stellen Sie den Strauch im Sommer an einen warmen, sonnigen Platz ins Freie, aber schützen Sie x *Citrofortunella microcarpa* im Frühjahr vor der prallen Mittagssonne. Halten Sie die Erde, die eher sauer sein sollte, ständig feucht, aber nicht richtig naß. Geben Sie der Pflanze kalkarmes Regenwasser oder abgekochtes Leitungswasser.
Im Herbst räumt man x *Citrofortunella* in einen hellen, kühlen Raum ins Haus oder in ein Gewächshaus

x Citrofortunella microcarpa

oder Kalthaus. Die ideale Wintertemperatur liegt zwischen 5 und 15 °C. Während dieser Zeit braucht die Pflanze nur wenig Wasser, aber lassen Sie den Wurzelballen nicht vollständig austrocknen. Zu viel Feuchtigkeit, zu trockenes Substrat oder ein zu dunkler Standort kann bei x *Citrofortunella* Blattabwurf verursachen.
Die buntblättrige Form von dieser Sorte, x *Citrofortunella microcarpa* 'Variegata' braucht noch mehr Licht und Wärme, um gut zu wachsen und zu blühen.

○ 5 °C

x Citrofortunella microcarpa 'Variegata'

Citrus limon

ZITRONE

Diese große Kübelpflanze läßt sich ganz einfach ziehen. Stecken Sie ein paar Kerne einer Zitrone in einen Topf, stellen Sie ihn ans Fenster und das Resultat sind Sämlinge mit grünen, glänzenden Blättern.

Citrus limon

Stellen Sie die Pflänzchen Ende Mai nach draußen in die Sonne oder in den Halbschatten und vermeiden Sie, daß die Erde austrocknet oder klitschnaß ist. Je größer der Topf, desto schneller werden die Pflänzchen wachsen.
Sobald die Nachttemperaturen unter 5 °C absinken, räumen Sie Ihr Zitronenbäumchen ins Haus. Natürlich nicht in einen warmen, lufttrockenen Wohnraum, sondern in eine kühle Kammer an einen hellen Platz, an

Citrus limon

dem bevorzugt Temperaturen zwischen 10 und 15 °C herrschen sollten. Gießen Sie nur soviel, daß die Erde nicht vollkommen austrocknet. Pflanzen, die auf diese Weise gezogen werden, wachsen recht schnell zu Sträuchern von zwei Meter Höhe heran. Um sie im Zaum zu halten, muß man sie regelmäßig schneiden. Im Sommer werden dann weiße, stark duftende Blüten erscheinen, auf die Zitronenfrüchte folgen. Die Fruchtbildung kommt bei aus Samen gezogenen Pflanzen nur mühsam in Gang.
Wenn es Ihnen um die Früchte geht, sollten Sie eine der folgenden Zuchtformen kaufen, die zudem auch kleiner bleiben:
Citrus limon x *meyeri* 'Meyer' – wird kaum höher als 1 Meter; 8 cm lange Früchte;
Citrus limon 'Oscar' – klein bleibend und reich blühend;
Citrus limon 'Ponderosa', oft auch *Citrus ponderosa* genannt – kompakt mit sehr großen Früchten.
Zur Zierde eignet sich *Citrus limon* 'Quatre Saison' ausgezeichnet, eine prächtige Sorte mit großen, dunkelgrünen, glänzenden Blättern und bezaubernden duftenden, rahmfarbigen Blüten, die sich aus rosa Knospen entwickeln. Gegen Ende des Sommers erscheinen kleine Zitrönchen.

○ 5 °C

Citrus limon 'Quatre Saison'

Citrus sinensis

ORANGE, APFELSINE

Die Apfelsine wächst zu einem relativ großen Baum heran. Die Art stammt vermutlich aus China. In Europa waren sie in der Frührenaissance zu sehen. Bereits Jahrhunderte vor dem Beginn unserer Jahreszählung haben sich die Chinesen mit der Kreuzung von *Citrus*-Arten beschäftigt, woraus zahlreiche Orangen-Rassen entstanden.
Nach der Verbreitung in andere subtropische Gebiete erhöhte sich die Zahl der Kreuzungen, die heute auf

ungefähr 200 geschätzt wird. Die Pflanzen werden meist auf *Poncirus trifoliata* veredelt, der Frost bis 15 Grad verträgt.

Aber auch die veredelten Gewächse müssen bei dem ersten Frost ins Haus gestellt werden, man behandelt sie, wie bei *Citrus limon* beschrieben wurde.

Der Orangenbaum kann auf dieselbe Weise wie die Zitrone aus Kernen gezogen werden.

○ 5 °C

Citrus sinensis

Zitrusfrüchte

Fast alle Zitrusfrüchte wachsen an Kreuzungen, deren Herkunft nicht mehr genau feststellbar ist. Um trotzdem einen Eindruck zu vermitteln, wovon eine Frucht stammt und unter welchem Namen sie geführt wird, folgt hier eine Übersicht:

x *Citrofortunella microcarpa*, Calamondinorange, oft auch Calamondin-Zierapfelsine genannt;

x *Citrofortunella mitis*, siehe x *Citrofortunella microcarpa*;

Citrus aurantiifolia, Limette, stammt unter anderem von *Citrus medica* ab;

Citrus aurantium, Bitterorange;

Citrus aurantium var. *myrtifolia*, Chinotto, oder als myrtenblättrige Sauerorange im Handel, wird auf dieselbe Weise wie die Zitrone verwendet;

Citrus deliciosa, siehe *Citrus reticulata*;

Citrus 'Fortunella', siehe *Fortunella margarita*;

Citrus grandis, siehe *Citrus maxima*;

Citrus hystrix, bekannt aus den indonesischen Züchtungen unter dem Namen Djeruk Purut;

Citrus limon, Zitrone;

Citrus madurensis, siehe *Fortunella japonica*;

Citrus maxima, Pampelmuse;

Citrus medica, Zitronatzitrone;

Citrus meyeri (syn. *Citrus* 'Meyer') ist eine Kreuzung zwischen Zitrone und Mandarine;

Citrus mitis, siehe unter x *Citrofortunella microcarpa*;

Citrus microcarpa, siehe unter x *Citrofortunelle microcarpa Citrus nobilis*, vermutlich eine Kreuzung zwischen *Citrus reticulata* und *Citrus sinensis*;

Citrus x *paradisi*, Grapefruit;

Citrus reticulata, Mandarine;

Citrus sinensis, Orange, Apfelsine;

Citrus x *tangelo*, eine Kreuzung zwischen *Citrus sinensis* und *Citrus* x *paradisi*, auch bekannt als 'ugly fruit';

Fortunella japonica, Runder Kumquat;

Fortunella japonica 'Variegata', die buntblättrige Form der runden Kumquat;

Fortunella margarita, Ovaler Kumquat.

Clerodendrum paniculatum

LOSBAUM

In Südostasien blüht dieser Strauch mannshoch vor Häusern und Tempeln. Deshalb wird er auch Pagodenbaum genannt; bei uns hat er den Namen Losbaum erhalten, die buchstäbliche Übersetzung von *Clerodendron*.

Die in den Tropen und Subtropen der Welt verbreitete Gattung umfaßt 400 Arten.

Erst seit kurzem wird *Clerodendron paniculatum* als Zimmerpflanze verkauft. Oft handelt es sich hierbei auch um die Zuchtform 'Starshine'. Aber da diese Pflanze eine hohe Luftfeuchtigkeit und viel Licht braucht, eignet sich der Losbaum eigentlich für ein Gewächshaus oder Kalthaus wesentlich besser. Helle, sonnige Standorte sind Voraussetzung für ausreichende Blütenbildung.

Stellen Sie den Losbaum in einen großen Topf mit nahrhafter Erde und geben Sie ihm während der Wachstumsperiode reichlich Wasser. Im Winter kann man den Losbaum als Zimmerpflanze ziehen, zumin-

Clerodendrum paniculatum

dest, wenn die Luft in den Wohnräumen nicht zu trocken und zu warm ist. Kann man ihm diese Bedingungen bieten, stellen Sie *Clerodendron* an einen hellen Platz in ein kühles Zimmer und geben ihm nicht allzuviel Wasser. Wenn man den Strauch nach der Blüte etwas zurückschneidet, wird er im Frühjahr hübsch buschig austreiben.

○ 10 °C

Clerodendrum ugandense

LOSBAUM

Dieses Juwel aus Zentralafrika kann man erst seit kurzem bei uns kaufen. Dieser Losbaum wächst strauchförmig und wird mit zierlichen violetten bis hellblauen Blüten angeboten, die an Flieder erinnern. Die Staubfäden sehen aus wie Fühler. Im Raum fallen die Blüten recht schnell ab.

In der Hitze des Sommers stehen die Pflanzen gerne im Freien am wärmsten Platz, den Sie ihnen zur Verfügung stellen können. In einem Gewächshaus oder Kalthaus blüht *Clerodendrum ugandense* zuverlässig und lange.

Geben Sie der Pflanze im Sommer reichlich, im Winter nur mäßig Wasser. Da der Losbaum auch den Winter über seine Blätter behält, geben Sie ihm ein helles Winterquartier in einem kühlen Zimmer.

○ 5 °C

Clerodendrum ugandense

Clitoria ternatea

Der ehrwürdige Botaniker Linné sah in der Blüte von *Clitoria ternatea* aus dem tropischen Südostasien eine Klitoris. Diese Pflanze, die sich recht mühelos durch die Sträucher windet, wächst bei uns in warmen, sonnigen Räumen vorzüglich.

Clitoria ternatea wird aus Samen gezogen und diese brauchen eine Minimaltemperatur von 20 °C, um zu keimen. Die Sämlinge können im Sommer ins Freie. Setzen Sie die kleinen Pflänzchen in einen großen Topf, den Sie mit nahrhaftem lockerem Substrat füllen. In einem Gewächshaus oder Kalthaus oder an einem sonnigen Platz am Fenster wachsen sie beträchtlich schneller.

Das ist auch der ideale Platz zum Überwintern, denn *Clitoria ternatea* kommt nur schlecht mit niedrigen Temperaturen zurecht.

○ 10 °C

Clitoria ternatea

Clivia miniata

Diese Pflanze, die auch Riemenblatt genannt wird, wirkt sehr edel. Ihre langen, dunkelgrünen Blätter bestechen in einem Topf oder Gefäß am Eingang eines stattlichen Hauses, vor allem im Schatten, denn dort steht *Clivia miniata* am liebsten (obwohl sie im Freien auch Sonne verträgt). Sie besitzt einen sogenannten Zwiebelstamm mit fleischigen Wurzeln.

Clivia miniata wird in leicht sauere, aber nahrhafte Erde gepflanzt und kann über viele Jahre im gleichen Topf stehen (aber nicht, bis der Wurzelballen den Topf sprengt). Jedes Frühjahr können Sie die oberste Erdschicht mit Kompost oder altem Kuhmist anreichern. Im Herbst kann die Pflanze im Freien stehen bleiben, bis die Temperaturen unter 5 °C absinken. Stellen Sie *Clivia* dann an einen kühlen Platz (8 bis 15 °C) ins Winterquartier. Im Frühjahr werden sich im Zentrum der Pflanze Blütenstengel entwickeln. Warten Sie, bis diese mindestens 10 cm hoch sind und stellen Sie die *Clivia* dann etwas wärmer. Allmählich gießt man nun häufiger. Während der Blüte und im Sommer braucht die Pflanze reichlich Wasser und Dünger, aber sie verträgt keinesfalls Staunässe.

Am Fuße der Pflanze entstehen kräftige Seitensprosse, die man vorsichtig aus dem Ballen herauslösen und topfen kann. Es ist auch möglich, die Pflanze durch Aussaat zu vermehren, aber es dauert dann viele Jahre, bis man ein blühendes Exemplar hat.

○ 5 °C

Clivia miniata

Clivia nobilis

Diese nur selten angebotene *Clivia* blüht reichlich mit hängenden, orangeroten Blüten an einem relativ dünnen Stiel. Auch die Blätter wirken sehr schlank. Die Versorgung erfolgt auf die gleiche Weise, wie bei *Clivia miniata*.

○ 5 °C

Clivia nobilis

Cneorum tricoccon

ZWERGOLIVE

Die Blätter dieses Strauches, der aus den Küstengebieten der westlichen mediterranen Länder stammt, ähneln denen von Oliven, sind aber wesentlich kleiner. Alles an dieser Zwergolive ist übrigens klein: Die Pflanze wird kaum einen halben Meter hoch und breit und die blaßgelben Blüten bleiben durchschnittlich 1 cm groß. Die Blüten erscheinen im frühen Sommer, auf sie folgen hellrote Früchte, die sich im Laufe der Zeit nach Schwarz verfärben.

Stellen Sie den Strauch in die volle Sonne und halten Sie das Substrat mäßig feucht. Eine gute Dränage der Erde, die am besten teilweise aus Lehm bestehen sollte, ist unbedingt erforderlich. Im Winter muß die Pflanze an einem kühlen, aber frostfreien Platz stehen. Sorgen Sie auch dafür, daß dieser Standort hell genug ist, so daß die Blätter an der Pflanze bleiben. Während dieser Zeit gehen Sie sparsam mit dem Gießwasser um.

Die Vermehrung erfolgt über Samen oder durch halbverholzte Stecklinge, die man im Herbst in sandigem Substrat und bei hoher Luftfeuchtigkeit wurzeln läßt.

○ 0 °C

Cneorum tricoccon

Coffea arabica

KAFFEE

Im Bergland von Jemen befinden sich heute noch die schmalen Terrassen, auf denen vermutlich der erste Kaffee angebaut wurde. *Coffea arabica* kam ursprünglich aus Äthiopien, wurde aber im arabischen Jemen zum ersten Mal angebaut. Später schmuggelten die Holländer ungebrannte Früchte nach dem niederländischen Teil Indiens und später nach Südamerika, wo heutzutage der meiste Kaffee angepflanzt wird.
Für die Zucht verwendet man frische, ungebrannte Kaffeebohnen, die manchmal in Frischhalteverpackungen angeboten werden. Die Samen von *Coffea arabica* brauchen zum Keimen eine Bodentemperatur zwischen 20 und 25 °C; in feuchter Luft entwickeln sie wesentlich langsamer. Die Sämlinge, an denen sich grüne glänzende Blätter ausbilden, gedeihen am besten in einem warmen, aber luftigen Klima. Geben Sie den Pflänzchen einen hellen Platz, nicht in der prallen Sonne und ein gut feuchtes und nahrhaftes Substrat. Diese Bedingungen bringen es mit sich, daß man die Kaffeepflanze im Sommer am besten in ein Kalthaus oder im Freien an einen warmen, geschützten, aber nicht zu sonnigen Platz stellt. Geben Sie *Coffea arabica* reichlich Wasser und düngen Sie regelmäßig. Sobald die Nachttemperaturen im Herbst unter 10 °C absinken, stellt man die Pflanze ins Haus. Die ideale Wintertemperatur liegt zwischen 12 und 16 °C. Im Winterquartier braucht die Pflanze einen hellen Standort, wenig Wasser und möglichst viel frische Luft. Zur Verjüngung kann der Kaffeestrauch kräftig zurückgeschnitten werden.

○ 12 °C

Convolvulus cneorum

SILBERWINDE

Die Blätter der Silberwinde sind mit kurzen, silbergrauen Härchen bedeckt. Sie bieten der Pflanze, die auf sonnigen Plätzen entlang des Mittelmeers wächst, Schutz vor der brennenden Sonne.
Im Sommer entwickeln sich am Ende der Triebe rosa überzogene, weiße Trichterblüten, die in einem Keramiktopf oder einer Schale für einen prächtigen Anblick sorgen.
Ziehen Sie die Silberwinde in gut durchlässigem, nährstoffarmem und kalkreichem Substrat und lassen Sie die Erde zwischen den Wassergaben vollkommen abtrocknen. Man sollte diese Pflanze nicht düngen, ansonsten verliert dieser breit und niedrig wachsende, manchmal hängende Strauch sein silbriges Aussehen.
Convolvulus cneorum behält im Winter die Blätter, überlebt im (trockenen) Boden ausgepflanzt leichten bis mäßigen Frost, sollte aber im Topf an einem hellen, kühlen, aber frostfreien Platz überwintert werden. Gießen Sie während dieser Zeit nicht oder nur sehr selten.

○ 0 °C

Coffea arabica

Convulvulus cneorum

Convolvulus floridus

Auf den Kanarischen Inseln wird diese Winde letztendlich einige Meter hoch. Die Blätter dieses kräftigen Strauchs sind, wie die von *Convolvulus cneorum*, mit silbernen Härchen bedeckt. Am Ende der Zweige erscheinen im Sommer üppige Sträuße voller weißer Blütchen, von denen jede einzelne 1 cm breit ist. Höchstwahrscheinlich kann man diese Art selbst bei spezialisierten Züchtern nicht kaufen. Und das befremdet, denn entsprechend der Klimabedingungen, die an ihrem natürlichen Standort herrschen, sollte es sich hierbei um eine ausgezeichnete Kübelpflanze handeln. Ein karges Substrat, mäßige Wassergaben, und im Winter ein möglichst heller Standort werden sie zu einer dankbaren Pflanze machen.

○ 0 °C

Convolvulus floridus

Convolvulus mauritanicus

Siehe: *Convolvulus sabatius*

Convolvulus minor

Siehe: *Convolvulus tricolor*

Convolvulus sabatius

Die Zweige dieser Winde sind dünner und hängen stärker, als die der Silberwinde. An den beblätterten Trieben erscheinen ab Mai bis tief in den Oktober hinein lilablaue Blütchen, die Zweige wachsen stets länger aus. Wenn man den Strauch regelmäßig entspitzt, wächst er zu einer buschigen Pflanze heran.
In Hängekörben ist der hängende Eindruck von dieser *Convolvulus*-Art eher von Vorteil. Tagsüber wirkt die Pflanze zauberhaft, aber abends schließen sich die 2 cm breiten Blüten.
Ziehen Sie die Winde in gut durchlässigem Substrat und an einem sonnigen bis halbschattigen Platz. Obwohl die Art an einem hellen, kühlen und natürlich trockenen Platz überwintert werden kann, wird sie meist wie eine einjährige Pflanze behandelt und im zeitigen Frühjahr ausgesät. Die Samen keimen bei Zimmertemperatur.

○ 0 °C oder (1)

Convolvulus sabatius

Convolvulus tricolor

Manchmal wird diese Art mit der meterhoch kletternden Winde *Ipomoea tricolor* verwechselt. Die krautig wachsende Pflanze *Convolvulus tricolor* wird aber nicht höher, als einen halben Meter. Die sommerblühende Rabattenpflanze macht sich auch ausge-

zeichnet in Töpfen oder Kübeln. Die Topferde darf etwas reichhaltiger sein, als diejenige, die Sie für andere *Convolvulus*-Arten verwenden; Sie sollten aber die Pflanze nicht düngen, denn dies würde eher zu stärkerer Blattentwicklung, als zur Blütenausbildung führen. Der wissenschaftliche Name dieser Pflanze verweist auf die dreifarbigen Blüten: ein gelbes Zentrum, ein weißer Ring und ein blauer Rand.
Convolvulus tricolor wird einjährig gezogen. Ihre Samen werden im Haus im Februar-März bei Zimmertemperatur ausgesät. An einem sonnigen Platz wird diese Winde ab Juli bis in den September hinein Blüten ausbilden. Man kann eine üppige Blütenentwicklung stimulieren, indem man die Pflanzen in kargem Substrat zieht. Eine mittlere Menge an Gießwasser reicht für diese *Convolvulus*-Art aus.
Aus *Convolvulus tricolor* entstanden zahlreiche Zuchtformen mit einem gelb-weißen Blütenzentrum. Nur die äußeren Ränder sind unterschiedlich: bei 'Blue Ensign' sind sie blaßblau, bei 'Blue Tilt' violettblau, bei 'Cambridge Blue' hellblau, bei 'Crimson Monarch' karminrot, bei 'Lavender Rosette' lavendelrosa und bei 'Royal Ensign' dunkelblau.

(1)

Convolvulus tricolor 'Blue Tilt'

Coprosma x kirkii

Die Gattung *Coprosma* ist in Neuseeland und Tasmanien verbreitet. *Coprosma* x *kirkii* ist eine natürliche Kreuzung zwischen zwei Sträuchern aus Neuseeland. Ihre Blätter haben einen hohen Zierwert, aber die Blüten und Früchte dieser Pflanze sind unbedeutend klein. Bei der populären Zuchtform 'Variegata' sind die Blätter graugrün marmoriert und von einem rahmweißen Rand umgeben.
Der Strauch wächst langsam und eher in die Breite, das macht diese *Coprosma* für die Grundbepflanzung eines Kübels mit auffälligen Arten denkbar gut geeignet. An einem sonnigen Platz färben sich die Blätter am besten aus. Die Pflanze braucht nur wenig Wasser, trotzdem sollte man dafür sorgen, daß die Topferde niemals vollständig austrocknet. Im Winter behalten die *Coprosma*-Arten ihre Blätter, wenn man sie hell, kühl und frostfrei stellt. Geben Sie den Pflanzen dort nur ganz wenig Wasser.
Zur Vermehrung der Pflanze nimmt man im Frühjahr kleine Stecklinge von einem dickeren Zweig. Diese werden in sandiges Substrat gesteckt, wobei die Bodentemperatur wenigstens 20 °C betragen sollte. Auf diese Weise werden die Stecklinge schnell wurzeln.

○ 0 °C

Coprosma x kirkii 'Variegata'

Coreopsis ferulifolia

Siehe: *Bidens ferulifolia*

Corokia

ZICKZACKSTRAUCH

Der deutsche Name des Zickzackstrauchs, der aus Neuseeland stammt, bezieht sich auf die dünnen, unregelmäßig zickzackförmig gebogenen Zweige, die nach jedem Knoten die Richtung ändern. Sie sind dunkel gefärbt und in der Jugend flaumig behaart. Die kleinen spatelförmigen Blätter weisen auf der Unterseite eine weiße Behaarung auf.
Corokoia ist eine beliebte Kübelpflanze, die nicht nur wegen ihres eigentümlichen Wuchses, sondern auch wegen der Blüten gerne gezogen wird. Im Frühjahr stellt die Pflanze eine Attraktion dar, wenn sich in dieser Zeit viele kleine gelbe, dezent duftende, sternförmige Blüten entwickeln, denen nach der Bestäubung orangefarbene Früchte folgen. Die Blüten bzw. Früchte sitzen an den Enden kurzer Seitentriebe.

Corokia cotoneaster

Stellen Sie den Zickzackstrauch den Sommer über in einen Topf oder Kübel mit gut durchlässiger Erde, bevorzugt an einen luftigen Platz im Halbschatten. Das Gießen ist ein besonderes Problem, denn äußerlich sieht man der Pflanze nicht an, ob sie trocken oder zu naß steht. Halten Sie die Pflanze mäßig feucht. Die Sträucher vertragen zwar einige Grad Frost, müssen aber im Winter eingeräumt werden. Stellen Sie *Corokia* an einen kühlen (2 bis 10 °C), hellen, luftigen Standort. Geben Sie den Pflanzen während dieser Periode genügend Wasser, um zu verhindern, daß der Wurzelballen vollständig austrocknet.

Corokia buddlejoides

Jüngere Pflanzen sind mehrmals zu schneiden, ältere läßt man ungestutzt wachsen.

Die drei *Corokia*-Arten sind außerordentlich variabel. Innerhalb einer Art kommen unterschiedlich ausgebildete Blattformen vor. Aber die Blüten dieser Arten ähneln einander stark. Außerdem kommen sie in der Natur alle untereinander gekreuzt vor, so daß es oft nicht möglich ist, zu entscheiden, um welche Art es sich gerade handelt.

Corokia buddlejoides wird etwas höher als die anderen Arten. Die silbrig behaarten Äste tragen lanzettförmige Blätter, die manchmal kurz bleiben, die aber in anderen Fällen bis 12 cm lang werden können. Ihre Blüten sitzen in Grüppchen am Ende der Zweige nebeneinander.

Der „echte" Zickzackstrauch ist *Corokia cotoneaster*, meist mit spatelförmigen bis runden Blättern, die in Abhängigkeit von der Sorte tiefgrün bis bronzefarben sind. Die Blüten stehen alleine.

Bei *Corokia* x *virgata* handelt es sich um eine natürliche Kreuzung zwischen den obenstehenden Arten. Die Pflanze hat stark wechselnde Kennzeichen und die Zahl der Zuchtformen, die aus ihr entstanden sind, ist sehr hoch.

Die Pflanze *Corokia macrocarpa* erweckt vor allem bei Neutrieben wegen der zarten Behaarung und der graugrünen Blätter einen silbrigen Eindruck. Meines Wissens nach ist aber diese Art nicht im Handel erhältlich.

○ 2 °C

Crassula ovata

JUDASBAUM, GELDBAUM

Aus der Familie der Dickblattgewächse gibt es zahlreiche Vertreter, darunter sind dankbare Blattpflanzen und eine Reihe hübscher Blütenpflanzen. Sie kommen aus dem sonnenreichen Pflanzenparadies Südafrika. Der Geldbaum ist eine der unempfindlichsten Kübelpflanzen.

Crassula ovata nimmt es Ihnen nicht im Geringsten übel, wenn Sie einmal vergessen, der Pflanze Wasser zu geben. Nur Staunässe kann sich tödlich auswirken. Stellen Sie ihr eine sandige Erdmischung zur Verfügung und stellen Sie sie im Sommer in die Sonne (eventuell auch in den Halbschatten.

Steht die Pflanze an einem vollsonnigen Standort, wird sie sich stark verzweigen. Bei guter Versorgung wird sie Trauben sternförmiger, weißer mit hellrosa Blütchen ausbilden. Wenn man den Eindruck hat, daß die Pflanze zu groß wird, vermehrt man sie und wählt sich ein neues Exemplar aus. Die Vermehrung ist bei dieser Pflanze kein Problem: Brechen Sie ältere Blätter vom Stamm ab und stecken Sie diese am Fuß der Pflanze in die Erde. Im Laufe der Zeit entwickeln sich neue Pflänzchen.

Im Winter muß der Geldbaum frostfrei und hell stehen. Bei niedrigen Temperaturen braucht man kaum gießen, wohingegen ein Zimmerexemplar mäßig gegossen werden muß.

☼ 5 °C

Crassula ovata

Crassula portulacea

Siehe: *Crassula ovata*

Crinodendron hookerianum

Die dunkelgrünen, glänzenden, lederartigen Blätter dieses chilenischen Strauchs deuten bereits an, welche Ansprüche und Bedingungen die Pflanze an den Gärtner stellt. Man hält sie ähnlich wie Rhododendron. An einem luftigen, hellen, aber (halb)-schattigen Standort, in leicht sauerem Boden (keinesfalls in Kalkböden) und bei gleichmäßiger Feuchtigkeit wird sich die Pflanze wohl fühlen. Im Boden ausgepflanzt verträgt *Crinodendron* höchstens 10 Grad Frost, aber ein getopftes Exemplar muß beim ersten Frost eingeräumt werden. Im Winter steht die Pflanze am liebsten an einem kühlen und hellen Platz, so daß die Blätter an der Pflanze sitzen bleiben. Sorgen Sie nun für gleichmäßige, aber sehr mäßige Feuchtigkeit des Substrats. Die Knospen entwickeln sich bereits im Herbst und im Winter und werden ab dem zeitigen Frühjahr beginnen, zu blühen. Während der Hauptblüte, im Frühling, hängen ganze Reihen roter Glockenblüten von den Zweigen herab.

Obwohl man bei der Vermehrung viel Geduld braucht, ist sie nicht unmöglich. Stecken Sie halbverholzte Stecklinge in eine sandige Erdmischung, decken Sie die Schale mit Glas oder Plastikfolie ab und lassen Sie alles bei Zimmertemperatur stehen.

☼ 0 °C

Crinodendron hookerianum

Crinum asiaticum

HAKENLILIE

Diese Hakenlilien-Art stammt aus dem tropischen Asien und braucht mehr Wärme, als die bekanntere *Crinum* x *powellii*.

Leider wird *Crinum asiaticum* nur sehr selten angeboten, vermutlich, weil sie am besten hinter Glas blüht. In einem Gewächshaus oder Kalthaus ist diese Pflanze eine imposante Erscheinung. Ihre Blätter, die rund einen Meter lang sind, biegen sich zierlich durch. Aus den älteren Blattscheiden entwickeln sich Blütenstengel, die eine Länge von 1 m erreichen können. Während der Sommermonate bilden sich an diesen Stengeln ständig neue weiße Blüten, die einen herrlichen Duft verströmen.

Für die Versorgung dieser giftigen Hakenlilie siehe *Crinum* x *powellii*.

5 °C

Crinum x powellii

HAKENLILIE

Eine der dankbarsten Kübelpflanzen entstand aus einer Kreuzung zwischen zwei südafrikanischen Arten: *Crinum bulbispermum* und *Crinum moorei*. An einem sonnigen Platz entwickeln sich im Spätsommer runde Blütenstengel mit rosafarbenen Kelchblüten, die 10 cm lang werden können. Die Blütezeit ist jedoch bedeutend kürzer als bei *Crinum asiaticum*.

Pflanzen Sie die lange und bis 15 cm breite Knolle im Frühjahr in eine nährstoffreiche, aber gut durchlässige Erdmischung. Die Spitze der Knolle sollte über die Oberfläche des Substrats ragen. Beobachten Sie, wann die Blätter zum Vorschein kommen, dann beginnen Sie mit dem Gießen. Die Blätter können 1 m lang werden und je länger sie auswachsen, desto mehr Wasser braucht die Pflanze. Stellen Sie den Topf oder Kübel im Sommer an einen sonnigen Platz, gießen und düngen Sie die Pflanze häufig.

Nach der Blüte läßt man das Gewächs im Freien stehen. Gießen Sie nun weniger und düngen Sie nicht mehr. Die Pflanze behält über den Winter ihre Blätter und braucht deshalb einen nicht allzu dunklen Standort und auch genügend Wasser, damit die Blätter nicht zu bald absterben; dies wird in jedem Fall im Frühjahr passieren, ein Zeichen dafür, die Pflanze nicht mehr zu gießen. Nach der Ruheperiode treibt die Knolle wieder aus und man kann wieder beginnen, zu gießen.

Topfen Sie die Pflanze nur äußerst selten um, sie möchte möglichst lange in ihrem Topf stehen. Wenn Sie jedes Jahr eine Schicht mit getrocknetem Kuhmist oder einen anderen nahrhaften Dünger auf die Substratoberfläche aufbringen, blüht sie reichlicher.

○ 5 °C

Crinum x powellii

Crotalaria agatiflora

KANARIENSTRAUCH

An den langen Zweigen von *Crotalaria agatiflora* hängen im Sommer grüngelbe Schmetterlingsblüten. Nach der Bestäubung entwickeln sich lange, glatte Hülsen, die innen hohl sind.

Wenn man die reifen Früchte hin und her schüttelt, hört man die Samen klappern. Der Name *Crotalaria* stammt vom griechischen Wort *krotalon* ab, es bedeutet Kastagnette.

Der Kanarienstrauch (sein deutscher Name kommt vermutlich daher, daß scheinbar ein Schwarm von Kanarienvögeln im Strauch sitzt) stammt ursprünglich aus der frischen, aber warmen Luft Ostafrikas. Stellen

Crinum asiaticum

Crotalaira agatiflora

Sie den Strauch in die volle Sonne und füllen Sie den Topf mit sehr gut durchlässigem Substrat. Die Pflanze braucht nicht viel Wasser, im Winter wird sie noch seltener gegossen. Der Kanarienstrauch kann im Herbst kräftig zurückgeschnitten werden. Da er seine Blätter behält, stellt man ihm ein helles Winterquartier zur Verfügung. Lüften Sie den Raum, in dem die Pflanze steht, im Winter möglichst häufig.
Von den rund 500 bekannten *Crotalaria*-Arten eignen sich auch *Crotalaria capensis, Crotalaria laburnifolia* und *Crotalaria semperflorens* ausgezeichnet als Kübelpflanzen.

○ 10 °C

Cuphea ignea

ZIGARETTENBLÜMCHEN, KÖCHERBLÜMCHEN

Das Zigarettenblümchen ist eine bekannte Rabattenpflanze, die den ganzen Sommer über blüht. Am äußeren Ende dieses Miniaturstrauchs entwickeln sich immer wieder neue, rote Röhrenblüten mit einem stark kontrastierenden weißen Fleck an der auberginefarbigen Öffnung. Dieser ursprünglich mexikanische Strauch eignet sich ausgezeichnet für Blumenkästen auf einem sonnigen Balkon, paßt auch gut in einen niedrigen Topf oder wird zur Unterpflanzung von größeren Kübelpflanzen verwendet.
Wenn es möglich ist, die Pflanze an einem kühlen, hellen Platz überwintern zu lassen und im darauffolgenden Frühjahr Stecklinge zu gewinnen, behandelt man das Köcherblümchen wie eine einjährige Pflanze. Sie können auch Samen gewinnen, welche sie im März - April im Haus aussäen.
Stellen Sie die Pflanzen nach dem letzten Nachtfrost ins Freie.

(1)

Cuphea ignea

Cuphea pallida

Cuphea pallida

Die langen, schlanken Triebe von *Cuphea pallida* bilden eine breite, lockere Kugel aus Blättern und Blüten. Ihre violettrosa Blüten sind ungefähr 2 cm breit und hoch, sie entwickeln sich im späten Sommer und im Herbst. Füllen Sie den Topf oder Kübel mit normaler Blumenerde, stellen Sie die Pflanze an einen sonnigen bis halbschattigen Platz und geben Sie *Cuphea pallida* regelmäßig Wasser.
Nachfolgend finden Sie weitere *Cuphea*-Arten oder -Sorten, die sich ebenfalls gut als Kübelpflanzen eignen. Obwohl man sie überwintern kann, ist die Behandlung als Einjährige (wie bei *Cuphea ignea* beschrieben) wesentlich einfacher.
Cuphea lanceolata – die rund einen halben Meter langen, klebrigen Stengel tragen dunkelpurpurfarbene Blüten; die Zuchtform 'Purpurea' blüht violett/purpur und wird noch etwas höher;
Cuphea llavea – die bis 90 cm langen Triebe tragen grellrote Blüten; die Unterart *miniata* bleibt in jeder Beziehung kleiner:
Cuphea llavea miniata 'Firefly' – siehe *Cuphea* x *purpurea* 'Firefly';
Cuphea platycentra siehe *Cuphea ignea*;
Cuphea procumbens – die klebrigen Stengel von ungefähr einem halben Meter Höhe haben purpurrosa Blüten;
Cuphea x *purpurea* – eine Kreuzung zwischen *Cuphea llavea* und *Cuphea procumbens*. Das Ergebnis aus dieser Kreuzung ist eine Pflanze mit einem Meter langen Trieben, an denen Blüten in gemischten Farben erscheinen: von Signalrot über Rosa nach Mauve. Manchmal werden auch Sorten nach Farben angeboten, wie zum Beispiel die Zuchtform 'Firefly', die grell orangerot blüht.

(1)

Cyathea

BAUMFARN

Von den mehr als 300 bekannten *Cyathea*-Arten eignen sich für unser Klimagebiet hauptsächlich diejenigen, die aus subtropischen Regionen stammen. Die tropischen Arten brauchen nämlich im Winter unbedingt Nachttemperaturen über 15 °C. *Cyathea cooperi* stammt ursprünglich aus Australien und ist mit der bekannten Art *Cyathea australis*, die im Südwesten der Britischen Inseln sogar den Winter über im Freien verbringen kann, nah verwandt.

Cyathea cooperi

Möchte man diesen Baumfarn als Kübelpflanze verwenden, nimmt man hierfür einen möglichst großen Topf oder Kübel, denn die Pflanze wird mit der Zeit meterhoch und breit. Bevor die Nachttemperatur unter die 5 °C-Grenze absinkt, räumen Sie die Pflanze ins Haus. Dort suchen Sie für diesen Baumfarn einen hellen, kühlen Platz aus. Während der winterlichen Ruheperiode braucht die Pflanze nur wenig Wasser.
Im Sommer finden wir in *Cyathea cooperi* einen der wenigen Baumfarne, der in der Sonne stehen kann, zumindest, wenn die Erde ständig feucht gehalten wird. Im Halbschatten wächst der Baumfarn aber wesentlich besser, bei heißem Wetter muß er allerdings ab und zu besprüht werden, um die Austrocknung seiner Wedel zu vermeiden.
Topfen Sie *Cyathea* regelmäßig um oder bedecken Sie den Kübeloberfläche mit einer Mischung aus Kompost und altem, gut abgetrocknetem Kuhdung.

○ 5 °C

Cycas revoluta

PALMFARN, SAGOPALME

Die Palmfarne stellen eine altertümliche Gruppe von Pflanzen dar, die in früheren Erdepochen, vor allem im Jura, in großer Vielfalt auf der Erde verbreitet war. Ihre heute noch lebenden Vertreter sind somit die letzten Zeugen einer stammesgeschichtlich bedeutungsvollen Gruppe, zu denen auch *Cycas revoluta* gehört. Der in Japan heimische und im Mittelmeerraum häufig angepflanzte Palmfarn wird auf Java wegen des eßbaren Marks (Sago), das sich im Stamm befindet, angebaut.
Als Kübel- und Zimmerpflanze wächst *Cycas revoluta* äußerst langsam. An der Spitze des kurzen, dicken, walzenförmigen Stamms befinden sich in gedrängter Rosette stehende, ledrige, dunkelgrüne, tief eingeschnittene Blätter. Wenn sich neue Wedel entrollen, sind sie noch zart und biegsam, aber später werden sie hart, kräftig und am Ende spitzig.
Im späteren Leben kann der Palmfarn blühen. Diese Art bildet weibliche und männliche Pflanzen. Bei letzteren entwickelt sich im Zentrum der Pflanze ein Kegel, wohingegen bei den weiblichen Exemplaren sich ein Durcheinander von Fruchtanlagen zeigt. Aus diesen bilden sich nach der Befruchtung orangegelbe, filzige Samen, die ungefähr so groß sind wie eine Gartenbohne. Da sich die Samen offen im Zentrum der Pflanze befinden, wird diese Pflanze auch „Nacktsamer“ genannt.
Stellen Sie *Cycas revoluta* im Freien an einen warmen Standort, der aber vor der prallen Sonne geschützt sein sollte. Geben Sie der Pflanze mäßig, aber regelmäßig Wasser, so daß das Substrat konstant feucht bleibt. Nur wenn sich neue Wedel entrollen, sollte man dem Baumfarn Flüssigdünger geben.
Topfen Sie die Pflanze nicht zu schnell um und lockern Sie die oberste Erdschicht nicht auf, denn dort befinden sich wichtige, empfindliche Wurzeln. Im Winter steht der Baumfarn im Haus am liebsten an einem hellen, kühlen Platz, an dem es nicht wärmer, als 15 °C werden sollte.
Möchte man die Pflanze vermehren, muß man hierfür

Cycas revoluta

Samen verwenden. Aber wegen des ausgesprochen langsamen Wachstums bleiben die Sämlinge lange Zeit klein.

○ 5 °C

Cymbalaria muralis

ZIMBELKRAUT

Das Zimbelkraut wächst von Natur aus auf Geröll- oder Schutthalden Süd- und Mitteleuropas, fühlt sich aber auch an feuchten alten Mauern von Stadtumgrenzungen oder an Gebäuden in nördlicheren Ländern wohl.

Die Pflanze sorgt selbst für die Verbreitung ihrer Samen. Die Stengel, die reife Fruchtkapseln tragen, drehen sich zur Mauer und drücken die Samen in einen Spalt.

Im Boden überlebt das Zimbelkraut die Kombination von Feuchtigkeit und Kälte unserer Winter meist nicht. In einem trockenen Steingarten oder in einem Topf oder Hängekorb mit gut durchlässigem Substrat haben die Pflanzen schon eher eine Überlebenschance. Bei sehr strengem Frost kann man die Pflänzchen dann auch einfacher ins Haus räumen.

Im Sommer braucht das Zimbelkraut einen schattigen bis halbschattigen Standort, die Erde sollte gleichmäßig feucht gehalten werden. Wenn das Substrat zu stark austrocknet oder die Pflanze zu viel Sonne erhält, wird sie ihr Wachstum einstellen. Ein wüchsiges Exemplar dieser Pflanze bildet lange Ausläufer, die mit winzigen Blättchen und Blütchen übersät sind, sie erscheinen den ganzen Sommer über.

Die Vermehrung der Pflanze erfolgt durch Teilung, durch Seitentriebe, die man wurzeln läßt, durch Stecklinge, die man in Wasser oder in feuchte Erde steckt, oder durch Aussaat.

Vom Zimbelkraut sind im Handel prächtige weißblühende Zuchtformen erhältlich. Beispiele sind *Cymbalaria muralis* 'Albiflora' (oft auch *Cymbalaria muralis albiflora* genannt), die märchenhaft weiße Blütchen mit einer gelben Lippe trägt, und *Cymbalaria muralis* 'Globosa Alba', die recht kompakt wächst.

❄

Cymbalaria muralis

Cybalaria muralis 'Albiflora'

Cymbalaria pallida

ZIMBELKRAUT

Neben dem oben beschriebenen, heimischen Zimbelkraut sind noch zahlreiche andere Arten und Sorten im südlichen Europa beheimatet.

Die Blütenfarbe kann stark variieren, auch gibt es Übergangsformen, was zu ziemlich großer Verwirrung bei der korrekten Benennung dieser Pflanzen geführt hat.

Deshalb ist es gut möglich, daß man bei verschiedenen Züchtern die gleiche Pflanze mit unterschiedlichen Namen antrifft.

Es geht hierbei nicht nur um *Cymbalaria pallida* aus Mittelitalien, sondern auch um *Cymbalaria aequitriloba*, das im südlichen Europa vorkommt, um *Cymbalaria hepaticifolia* aus Korsika, und um das aus Italien stammende *Cymbalaria pilosa*.

Cymbalaria pallida unterscheidet sich von *Cymbalaria hepaticifolia* durch seine behaarten Blätter, von *Cymbalaria aequitriloba* durch den wesentlich längeren Sporn und von *Cymbalaria pilosa* durch die geringere Zahl an Blattlappen – *Cymbalaria pallida* hat höchstens 5, meist 3, wovon der mittlerste bedeutend größer ist als die seitlichen Lappen.

Pflegemaßnahmen lesen Sie bei *Cymbalaria muralis* nach, mit dem Unterschied, daß *Cymbalaria pallida* recht gerne in der Sonne wächst.

❄

Cymbidium

Es ist bekannt, daß Orchideen hauptsächlich in einem beheizten Gewächshaus oder im Zimmer gedeihen. Aber natürlich gibt es auch Arten und Sorten, die lieber kühler stehen. Zu dieser Gruppe gehört die Gattung *Cymbidium*. Die zahlreichen Kreuzungen dieser Pflanzen werden auch als Zimmerpflanzen verkauft, aber enttäuschen meist bereits nach der ersten Blüte: Es entwickeln sich keine neuen Blüten mehr. Der Grund hierfür ist eine zu hohe Zimmertemperatur. Nur bei nicht allzu hohen Temperaturen werden im Sommer Knospen entwickelt, die im darauffolgenden Winter blühen sollten. Exemplare in Töpfen brauchen ein lockeres, gut durchlässiges Orchideensubstrat. Wenn die Pflanzen den Sommer über im Freien verbringen, sollten Sie dort reichlich Wasser geben und ab und zu mit Orchideendünger oder mit stark verdünntem Zimmerpflanzendünger düngen.
Sobald die Temperatur im Herbst unter 8 °C absinkt, stellen Sie die Pflanze ins Haus. Stellen Sie *Cymbidium* dort an einen kühlen Platz, bis die Blütenstengel gut sichtbar werden. Nun braucht die Pflanze einen wärmeren Platz.

○ 8 °C

Cymbidium

Cytisus x racemosus

Siehe: *Genista* x *spachiana*

Cymbalaria pallida

D d

Datura arborea

Siehe: *Brugmansia arborea*

Datura flava

Siehe: *Brugmansia* x *flava*

Datura metel

STECHAPFEL

Im Gegensatz zum strauch- oder baumförmigen Stechapfel (siehe *Brugmansia*) sind die krautigen Arten einjährig. Im März - April werden sie im Haus vorgesät, oder kommen ab Mai ins Freiland. An den bis 50 cm hohen Zweigen von *Datura metel* sitzen samtige, graue Blätter. Im Sommer entwickeln sich bis 20 cm lange, trichterförmige Blüten, die nach oben zeigen. Meist sind sie weiß gefärbt, aber es sind auch Sorten in gelben, rosa und blauen Farbtönen im Handel.

Nach der Bestäubung entwickeln sich stachelige, ovale Fruchtkapseln, in denen die Samen sitzen. Die Pflanze sät sich nicht „wie Unkraut" aus, so wie das bei dem gewöhnlichen Stechapfel (*Datura stramonium*) der Fall ist, aber sie hat eine gute Keimkraft.

(1)

Datura suaveolens

Siehe: *Brugmansia suaveolens*

Diascia

Die ungefähr 50 *Diascia*-Arten stammen alle aus Südafrika und bevorzugen deshalb einen sonnigen Standort. Dort blühen sie den ganzen Sommer über bis in den Herbst hinein. Da sie auch einen mittelmäßigen Winter nicht überleben, werden von den meisten Arten im Herbst Stecklinge genommen, um die Pflanzen kühl und hell über den Winter zu bringen. Häufig geht Aussaat noch einfacher, aber das muß dann im zeitigen Frühjahr passieren (zwischen Februar und Anfang April), ansonsten werden die Pflanzen erst am Sommerende Blüten entwickeln. *Diascias* sind dankbare Topfpflanzen, wenn man ihnen Wärme und ein lockeres Substrat zur Verfügung stellt. Die Blüten entwickeln sich an den äußeren Enden der Stengel, die etwas sparrig auswachsen, wenn man sie nicht entspitzt.

Meist werden die Pflanzen nur unter *Diascia*, ohne einen Artnamen verkauft. Gute Arten für Topf- oder Kübelkultur sind zum Beispiel:

Diascia barberae – bis 30 cm hoch, reichlich lachsrosa blühend;

Diascia fetcaniensis – wächst recht kompakt und wird höchstens 20 cm hoch; blüht reichlich mit dunkelrosa Blüten.

(1)

Links: *Datura metel*

Diascia

Dicksonia

BAUMFARN

Von allen Baumfarnen ist *Dicksonia* wohl derjenige, der am stärksten beeindruckend wirkt. Ursprünglich kommt die Pflanze aus Tasmanien und Australien, aber wegen ihres überwältigenden Anblicks sieht man sie heute in vielen subtropischen Gärten. *Dicksonia antarctica* wird in Neuseeland gezogen und wird auf eine etwas befremdende Art und Weise zu uns

Dicksonica antarctica

gebracht, nämlich als ein „Stamm" ohne Blätter und Wurzeln. Dieser Stamm wird in einem sehr kleinen Topf während einiger Wochen zum Wurzeln gebracht, dann rollen sich am Wurzelhals frischgrüne, neue Wedel aus.

Dicksonia antarctica verträgt einige Grade Frost, muß aber trotzdem im Winter ins Haus an einen kühlen, luftigen und hellen Platz gestellt werden, dort darf allerdings die Luftfeuchtigkeit nicht zu niedrig sein. Bei zu trockener Luft verfärben sich die Ränder der Wedel häßlich braun. Im Sommer möchte der Farn wieder ins Freie, an einen luftigen Platz und nicht in die pralle Sonne. Halten Sie diesen Baumfarn in einem relativ kleinen Kübel, der mit lockerer, humusreicher, leicht sauerer Erde gefüllt sein sollte. Geben Sie *Dicksonia antarctica* im Sommer reichlich Wasser, um die hohe Verdunstung über die Wedel zu kompensieren. Im Winter muß man das Substrat gleichmäßig feucht halten.

○ 5 °C

Diascia fetcaniensis

Dicliptera suberecta

Mit ihren graufilzigen Blättern und orangefarbenen Röhrenblüten, die sich im Sommer an den Enden der Zweige ausbilden, ist dieser Strauch aus Uruguay ein wahres Juwel. Stellen Sie ihn im späten Frühling ins Freie an einen warmen, sonnigen oder halbschattigen Platz. Geben Sie ihm humusreiche und gut durchlässige Erde, reichlich Wasser und regelmäßig Dünger.
Sobald die Außentemperaturen in der Nacht unter 7 °C absinken, muß *Dicliptera* ins Haus geholt werden. Da die Pflanze zu diesem Zeitpunkt wahrscheinlich noch Blüten trägt, kann man sie vorläufig ins Zimmer stellen. Ihre Blätter fallen im Winter nicht ab, deshalb stellen Sie *Dicliptera* an einen hellen Platz, nicht zu trocken und nicht zu kalt (zwischen 7 und 15 °C).
Wenn man die Pflanze nach der Blüte kräftig zurückschneidet, bleibt sie buschig. Schlaffe Triebe können auch im Frühjahr noch abgeschnitten werden, denn sie blüht an den äußeren Enden der neu gebildeten Zweige. Der Strauch bildet unterirdische Ausläufer, die man gesondert topfen kann.

○ 7 °C

Dicliptera suberecta

Diospyros kaki

KAKIPFLAUME

Wer die Früchte der Kakipflaume einmal versucht hat, wird ihren Geschmack nicht so leicht vergessen. Man läßt die Früchte hängen, bis sie abfallen. Sicherheitshalber sollten sie dann auch noch ein paar Tage lang nachreifen, bis sie druckempfindlich werden. Erst überreif sind die rundlichen, pfirsichgroßen Früchte wohlschmeckend und genießbar. Die Zuchtform 'Sharon', auch bekannt als Sharonfrucht, ist gelborange, kräftiger und deshalb leichter (aus den Anbaugebieten in Israel) zu transportieren, der Geschmack ihrer Früchte ist allerdings weniger intensiv.
Der Baum stammt ursprünglich aus dem temperierten (Süd)-Ostasien. Nur in China und Japan sind mehr als tausend Zuchtformen registriert. Wer Platz genug hat, um diesen kleinen Baum zu überwintern, findet in ihm eine wunderschöne Kübelpflanze. Der Baum wächst sehr langsam und steht bevorzugt in kalkfreiem Substrat an einem sonnigen und warmen Platz. Im Herbst verfärben sich die Blätter prächtig – von Gelb über Orange nach Rot –, bis sie abfallen. An einem warmen Platz entwickelt der Baum im Juni zunächst gelbe Blüten, dann bilden sich Früchte, die nach dem Laubabwurf weiter am Baum bleiben. Wenn man die Früchte essen möchte, räumt man die blattlose Kübelpflanze an einen hellen Platz ins Haus. Nach der Ente kann man das Bäumchen dunkler stellen. Beachten Sie, daß zur Blütenneubildung niedrige Wintertemperaturen unbedingt notwendig sind.

○ oder ● 5 °C

Diospyros kaki

Dipladenia

Siehe: *Mandevilla*

Distictis buccinatoria

Die kräftigen Zweige dieser wintergrünen Kletterpflanze brauchen viel Platz und eine gute Stütze, denn sie wachsen sehr schnell und üppig. Deshalb zieht man die ursprünglich aus Mexiko stammende Pflanze hauptsächlich vor Wänden großer Gewächshäuser, Wintergärten und Kalthäuser. Auch in großen Kübeln wächst die Pflanze ausgezeichnet.
An den Zweigenden entstehen im Sommer dekorative, große, trompetenförmige, orangerote Blüten. Geben Sie der Pflanze im Sommer reichlich Wasser und düngen Sie häufig.
Im Winter bevorzugt die Pflanze einen kühlen, luftigen, hellen Platz. Jetzt ist es kaum notwendig, zu gießen. Im zeitigen Frühjahr schneidet man *Distictis* kräftig zurück. Wenn sich die Neutriebe gut entwickeln, bringt man den Kübel möglichst schnell ins Freie, denn die Pflanze liebt frische Luft und verträgt auch einige Grade Frost.

○ 0 °C

Distctus buccinatoria

Dodonaea viscosa

Im Sommer hängen Trauben geflügelter Samen zwischen den klebrigen Blättern von *Dodonaea viscosa* nebeneinander. Die purpurfarbenen Flügelfrüchte werden im getrockneten Zustand für kunstvolle Blumenarrangements verwendet. Als Kübelpflanze ist *Dodonaea* leider noch kaum bekannt und das ist eigentlich sehr schade, denn sie wächst problemlos und hat eine aparte, dekorative Wirkung.
Nach der Aussaat im Frühjahr wachsen die Sämlinge in einigen Jahren zu blühenden Sträuchern heran. Es ist auch möglich, im Sommer Stecklinge zu schneiden, und die jungen Zweige bei höherer Bodentemperatur (20 °C) wurzeln zu lassen.

Dodonaea steht im Sommer am liebsten luftig und sonnig, wie das auch in ihrer Heimat Mittelamerika und in den anderen subtropischen Ländern der Fall ist, wo sie ursprünglich herkommt. In ihrem Heimatland wird die Pflanze wegen ihrer günstigen Eigenschaften angepflanzt: Die Wurzeln halten den Boden fest, ihr Holz ist sehr hart und dauerhaft, sie ist als Hecke ein ausgezeichneter Windbrecher, und ihre Früchte kann man zur Herstellung von Bier verwenden (in Australien).

Geben Sie *Dodonaea* ein lockeres, gut durchlässiges Substrat und im Sommer reichlich Wasser. An einem kühlen, hellen Platz wird sie den Winter überstehen. Wenn man den Strauch häufig schneidet, entwickelt er eine hübsche, buschige Form. Sie können ihn auch als Hochstamm ziehen, aber beginnen Sie damit relativ früh, denn der Strauch verträgt keinen Schnitt an zu altem Holz.

Dodonaea viscosa 'Purpurea' trägt nicht nur purpurfarbene Früchte sondern auch Blätter von derselben aparten Färbung, besonders, wenn Sie den Strauch in die volle Sonne stellen.

○ 2 °C

Dodonaea viscosa 'Purpurea'

Dombeya wallichii

HORTENSIENBAUM

Die runden Blütenschirme von *Dombeya wallichii* bleiben noch lange nach dem Ende der Rosenblüte an der Pflanze hängen. Eigentlich ist dies ebenso der Fall wie bei *Hydrangea* (Hortensie), und deshalb wird der

Dombeya wallichii

tropische Strauch wohl auch Hortensienbaum genannt. Ursprünglich stammt die Pflanze aus Madagaskar und dem angrenzenden Teil des kontinentalen Afrikas. Außerhalb der Blütezeit, die in subtropischen Gebieten in den Winter fällt, zieren große, leicht behaarte Blätter das Holz.

Die Blätter dieser Pflanze ähneln denen der Zimmerlinde (*Sparmannia*).

Als Kübelpflanze darf *Dombeya* an einem zugfreien Platz nicht in der vollen Sonne stehen, sie möchte aber einen möglichst warmen Platz im Garten, oder in einem Gewächshaus bzw. im Wintergarten. Geben Sie der Pflanze im Sommer großzügig Wasser, aber sorgen Sie auch dafür, daß sie in gut durchlässigem Substrat steht, so daß überflüssiges Wasser gut abfließen kann. Die Pflanze ist gegenüber Staunässe empfindlich. Im Spätsommer verringert man die Wassermenge und gibt absolut keinen Dünger mehr.

Der Strauch muß zur Überwinterung relativ früh ins Haus geräumt werden. Dort braucht er einen hellen, mäßig kühlen Platz (12 bis 16 °C). Während dieser Periode gibt man kaum Wasser.

○ 10 °C

Dracaena draco

DRACHENBLUTBAUM, DRACHENBAUM

Wenn man den Stamm von *Dracaena draco* einritzt, läuft ein klebriger roter Saft heraus, das sogenannte Drachenblut, wonach *Dracaena* auch benannt wurde (das griechische Wort *drakaina* bedeutet Drache). Der echte Drachenblutbaum wächst auf den Kanarischen Inseln, dort wurde er durch das Sammeln des roten Harzes aber recht selten. Hier steht der mehrere hundert Jahre alt werdende Drachenbaum (das älteste Exemplar, das 1868 umfiel, wird auf 6000 Jahre geschätzt, ist aber vermutlich wesentlich jünger).

Der Baum beginnt erst ab einer bestimmten Höhe sich zu verzweigen. Zunächst wächst *Dracaena draco* mit einem Einzelstamm, bis sich an dem relativ steifen, grünen Blattschopf Blüten entwickeln. Danach verzweigt sich der Baum fortwährend nach jeder Blütenperiode, wobei mit der Zeit eine breite Pilzform entsteht.

Der Drachenblutbaum wird wegen seiner Robustheit gerne als Kübelpflanze gehalten, wegen des langsamen Wachstums wird er aber nur von spezialisierten Kübelpflanzenzüchtern angeboten. In den meisten Fällen kauft man eine Rosette aus lanzettförmigen Blättern, die einige 10 Zentimeter lang sind. Erst nach Jahren kommt der Blattschopf auf einem Stamm zu stehen. Die buntblättrigen Dracaenen sind dekorativer, eignen sich aber besser als Zimmerpflanzen.

Im Sommer steht der Drachenblutbaum bevorzugt sonnig und warm. Halten Sie das Substrat während dieser Periode gleichmäßig feucht. Im Winter braucht er einen hellen und kühlen, aber frostfreien Platz. Steht der Topf auf einer kalten Fensterbank, schützen Sie ihn mit Styropor vor der Zugluft des Fensters. Geben Sie der Pflanze ab und zu ein bißchen Wasser, um die Verdunstung der Blätter zu kompensieren.

○ 0 °C

Dracaena draco

Dracocephalum moldavica

DRACHENKOPF

Zwischen den duftenden Blättern des Drachenkopfs entwickeln sich ab Juli bis in den Herbst hinein hübsche hellblaue Lippenblüten, an denen sich viele Insekten gütlich tun.

Die krautige Pflanze kann in einem Topf bis 30 cm hoch werden.

Säen Sie diese Art aus Ost- und Zentraleuropa im März im Haus vor, oder direkt ins Freiland ab April (die Pflanzen vertragen einige Grad Frost). Ansonsten stellt die Pflanze keine besonderen Ansprüche.

Die Zuchtform *Dracocephalum moldavica* 'Album' hat rein weiße Blüten.

(1)

Dracocephalum moldavica 'Blue Dragon'

Dregea corrugata

Siehe: *Dregea sinensis*

Dregea sinensis

Die rahmweiß mit rosafarbenen Blütchen (jedes ist 1,5 cm breit) von *Dregea* ähneln den Blüten der Wachsblume. Beide Gattungen gehören zur Familie der Seidenpflanzengewächse, zu einer mit am höchsten entwickelten Familie im gesamten Pflanzenreich.

Dregea sinensis ist unter ihrem alten Namen *Wattakaka sinensis* bekannter. Die Triebe, an denen längliche, grüne Blätter sitzen, deren Unterseite graugrün gefärbt ist, schlingen sich bis zu zwei Metern

empor und brauchen deshalb eine Stütze. Die Pflanze eignet sich für Gewächshäuser, Kalthäuser und Wintergärten, kann aber im Sommer auch gut im Freien wachsen, wenn Sie ihr einen geschützten, nicht allzu sonnigen Platz zur Verfügung stellen. Während der Wachstumsperiode braucht die Pflanze reichlich Wasser. Das Substrat muß sehr gut durchlässig sein.
Geben Sie ihr ein helles Winterquartier. Da *Dregea* im Winter eine relativ hohe Luftfeuchtigkeit bevorzugt, sind beheizte Zimmer keinesfalls geeignet. Ein kühler, aber nicht frostiger Platz (10 bis 17 °C) behagt der Pflanze am ehesten.

○ 10 °C

Dunalia australis

Siehe: *Acnistus australis*

Dunalia tubilosa

Siehe: *Acnistus australis*

Duranta erecta

TAUBENBEERE

Die absonderlichen Blüten von *Duranta erecta* (meist wird sie *Duranta repens* genannt) sind ungefähr 1 cm breit. Sie wachsen in langen Rispen.

Duranta erecta (Früchte)

Nach der Blüte bzw. Bestäubung wandeln sich die Blüten in orangegelbe Beeren um und so bleibt die Pflanze ab Frühsommer bis tief in den Herbst hinein

Dregea sinensis

eine Freude fürs Auge. Die Blütenfarben können stark variieren. Meist sind sie lilablau, manchmal etwas mehr nach blau oder nach purpur hin und ab und zu weiß.
Der wüchsige Strauch aus den nördlichen Subtropen Amerikas wird in der Natur ungefähr 5 m hoch und breit. In Kübeln kann man ihn durch Schnitt in Form halten. Schneiden Sie relativ früh in der Saison oder rechtzeitig im Herbst, denn die Blüten entwickeln sich an den Enden der jungen Triebe. Diese Neutriebe hängen zierlich horizontal, dies läßt den Strauch locker wirken.
Duranta erecta braucht im Sommer Sonne und Wärme und wird am besten in einem Kalthaus oder in einem Gewächshaus gezogen. Im Hochsommer gefällt es der Pflanze auch im Freien an einem geschützten Platz recht gut. Geben Sie ihr in diesem Fall reichlich Wasser.
Es gibt zwei Methoden, mit denen man die Pflanze überwintern kann. Möchte man, daß der Strauch seine Blätter behält, wird man die Temperatur im Winterquartier nicht unter 10 °C absinken lassen und dort darf es auch nicht dunkel sein.
Die zweite Methode ist eine kühle, dunkle Überwinterung (minimal bei 5 °C), wobei der Strauch seine Blätter abwirft. Bei letztgenannter Methode hält man das Substrat ständig trocken. Wendet man die erste Methode (die mit Blättern) an, darf man nur sehr sparsam gießen.
Die Vermehrung der Pflanze erfolgt entweder im Sommer durch Stecklinge, oder im Frühjahr durch Aussaat, wobei man die Samen bei Zimmertemperatur keimen läßt.

○ 10 °C oder ● 5 °C

Duranta erecta

Duranta plumieri

Siehe: *Duranta erecta*

Duranta repens

Siehe: *Duranta erecta*

Duranta erecta

E e

Echeveria

Echeveria bildet aus vielen Einzelrosetten dichte Polster oder kleine Büsche. Es gibt sehr viele Arten. Größe, Blattfärbung und -struktur unterscheiden sich stark. Ursprünglich wachsen diese Pflanzen in den Bergregionen Zentralamerikas (hauptsächlich in Mexico). Eine Wachsschicht oder Behaarung schützt sie vor der prallen Sonne. Stellen Sie Echeverien deshalb an einen sehr sonnigen Platz und schützen Sie die Pflanze vor starken Regenfällen.
Gießen Sie *Echeveria* regelmäßig, am liebsten von unten, so daß die Blätter nicht naß werden und lassen Sie das Substrat während der Wassergaben immer wieder gut abtrocknen.

Echeveria

Hauptsächlich in dunkleren Monaten entwickeln sich seitlich aus der Rosette lange Blütenstengel mit kleinen gelben, orangefarbenen oder roten Blüten. Im Winter stehen Echeverien am liebsten an einem hellen, kühlen Platz und während dieser Periode brauchen sie nur äußerst wenig Wasser.
Mit der Zeit fallen die untersten Blätter ab und die Rosetten kommen auf kahlen Stengeln zu stehen. Solche Rosetten können Sie nun abschneiden, einige Tage lang abtrocknen lassen und in sandigen Boden stecken. Auf dieselbe Weise werden abgebrochene Blätter versorgt.
Echeveria wird fast immer ohne Artnamen verkauft. Die ungefähr 150 Arten sind nämlich nur schwer auseinanderzuhalten und darüber hinaus sind zahlreiche Kreuzungen im Umlauf.

○ 5 °C

Echeveria kircheriana

Links: *Erythrina crista-galli*

Echium candidans

NATTERNKOPF

Für die Topf- und Kübelkultur eignen sich einige nah verwandte Vertreter des Schlangenkrauts (*Echium vulgare*) ausgezeichnet. Diese Pflanzen wachsen auf Madeira, den Kanarischen Inseln und den Azoren strauchförmig, sie werden dort ungefähr zwei Meter hoch. Wegen ihrer kräftigen Wuchsform und der prächtigen Blütenstände wird *Echium candicans* auch „der Stolz von Madeira“ genannt. Bienen, Hummeln, Schwebfliegen und Schmetterlinge sowie andere Insekten werden durch die prächtigen Blütenstände angelockt, die sich am Ende der graubeblätterten Triebe entwickeln. Die Blüten aller strauchförmigen *Echium*-Arten sind lila bis himmelblau und verfärben sich während der Blüte nach Rosa. Auch weiße oder weißgestreifte Blüten können bei *Echium*-Arten vorkommen.
Die Sträucher wachsen in der Natur an feuchten Abhängen, dort stehen sie oft im Halbschatten. Auch

bei uns müssen sie vor der prallen Mittagssonne geschützt werden. Stellen Sie den Kübel möglichst warm. Im Sommer geben Sie reichlich Wasser, aber überflüssiges Wasser muß gut abfließen können. Verwenden Sie deshalb eine humusreiche Erdmischung, die gut durchlässig ist, so daß die empfindlichen Wurzeln nicht verfaulen können.
Im Winter brauchen die strauchförmigen Echien einen hellen, kühlen Standort, dort darf es nicht wärmer als 14 °C werden. Während der Überwinterung verbrauchen Pflanzen kaum Wasser.

○ 5 °C

Echium candicans

Echium webbii

Echium webbii ähnelt stark *Echium candicans*. Diese Art ist auf der Kanarischen Insel La Palma beheimatet, dort wächst sie im Schatten von *Pinus canariensis* an mit Bäumen bewachsenen Abhängen. Der felsige Boden ist hier mit verrottenden Tannennadeln bedeckt und deshalb gibt man den Pflanzen bei uns am besten ein saueres Substrat. Ansonsten stellt die Pflanze keine besonderen Ansprüche. Für die weitere Versorgung und Pflege siehe *Echium candicans*.

○ 5 °C

Encephalartos lehmannii

Ebenso, wie die Cycaspalme, gehört auch *Encephalartos* zu der antiken Pflanzenfamilie der *Cycadinae*. Die Pflanzen aus dieser Familie sind entweder männlich oder weiblich. Sie gehören zur Gruppe der Windbestäuber, die bereits existierten, als es auf der Erde noch keine Insekten gab. *Encephalartos* wächst in Mittel- und Südafrika. Eine der unempfindlichsten Arten ist die südafrikanische *Encephalartos lehmannii*.
Nehmen Sie einen großen Kübel, so daß die dicken,

Encephalartos lehmannii

unterirdischen Teile genügend Platz bekommen, und füllen Sie diesen mit lockerem, mineralischem und leicht sauerem Substrat auf. Ein Standort in der vollen Sonne ist notwendig, um die graue Bereifung der Blätter zu erhalten. Ebenso wichtig ist es, nur selten zu düngen und mit Wasser sparsam umzugehen. Im Winter ist ein heller, kühler Platz und vollkommene Trockenheit für ein langes Leben dieser botanischen Rarität unbedingt erforderlich.
Encephalartos wird durch Aussaat vermehrt. Das ist eine Herausforderung für echte Liebhaber, die die großen, roten Samen in warmem, feuchtem Sand keimen lassen, um sie nach der Wurzelbildung vorsichtig einzeln zu topfen.
Da es sich bei Aussaat und Keimung um einen lang-

Echium webbii

wierigen Prozeß handelt, werden leider immer wieder Pflanzen aus der Natur geholt. Die Folge davon ist, daß *Encephalartos* an seinen natürlichen Standorten stark gefährdet ist. Inzwischen ist der internationale Handel mit dieser Art verboten und echte Pflanzenliebhaber sollten sowieso nur gezüchtete Arten kaufen.

○ 5 °C

Ensete ventricosum

Siehe: *Musa ensete*

Epilobium glabellum

WEIDENRÖSCHEN

Diese Pflanze wächst ursprünglich in Neuseeland auf feuchten Plätzen an beschatteten Abhängen und hält deshalb nichts von der vollen Sonne.

Ab Juni bis in den Spätsommer hinein entwickeln sich ständig wieder neue, weiße Blüten an den Außenseiten der Zweige. Die einzelnen Blüten sind 1 bis 2 cm breit.

Epilobium glabellum

Wenn man die länglichen Fruchtkapseln von der Pflanze entfernt, wird sie länger blühen. Das Weidenröschen wächst am besten in fruchtbarer, lehmhaltiger und trotzdem gut durchlässiger Erde, die im Sommer kühl und feucht gehalten werden muß.

Obwohl diese prächtige bodenbedeckende Art, die wunderschön über den Topfrand herabhängen kann, frostbeständig ist, holt man ein getopftes Exemplar besser ins Haus, sobald es beginnt, zu frieren. Aber sobald Tauwetter eintritt, stellt man es wieder ins Freie. Der am besten geeignete Standort zur Überwinterung ist ein unbeheiztes Gewächshaus oder ein Kalthaus. Es ist auch möglich, die Pflanze mitsamt dem Topf einzugraben. Im Frühjahr kann man sie über Samen vermehren.

❄

Erica arborea

BAUMHEIDE

Die Baumheide ist im westlichen Teil des Mittelmeergebietes, in den Bergen des östlichen Afrikas, in Arabien und Kleinasien sowie auf Madeira und den Kanarischen Inseln weit verbreitet. Auf den Azoren wächst die verwandte Art *Erica azorica*. Die Sträucher werden nach vielen Jahren meterhoch und entwickeln dann sich windende, orangebraune Stämme. Aus dem extrem feuerbeständigen Holz der Wurzeln werden Pfeifen hergestellt.

In einem Topf oder Kübel wächst die Baumheide recht langsam, aber trotzdem blüht sie im zeitigen Frühjahr reichlich. Die Zweige sind dann mit zahlreichen, winzigen weißen Blütchen übersät. Pflanzen Sie den Strauch in leicht sauere, humusreiche Erde, die im Sommer gleichmäßig feucht gehalten werden muß. Die Baumheide bevorzugt einen sonnigen, warmen Standort, braucht aber auch viel frische Luft, und soll-

Erica arborea

te daher im Freien stehen. Im Winter müssen die Pflanzen selbstverständlich rechtzeitig ins Haus gestellt werden, aber auch im Winterquartier braucht *Erica arborea* einen luftigen, kühlen und sehr hellen Standort.
Halten Sie die Raumtemperatur um die 15 °C, ansonsten beginnt der Strauch auszutreiben, mit der Konsequenz, daß er im zeitigen Frühjahr nicht zur Blüte kommt. Während dieser Periode geben Sie der Baumheide nur wenig Wasser, sorgen Sie aber dafür, daß der Wurzelballen nicht vollkommen austrocknet.

○ 5 °C

Erigeron karvinskianus

FEINSTRAHL

Nur an wenigen anderen Topfpflanzen wird man mehr Freude haben, als an diesem gänseblümchenähnlichen Feinstrahl. Ab Juni wölben sich die fragilen Blütenstengel über den Topfrand und blühen bis Oktober ununterbrochen. Obwohl das 20 cm hohe Pflänzchen in einem normalen Winter bei uns erfriert, werden die Samen im darauffolgenden Frühjahr wieder im Garten auskeimen – hauptsächlich zwischen Steinen. Die gekeimten Pflänzchen blühen im selben Sommer.
Möchte man in jedem Fall neue Pflanzen haben, sät man sie im März - April im Haus vor oder steckt die Samen im April - Mai direkt in den Topf. Die Sämlinge brauchen keine besondere Versorgung. Die 2 cm breiten, rosa bis weißen Blütchen erscheinen in der Sonne oder im Halbschatten fast von selbst.

(1)

Erigeron karvinskianus

Erigeron mucronatus

Siehe: *Erigeron karvinskianus*

Eriobotrya japonica

JAPANMISPEL

In südlichen Ländern sieht man die Japanmispel häufig in Gemüsegärten wachsen. Das niedrige, kompakte Bäumchen hat dicke Blätter. An den äußeren Enden der braunwolligen Triebe bilden sich Trauben gelboranger Früchte, die einen herrlich frischen und süßen Geschmack haben. In jeder Frucht sitzt ein großer Samen, von dem man leicht das saftige Fruchtfleisch ablutschen kann.
Um die Früchte genießen zu können, muß man sich jedoch auf die Reise machen, denn bei uns kommen sie nur sehr selten zur Entwicklung und darüber hinaus wird diese Delikatesse wegen der schlechten Haltbarkeit nicht eingeführt. Nur nach sehr heißen Sommern werden sich an diesem Bäumchen im Herbst Früchte entwickeln, sie werden allerdings nur in einem Gewächshaus reifen. Die hellgelben Blüten, die in unseren Regionen nur selten auftreten, sitzen in Trauben beieinander. Bei uns wird die Japanmispel nicht wegen der Früchte angepflanzt, sondern wegen ihres hohen Zierwerts.
Die Japanmispel verträgt im Boden ausgepflanzt etwas Frost, aber ein getopftes Exemplar muß vor dem Frost nach drinnen gestellt werden. Wenn die Wintertemperaturen nicht lange unter 10 °C absinken, behalten die Bäume ihre Blätter, deshalb brauchen sie ein helles Winterquartier. In idealer Standort wäre ein luftiger, kühler Wintergarten, in dem Schimmelpilze keine Chance haben. Bei längerer Nässe kann es auf den Blättern der Pflanze zu Pilzbefall kommen.
Bereits zeitig im Frühjahr kann das Bäumchen wieder

Eriobotrya japonica

ins Freie. Die Blätter der Japanmispel sind an der Oberseite lebhaft grün und auf der Unterseite filzig weiß, manchmal mit einem rosa Hauch. Geben Sie nur dann Wasser, wenn die Erde wieder ganz abgetrocknet ist. Zur Vermehrung stecken Sie im Frühjahr einen Kern in die Erde oder nehmen Sie im Herbst Stecklinge von den nicht-blühenden Zweigenden.

○ 10 °C

Erysimum 'Bowles Mauve'

SCHÖTERICH

Daß diese graugrüne Zuchtform von *Erysimum linifolium* mit dem Mauerblümchen verwandt ist, sieht man auf den ersten Blick. Die Staude aus Spanien und Portugal blüht erst ein Jahr nach der Aussaat. Aber dann entwickeln sich die Blüten bereits im zeitigen Frühjahr. Im April erscheinen die lockeren, überhängenden Triebe, an denen sich mauvefarbene Blüten bilden. Nach der Blüte kürzt man die Triebe ein, um eine kompaktere Form zu erzielen, aber wenn man die Pflanze als Zweijährige behandeln möchte, läßt man das Einkürzen weg.
Pflanzen Sie den Schöterich in lockere, sandige Erde an einen sonnigen Platz und geben Sie mäßig Wasser. Im Winter kann die Pflanze mitsamt dem Topf an einem relativ trockenen Platz im Garten eingegraben werden. Die Vermehrung der Pflanze erfolgt durch Teilung, durch Aussaat von Samen im Vorjahr für blühende Pflanzen im folgenden Jahr oder aus Stecklingen, die im Sommer von den Trieben abgeschnitten werden und in ziemlich trocken gehaltenem, sandigem Boden wurzeln werden.

❄

Erysimum 'Bowles Mauve'

Erythrina abyssinica

KORALLENBAUM

In den Bergregionen des östlichen Afrikas und den Ausläufern des Himalayas wird der Korallenbaum gut zehn Meter hoch. Seine roten Blüten entwickeln sich an den äußeren Enden der Zweige, die im Frühjahr noch kahl sind. Erst nach der Blüte entfalten sich große, ovale Blätter.
Aber für dieses schöne Schauspiel muß man in die Herkunftsländer dieser Pflanze oder in südliche Regionen reisen, wo der Korallenbaum zur Zierde angepflanzt wird, denn soweit mir bekannt ist, kann man diesen Baum bei uns nicht kaufen. Trotzdem sollte Kübelkultur möglich sein, vor allem, weil der Baum bei niedrigen Temperaturen ohne Blätter überwintert werden kann.

● 5 °C

Erythrina abyssinica

Erythrina crista-galli

KORALLENSTRAUCH

Diese Pflanze ist nur noch bei echten Liebhabern zu sehen, und dabei gehört sie doch zu einer der problemlosesten Kübelpflanzen, die man sich vorstellen kann. Im Sommer biegen sich die Zweigenden des Korallenstrauchs unter dem Gewicht der langen Trauben scharlachroter Blüten herab. Während dieser Periode braucht die südamerikanische Pflanze möglichst viel Wärme und genügend Wasser und Dünger.

Erythrina crista-galli

Im Herbst sterben die Zweige von alleine ab. Jetzt werden auch die Blätter abfallen. Sobald es Frost gibt, stellt man die Pflanze ins Haus. Nachdem die Zweige zum großen Teil bereits abgestorben sind, schneiden Sie die Pflanze vollständig bis zum Boden zurück. Auf diese Weise nimmt sie nur wenig Raum ein. An einem dunklen Platz kommt sie vollkommen trocken gut durch den Winter. Halten Sie ihren Überwinterungsplatz kühl (unter 10 °C), denn nur dann wird sie in der nächsten Saison auch reichlich blühen. Frost wirkt nicht unbedingt tödlich, sollte aber vermieden werden. Geben Sie der Pflanze erst dann wieder Wasser, wenn die neuen Triebe im Frühjahr beginnen, auszutreiben.
Wenn man sie durch Samen vermehrt, werden die Sämlinge nach ungefähr drei Jahren blühen. Stecklinge, die im Sommer von einem verholzten Zweig genommen wurden, wurzeln in sandigem Substrat bei Zimmertemperatur recht schnell.

● 0 °C

Eschscholzia californica

SCHLAFMÜTZCHEN

Schlafmützchen sind äußerst anspruchslose Pflanzen, die im Herbst oder im zeitigen Frühjahr direkt in den Topf gesät werden können. Wegen ihrer Pfahlwurzeln lassen sie sich nur schlecht verpflanzen. Im Herbst gesäte Pflanzen brauchen Schutz vor Frost, zum Beispiel indem man den Topf in ein Kalthaus stellt. Die eigentlich ausdauernde, bei uns einjährig angebaute Art ist in Oregon und Kalifornien beheimatet.
Ab dem Sommer blüht das Schlafmützchen mit orangen Blüten zwischen zierlich eingeschnittenen Blättern. Wenn man die Pflanze an einen sonnigen Platz stellt und ihr dort regelmäßig Wasser gibt, wird sie bis in den späten Herbst hinein blühen, wobei immer wieder neue Mützchen von den Knospen fal-

Eschscholzia californica 'Purple Gleam'

len, um den Blütenkelch zu enthüllen.
Neben der orangeblühenden Art gibt es zahlreiche Zuchtformen in unterschiedlichen Farben: 'Alba' blüht rahmweiß, ebenso wie 'Milky White', die ein oranges Zentrum hat; 'Purple Gleam' hat hell karminrosa Blüten und 'Rose Blush' ist gefüllt-blühend und karminrot.

(1)

Eschscholzia californica

Eucomis bicolor

SCHOPFLILIE

Im April wird die Knolle von *Eucomis* getopft: Die Spitze sollte aus der Oberfläche eines Topfes mit nahrhaftem Substrat herausragen. Sobald die Knolle austreibt, beginnt man mit dem Gießen. Während der ganzen Saison gibt man großzügig Wasser und regelmäßig Dünger. Stellen Sie den Topf mit dieser südafrikanischen Knolle in ein Gewächshaus oder Kalthaus, oder aber ins Freie auf die Terrasse. Die Pflanze bevorzugt ein warmes Plätzchen.
Im Juli wird sie mit ihren typischen Blüten für eine Überraschung sorgen. Dann nämlich erscheinen zahlreiche, sternförmige grüne Blütchen, jedes davon mit einem purpurfarbenen Rand längs der Blütenblätter. Auf diesem Zylinder aus Blüten steht eine schopfige Blattrosette.
Nach der Blüte braucht die Knolle eine Ruheperiode. Sobald die Blätter vergilben, beendet man das Gießen und stellt nach einiger Zeit den Topf ins Haus an einen frostfreien Platz.

● 5 °C

Eucomis bicolor

Euonymus japonicus

PFAFFENHÜTCHEN

Die zahlreichen Zuchtformen von *Euonymus japonicus* werden meist als Gartenpflanzen verkauft, da sie um 15 Grad Frost vertragen. Im Topf ist ihr Wurzel-

Euonymus japonicus 'Argenteo Variegatus'

Euphorbia polychroma

ballen natürlich wesentlich empfindlicher. Holen Sie deshalb die Pflanze im Winter ins Haus, dort fühlt sie sich in einem unbeheizten Gewächshaus oder Kalthaus wohl.
Stellen Sie das Pfaffenhütchen nach jeder Frostperiode wieder ins Freie an die frische Luft. Ab dem zeitigen Frühjahr bleibt sie normalerweise draußen stehen, dort wächst sie in normaler Erde sowohl in der Sonne, als auch im Schatten und wird regelmäßig gegossen.
Die populären Zuchtformen sind buntblättrig:
Euonymus japonicus 'Argenteo Variegatus' (mit weißem Blattrand);
Euonymus japonicus 'Aureomarginatus' (gelbgrüne Blätter mit goldenem Rand);
Euonymus japonicus 'Luna' (neuer Name 'Aureus', buttergelbe Blätter mit grünem Rand);
Euonymus japonicus 'Marieke' (neuer Name 'Ovatus Aureus', grün-graugrüne Blätter mit hellgelbem Rand);
Euonymus japonicus 'Microphyllus' (kleine, schlanke Blätter mit unterschiedlichen, bunten Mustern).

○ -5 °C

Euonymus japonicus 'Ovatus Aureus'

Euphorbia epithymoides

Siehe: *Euphorbia polychroma*

Euphorbia polychroma

WOLFSMILCH

Die kompakte, buschige Wuchsform dieser Wolfsmilchart macht das Gewächs zu einer dankbaren Kübelpflanze. Die Enden der einige 10 cm langen Triebe verfärben sich im Mai wunderschön nach Goldgeld. Die Blüten, die von goldgelben Hochblättern umgeben sind, bleiben bis Ende Juli attraktiv. Im Winter sterben sämtliche oberirdischen Teile dieser Wolfsmilch ab. Da die Pflanze aus den kalten Regionen Südosteuropas und Kleinasiens stammt und deshalb vollkommen winterhart ist, kann man sie nun in den Garten eingraben.
Die Pflanze wird vermehrt, indem man einige Spitzen der Triebe abschneidet und in den Boden steckt, aber seien Sie vorsichtig mit dem weißen Milchsaft, er ist giftig.
Es gibt noch zwei weitere goldgelb blühende Wolfsmilcharten, die sich ausgezeichnet für die Topfkultur eignen: Die bis 70 cm hohe *Euphorbia nicaeensis* und die noch etwas kräftigere *Euphorbia villosa*.

❄

Euryops athanasiae

Siehe: *Euryops speciosissimus*

Euryops pectinatus

Auch ohne Blüten ist diese südafrikanische Margerite ein Juwel, sie zieren samtig graugrüne, tief eingeschnittene Blätter. Die farnartigen Blätter werden manchmal von Floristen für Blumenarrangements verwendet. Ab Mai entwickeln sich aus den wollig behaarten Knospen goldgelbe Blüten, die an sehr langen Blütenstengeln an den Triebspitzen zum Vorschein kommen. Wie man die Pflanze versorgt, lesen Sie unter *Euryops speciosiccimus* nach.

○ 5 °C

Euryops pectinatus

Euryops speciosissimus

Diese gelbblühende Margerite hat viele Namen. Bei Kübelpflanzenspezialisten findet man sie manchmal

Euryops speciosissimus

unter dem veralteten Namen *Euryops athanasiae*. In Blumenläden nennt wird sie häufig auch gelber Margeritenstrauch genannt und sie ist häufig mit dem (falschen) lateinischen Namen *Chrysanthemum* (oder *Argyranthemum*) *frutescens* ausgezeichnet. Wie man die Pflanze auch nennt, sie bleibt eine der dankbarsten Kübelpflanzen. In Abhängigkeit von den Schnittmaßnahmen kann diese *Euryops*, die den ganzen Sommer über reichlich blüht, zwischen einem halben und eineinhalb Meter hoch und breit werden.

Euryops kommt ursprünglich aus Südafrika und steht gerne warm und sonnig. Aber denken Sie daran, daß die Pflanze an einem solchen Platz viel Wasser verbraucht. An einem weniger sonnigen Standort ist der Wasserverbrauch wesentlich geringer, aber lassen Sie auch dort den Wurzelballen nicht vollständig austrocknen. Düngen Sie häufig, um die Blütenentwicklung möglichst lange zu fördern.

Obwohl die Sträucher einige Grad Frost vertragen können, müssen sie beim ersten Nachtfrost ins Haus gestellt werden, wo sie an einem hellen Platz noch einige Zeit weiter blühen werden. Auch eine kühle Überwinterung an einem frischen, hellen Standort ist möglich. Der Strauch kann nun kräftig zurückgeschnitten werden. Entfernen Sie die abgefallenen Blätter, um Schimmelbildung keine Chance zu geben.

○ 5 °C

Euryops speciosissimus 'Sunshine'

Eine der vielen Kreuzungen, die aus *Euryops speciosissimus* entstanden, ist die Sorte 'Sunshine' (manchmal angeboten unter dem deutschen Namen 'Sonnenschein').

Diese Sorte beginnt bereits im zeitigen Frühjahr zu blühen und trägt bis in den späten Herbst hinein zahlreiche, hübsche Blütchen.

○ 5 °C

Euryops speciosissimus 'Sunshine'

Farfugium japonicum

Wer einen schattigen Garten zur Verfügung hat, zum Beispiel einen Stadtgarten zwischen hohen Gebäuden, der ist mit dieser etwas altmodischen Zimmerpflanze gut bedient. Die rund 10 cm breiten Blätter wachsen im Boden langsam, können Schatten gut ertragen und sind gegenüber nassem und kühlem Wetter beständig. In einem Topf oder auf einer bemoosten Schattenterrasse sorgt die Pflanze, die sich ausgezeichnet mit Farnen kombinieren läßt, für eine besondere Atmosphäre.

Wenn die Gefahr besteht, daß Frost auftreten könnte, räumen Sie die Pflanze ins Haus, dort kann sie auf einer Fensterbank nach Osten oder Norden als Zimmerpflanze gezogen werden. Halten Sie das humose Substrat im Freien gleichmäßig feucht und im Winter eher trocken.

Von den grünblättrigen Sorten sind zahlreiche bunte Zuchtformen bekannt, wie *Farfugium japonicum* 'Argentea' (manchmal auch 'Variegata' genannt) mit graugrünen und rahmfarbenen Flecken, und *Farfugium japonicum* 'Aureo-maculata' mit gelben Flecken.

○ 0°C

Farfugium japonicum 'Aureo-maculata'

Fatsia japonica

ZIMMERARALIE

An Plätzen, an denen es nicht mehr als einige Grade friert, kann die Zimmeraralie im Freiland stehen bleiben, entweder im Boden ausgepflanzt, oder auch in einem Topf. Bei uns ist *Fatsia* eine bekannte und beliebte Zimmerpflanze, die aber eigentlich besser als Kübelpflanze gezogen werden sollte. Wegen der hübschen, fingerförmigen Blätter ist die Zimmeraralie eine der schönsten Terrassenpflanzen.

Stellen Sie die Zimmeraralie an einen hellen, aber nicht zu sonnigen Platz, zum Beispiel auf eine schattige Terrasse. Im Sommer braucht sie viel Wasser, aber im Winter muß man sich kaum um sie kümmern, besonders, wenn man sie in ein kühles Zimmer stellt. Auch eine Überwinterung als Zimmerpflanze ist möglich, aber dann sollte die Luftfeuchtigkeit in diesem Raum nicht zu niedrig sein.

Im Sommer kann man die Zimmeraralie leicht über Stecklinge vermehren. Schneiden Sie einen Kopfsteckling an einer Blattknospe ab. Entfernen Sie die großen Blätter, aber nicht die neu gebildeten Triebe, und stecken Sie das Teilstück in feuchte Erde, am besten unter Glas. Testen Sie eine alte, häßlich gewordene Pflanze im Garten aus. Schneiden Sie jüngere Pflanzen zurück, dies fördert die Verzweigung.

○ 0 °C

Fatsia japonica

Feijoa sellowiana

In den Tropen wird *Feijoa sellowiana* (besser bekannt als *Acca sellowiana*) wegen ihrer Früchte gezogen, die Pflanze ist mit der Guave verwandt und wird in Brasilien „guajave" genannt. Diese Früchte, aus denen ein erfrischendes, wohlschmeckendes Getränk bereitet

wird, werden zur Zeit bei uns in besseren Gemüsehandlungen angeboten.
Auch in Kübelkultur entstehen Früchte in Größe von Taubeneiern, aber sie reifen erst im Winter. Bei uns zieht man die Pflanzen eher wegen des großen Zierwertes ihrer Blätter (sie sind oberseits grün, auf der Unterseite zart weiß behaart) und wegen der unvergleichlich hübschen Blüten, die sich aus filzigen, weißen Knospen entwickeln. Über den Blütenblättern, die weiß bis hellrosa gefärbt sind, entwickeln sich auffallend hellrote Staubfäden. Das ist eine wahre Pracht fürs Auge.
Wenn man den Strauch gut versorgt, blüht er ab Mai bis in den Herbst hinein. Eine gute Pflege bedeutet: Ein sonniger warmer Platz, eine mittelmäßige Wassermenge und Düngerversorgung und humusreiche Erde. Topfen Sie die Pflanze möglichst selten um. Pflanzen Sie *Feijoa* besser bereits in jungen Jahren in einen recht tiefen Topf und breiten Sie jedes Jahr eine Schicht Humus oder Kuhmist über die Erdoberfläche, ohne diese zu zerstören, denn damit kommen die Oberflächenwurzeln nur schlecht zurecht. Geben Sie der Pflanze im Winter so viel Wasser, daß der Wurzelballen niemals vollständig austrocknet. Am besten eignet sich ein möglichst heller Standort, denn dort werden die Blätter an der Pflanze sitzenbleiben. Halten Sie die Temperatur im Winterquartier möglichst zwischen 2 und 12 °C. An einem sehr hellen Standort hingegen kann man *Feijoa* auch bei Zimmertemperatur über den Winter bringen. Vergessen Sie dann aber nicht, etwas mehr Wasser zu geben.

○ 2 °C

Feijoa sellowiana

Felicia amelloides

Dieser kleine Strauch aus Südafrika kann einige Grad Frost vertragen. Es handelt sich hierbei um eine hübsche Topfpflanze, die man normalerweise eher wie eine einjährige Pflanze behandelt, die sich aber auch gut überwintern läßt.

Felicia amelloides 'Aurea'

Die lieblichen blauen bis lila Blüten mit einem gelben Zentrum entwickeln sich ab Mitte des Sommers bis tief in den Herbst hinein. Manche Menschen nennen die Pflanze auch blaues Gänseblümchen, aber dieser Name wird ebenfalls für eine blaublühende *Bellis*-Sorte verwendet.

Felicia amelloides

Felicia amelloides mag im Sommer einen hellen Standort im Halbschatten oder in der Sonne, aber nicht an einem brennend heißen Platz. Vermeiden Sie, daß das Substrat austrocknet.
Man kann den wintergrünen Strauch an einem hellen Platz in einem kühlen Raum überwintern.
Geben Sie der Pflanze hier kaum Wasser und schneiden Sie die aufgeschossenen Triebe im Frühjahr kräftig zurück.
Die buntblättrigen Sorten von *Felicia amelloides*, wie zum Beipiel *F. a.* 'Aurea' (goldgelb mit grünen Blättern) und *F. a.* 'Santa Anita Variegata' (bunt gefleckt) brauchen wesentlich mehr Sonne und Wärme, als die Art.

○ 0 °C

Ficus carica

FEIGENBAUM

Der Feigenbaum kann, im Boden ausgepflanzt, an einem geschützten Platz, durchaus auch bei uns im Freien wachsen. In südlichen Ländern entwickelt sich *Ficus carica* zu einem hohen, breiten Baum, aber vor einer Wand wächst er eher wie ein verzweigter Strauch. Im Topf bleibt der Feigenbaum noch etwas kleiner und zierlicher, vor allem, weil man den Strauch hier so schneiden kann, daß ungefähr nur 5 Haupttriebe übrig bleiben.
Die Blätter sind kräftig und wunderschön gelappt, und an einem sehr sonnigen Platz können sich sogar Scheinfrüchte entwickeln (die eigentliche Frucht der Feige ist ein verdickter Blütenboden). *Ficus carica* sollte in einem sehr großen Topf oder Kübel in lockerer, recht nährstoffreicher Erde gezogen werden. Im Sommer braucht der Strauch viel Wasser und reichlich Dünger.
Im Winter wird der Feigenbaum frostfrei, recht trocken und notfalls dunkel gestellt, die Pflanze wird ihre Blätter abwerfen. Bei gesundem Wachstum muß man den Feigenbaum ungefähr alle drei Jahre umtopfen, wobei man die alte Erde möglichst vollständig entfernt. Kürzen Sie ruhig einige dicke Wurzeln ein, so daß reichlich Platz für die Ausbildung von seitlichen Wurzeln entsteht.
Es gibt zahlreiche Zuchtformen des Feigenbaums, die besonders für die Topfkultur geeignet sind, wie zum Beispiel *Ficus carica* 'Brown Turkey' und *Ficus carica* 'White Marseilles'.

Ficus carica

● 0 °C

Fremontia californica

Siehe: *Fremontodendron californicum*

Fremontodendron californicum

Zweige und Blätter dieses Strauches sind dicht mit Tüpfeln hellbrauner, rauher Haare besetzt. Der Hauptschmuck dieser Pflanze sind aber ihre großen gelben Blüten.
In den vergangenen Jahren hat dieser Strauch schnell an Popularität gewonnen. Wenn man ihm keine Ruheperiode ermöglicht, blüht er das ganze Jahr über mit seinen attraktiven, schüsselförmigen, glänzend gelben Blüten, auf die nach der Bestäubung längliche Früchte folgen. Die Blüten entwickeln sich fortwährend, wobei sogar unterhalb der Spitze entlang der vertikal wachsenden Stengel stets neue Knospen erscheinen.
Gerade wegen des vertikalen Wachstums bleibt der Strauch, der aus dem Südwesten der Vereinigten Staaten kommt, nicht lange schön. Schnittmaßnahmen führen leider nicht zu einem beständig hübscheren Exemplar und gehen auf Kosten des Knospenansatzes. Deshalb muß man den Strauch regelmäßig verjüngen. Man kann Kopfstecklinge nehmen, aber da diese nur sehr langsam wurzeln, vermehrt man die Pflanze besser durch Aussaat.
Noch weniger Mühe hat man, wenn man sich bei Bedarf einfach ein neues Exemplar dieses immergrünen Strauches kauft.
Im Sommer steht *Fremontodendron californicum* gerne warm und sonnig. Selbst im Sommer gibt man sehr mäßig Wasser – zu nasse Erde führt zum Verfaulen der Wurzeln – und absolut keinen Dünger. Wesentlich ist also, daß der Boden gut drainiert sein muß. Diese Art verträgt viel Kalk.
Im Winter hält man das Substrat noch trockener und gibt der Pflanze im Haus einen kühlen, hellen Standort. Im Prinzip ist diese *Fremontodendron*-Art wintergrün, aber trotzdem verliert sie leider oft einen Teil ihrer prächtig geformten Blätter. Glücklicherweise ist das kein Problem, denn bereits zeitig im Frühjahr werden die Blätter an den gleichen Stellen wieder austrei-

ben. An Plätzen, an denen es nicht strenger als 12 °C friert, überlebt *Fremontodendron* den Winter im Boden ausgepflanzt im Freien.
Aus *Fremontodendron californicum* und *Fremontodendron mexicanum* entstand die Sorte *Fremontodendron* 'California Glory', die noch kräftiger wächst und wesentlich größere Blüten (bis 10 cm Durchschnitt) trägt.

○ 0 °C

Fremontodendron californicum

Fuchsia

FUCHSIE

Fuchsien atmen eigentlich Tropenluft. Aber trotzdem wachsen die meisten Arten an wesentlich kühleren und feuchteren Plätzen, wie zum Beispiel an den Hängen der Anden. Kolibris sorgen für die Bestäubung dieser Pflanzen, und dieser Tatsache haben die Blüten der Fuchsien auch ihre schöne rote Farbe zu verdanken. Insekten können kein Rot wahrnehmen, wohl aber Vögel, und die rote Farbe der Fuchsienblüten hat auf Kolobris eine fast unwiderstehliche Anziehungskraft. Sie schweben unter die Blüten und holen mit ihrem langen Schnabel den Nektar heraus, wobei sie auch noch die Blüten bestäuben.
In unseren Gebieten sorgen Hummeln für die Bestäubung. Wenn sie mit ihrem langen Rüssel nicht auf 'normale' Art und Weise an den Nektar gelangen können, nagen sie seitlich ein kleines Loch in den Blütenkelch.
Aus den rund 100 wilden Arten, die hauptsächlich in Lateinamerika, aber auch in Neuseeland und auf Tahiti wachsen, wurden mehr als 8000 registrierte Zuchtformen gezogen, wovon ungefähr 2000 kultiviert werden. Die allerkräftigsten Sorten werden im Pflanzenhandel angeboten. Da Fuchsien hohe Luftfeuchtigkeit nicht vertragen, zieht man sie im Sommer am besten im Freiland.
Wenn keine Gefahr mehr für Nachtfröste besteht, kann man die Fuchsien ins Freie stellen, dort gedeihen die meisten Arten und Sorten am besten im Halbschatten. Geben Sie den Pflanzen im Frühjahr mäßig Wasser, im Sommer gießen Sie häufiger; der Wurzelballen sollte niemals vollständig austrocknen. Das Substrat, das humusreich, feuchtigkeitspeichernd und nährstoffreich sein sollte, muß eigentlich jedes Frühjahr erneuert werden. Während der Wachstumsperiode brauchen die Pflanzen regelmäßig Dünger.
Die Überwinterungsmethoden sind, je nach Art und Sorte, unterschiedlich.

Fuchsia fulgens var. fulgens

Die krautigen Zweige dieser mexikanischen Sorte können in einer Saison über zwei Meter lang werden. Im Laufe des Sommers blüht die Pflanze stets reicher mit Trauben roter Blüten, die 5 cm lang werden. Stellen Sie die Pflanze ruhig sonniger als gewohnt und lassen Sie das Substrat zwischen den Wassergaben gut abtrocknen. Auf diese Weise imitiert man das trockene, mexikanische Klima. Im Boden befinden sich verdickte Wurzeln, die sich, wenn sie älter werden, zu einer Wurzelknolle entwickeln. Nachdem Blätter und Stengel abgestorben sind, kann man diese Wurzelknollen trocken, und dunkel und nicht zu kalt (minimal bei 7 °C) überwintern. Die Pflanze bleibt auch über den Winter am Wachsen und Blühen, wenn man sie an einen hellen Standort stellt, an dem die Temperatur nicht unter 2 °C absinkt.

○ 7 °C oder ● 2 °C

Fuchsia fulgens var. fulgens

Fuchsia 'Gartenmeister Bontstedt'

Fuchsien aus der sogenannten Triphylla-Gruppe sind ausgezeichnete Kübelpflanzen. 'Gartenmeister Bontstedt' ist eine der alten Kreuzungen (von 1905) mit einer kräftigen, strauchförmigen Wuchsform. Die Pflanze blüht bis in den Herbst hinein durchgehend. Wenn der Strauch in der Sonne steht, verfärben sich die Stengel und Blätter nach Weinrot.
Die Pflanze braucht im Winter einen hellen, kühlen Standort. Man darf sie nicht eingraben.

○ 5 °C

Fuchsia 'Gartenmeister Bontstedt'

Fuchsia 'Golden La Campanella'

Fuchsien zieht man meist ausschließlich wegen ihrer Blütenpracht, aber bei 'Golden La Campanella' (von 1980) handelt es sich um eine Ausnahme. Ihre graugrünen Blätter sind mit einem unregelmäßigen buttergelben bis rahmweißen Rand umsäumt. Es ist nicht möglich, die Pflanzen im Winter einzugraben. Diese Fuchsien brauchen während dieser Periode einen hellen und nicht zu kalten Standort. Im Spätsommer nimmt man am besten Stecklinge, versuchen Sie, die Jungpflänzchen über den Winter zu bringen.
Die Stecklingsvermehrung geht ganz einfach, wenn Sie Kopfstecklinge mit einigen Blattpaaren abschneiden. Knipsen Sie die untersten Blätter hiervon ab und stecken Sie das Teilstück in ein kleines Töpfchen mit feuchter Anzuchterde. Mit einem dünnen Stöckchen bohren Sie ein Loch in die Erde, in dieses wird der Steckling gesetzt.

○ 5 °C

Fuchsia 'Golondrina'

Für Menschen mit dem grünen Daumen ist *Fuchsia* 'Golondrina' eine echte Herausforderung. Diese Zuchtform ist eine der kräftigsten Fuchsien, die es gibt und außerdem blüht sie auch noch reichlich. Wegen der dünnen Stengel eignet sich diese Pflanze ausgezeichnet als Hängepflanze. In milderen Klimaregionen ist 'Golondrina' winterhart. Wenn die oberirdischen Teile abgestorben sind, bedeckt man die Wurzeln mit einer dicken Schicht isolierenden Materials, zum Beispiel mit Laub.
Eine helle, frostfreie Überwinterung im Topf ist möglich, aber bei Platzmangel kann man die Pflanze auch eingraben. Schneiden Sie alle Blätter und Blüten ab und kürzen Sie die Pflanze stark ein. Holen Sie die restlichen Teile aus dem Topf und schütteln Sie die Erde von den Wurzeln, danach binden Sie ein Namensschild an die kräftigen Zweige. Legen Sie die Pflanze, eventuell zusammen mit anderen Fuchsien, die eingegraben werden müssen, in eine Grube im Garten, füllen Sie diese mit Torf auf, und überdecken

Fuchsia 'Golondrina'

Fuchsia 'Golden La Campanella'

Sie alles mit einer Plastikfolie. Die ausgegrabene Erde geben Sie auf die Plastikfolie. (Eingraben ist nur möglich, wenn der Grundwasserspiegel niedrig ist!). Als Alternative kann man Fuchsien auch in einer alten Gefriertruhe in Torfmull einbetten. Stellen Sie die Truhe an einen frostfreien Platz und lassen Sie den Deckel eine Spalte offenstehen.

○ 2 °C

Fuchsia 'Happy'

Voller Heiterkeit weisen die Blüten von *Fuchsia* 'Happy' schräg nach oben. Diese besondere Wuchsform von *Fuchsia* 'Happy' spricht eine große Gruppe von Liebhabern an. Die populäre Sorte 'Walz Jubelteen' hat die gleiche Wuchsform, ebenso wie *Fuchsia* 'Estelle Marie', hierbei handelt es sich um eine Fuchsie für fortgeschrittene Kübelpflanzenliebhaber, stellen Sie sich dieser Herausforderung!
Fuchsia 'Happy' wurde im Jahr 1974 auf den Scilly Inseln gezogen und ist dort, in Cornwall, winterhart. Ein getopftes Exemplar holen Sie besser im Winter ins Haus. Man kann die Pflanze auch aus der Erde nehmen und eingraben (siehe *Fuchsia* 'Golondrina').

○ oder ● 2 °C

Fuchsia 'Happy'

Fuchsia 'Harry Gray'

Weißblühende Fuchsien sind normalerweise etwas empfindlicher als gefärbte Arten und Sorten. *Fuchsia* 'Harry Gray' blüht zeitig und reichlich mit weißen Blüten mit einem rosafarbenen Schirm. Man zieht diese Fuchsien am besten als Hängepflanzen, wenn man dabei beachtet, daß sie absolut keine Sonne vertragen. An einem Platz im Schatten oder Halbschatten leuchten ihre Blüten glänzend hervor.
Man darf die Pflanze nicht eingraben.

5 °C

Fuchsia 'Harry Gray'

Fuchsia hartwegii

Die kräftige Wuchsform, die in Kränzen rund um die Stengel wachsenden samtartigen, grünen Blätter und

Fuchsia 'Hartwegii'

die orangeroten Blüten machen *Fuchsia hartwegii* zu einer prächtigen Kübelpflanze. Bis heute wird sie leider nur von echten Liebhabern gezogen und das verwundert eigentlich, denn die Versorgung dieser Pflanze ist relativ einfach.
Die Art wächst in Kolumbien, hauptsächlich in Höhen zwischen 2000 und 3000 Metern und kommt deshalb mit unseren verhältnismäßig kühlen, feuchten Sommern gut zurecht. Im Winter bevorzugt *Fuchsia hartwegii* einen hellen und kühlen Platz. Auch diese Fuchsien-Art sollte man nicht eingraben.

○ 5 °C

Fuchsia 'Lady Isobel Barnett'

Viele Fuchsien haben stark kontrastierende Farben. *Fuchsia* 'Lady Isobel Barnett', die im Jahr 1971 aus *Fuchsia* 'Caroline' und *Fuchsia* 'Derby Belle' gezogen wurde, hat eine subtile Farbkombination: Rosarot mit Lilarosa. Diese strauchförmige Pflanze blüht reichlich und über einen langen Zeitraum, außerdem ist sie leicht zu versorgen. Man kann sie hell und kühl überwintern, aber auch eingraben (siehe *Fuchsia* 'Golondrina').

○ 2 °C

Fuchsia 'Lady Isobel Barnett'

Fuchsia magellanica

Wenn man in einem Garten eine Fuchsie in der vollen Sonne blühen sieht, handelt es sich fast immer um *Fuchsia magellanica* var. *ricartonii*. Diese Sorte stammt aus den Anden und von Feuerland, dort friert es im Winter stark. Die oberirdischen Teile der Pflanzen sterben während dieser Zeit ab. In milden Klimabereichen, wie zum Beipiel in Irland (und in außergewöhnlich milden Wintern auch bei uns), bleiben Blätter und Stengel auch im Winter an der Pflanze sitzen. Als Kübelpflanze wird der kräftige Strauch in einem großen Topf gezogen. Stellen Sie diesen in lichten Schatten, so daß die Erde kühl bleibt und genießen Sie die zahlreichen, schlanken Blüten, die ab der zweiten Sommerhälfte bis tief in den Herbst hinein erscheinen. Im Winter kann man den Topf an einen hellen und kühlen Platz im Haus stellen. Der Strauch wird dann nicht absterben und wird im folgenden Jahr noch größer wachsen: Er kann eine Höhe und Breite von ungefähr eineinhalb Metern erreichen. Eine andere Möglichkeit, die Pflanze zu überwintern, ist, sie mit einer dicken Schicht aus Laub oder Stroh zu bedecken. Als weitere Überwinterungsmöglichkeit wird die Pflanze eingegraben (siehe *Fuchsia* 'Golondrina').
Aus *Fuchsia magellanica* entstanden zahlreiche, prächtige, darunter auch buntblättrige Sorten. Die Namengebung ist jedoch etwas verwirrend. Der eine Züchter beschreibt eine abweichende Form als Unterart oder Varietät, der andere nennt die gleiche Pflanze eine Zuchtform.
Die Zuchtform *Fuchsia magellanica* 'Aurea' hat goldgelbe Blätter.

○ oder ● 0 °C

Fuchsia magellancia 'Aurea'

Fuchsia paniculata

FLIEDERFUCHSIE

Die Blüten von *Fuchsia paniculata* blühen in lila-purpurfarbenen Rispen. Man kann sie leicht mit den Rispen von Flieder verwechseln. Aber dann natürlich mit einem Flieder, der relativ spät blüht, denn die Blüten von *Fuchsia paniculata* entwickeln sich erst im Frühsommer und bei einem kalten Frühling entsprechend später.

Wenn man bedenkt, daß die Pflege von *Fuchsia paniculata* relativ einfach ist, erstaunt es, daß diese Art nur sehr selten als Kübelpflanze angeboten wird. Ein halbschattiger bis sonniger Standort im Sommer genügt diesem Gewächs. Geben Sie während dieser Zeit reichlich Wasser und ab und zu etwas Dünger. Im Winter stellt man die Planzen an einen hellen, kühlen Raum ins Haus, dort werden nur die Stämmchen mit der Sprühflasche besprüht. *Fuchsia paniculata* kommt ursprünglich aus Mittelamerika, ebenso wie *Fuchsia arborescens*, die recht ähnlich aussieht und auf die gleiche Weise versorgt wird.

○ 5 °C

Fuchsia paniculata

Fuchsia procumbens

Die relativ unbekannte *Fuchsia procumbens* ist eine echte Augenweide. Die Pflanze entwickelt zahlreiche dünne, saftige Stengel, an denen kleine zarte Blätter sitzen. Im Sommer bilden sich 1,5 cm lange Blütchen, an denen besonders die bei Fuchsien recht seltene Farbe Gelb auffällt. *Fuchsia procumbens* kommt ursprünglich aus Neuseeland und wächst dort an feuchten, schattigen Plätzen.
Ziehen Sie das Pflänzchen an einem schattigen Platz in humusreicher, feuchtigkeitsspeichernder Erde. Die Stengel hängen über den Rand des Topfes oder über einen Hängekorb. Bevor der erste Nachtfrost sich ankündigt, holen Sie die Pflanze ins Haus, wo sie an einem hellen, trockenen und kühlen Platz überwintert wird.
Die Ausläufer wurzeln fast von selbst und auf diese Weise kann man sich leicht neue Pflanzen ziehen. Nach der Blüte bilden sich rötliche Beeren von ungefähr 2 cm Länge. Die gut keimfähigen Samen, die sich in den Beeren von *Fuchsia procumbens* befinden, sät man im Frühjahr aus.

○ 0 °C

Fuchsia procumbens

Fuchsia 'Ringwood Market'

Im Jahr 1976 wurde *Fuchsia* 'Ringwood Market' aus *Fuchsia* 'Tristesse' und *Fuchsia* 'Susan Ford' gewonnen. Die hängenden Blüten von *Fuchsia* 'Ringwood Market' sind zweifarbig: Die Oberseite ist grellrosa, das Röckchen lavendelblau (letztere Farbe wird während des Verblühens allmählich lilarosa). Solche Farbänderungen treten bei Fuchsien häufiger auf, so daß an einer Pflanze Blüten in verschiedenen Farben auftreten können.
Die halbhängende *Fuchsia* 'Ringwood Market' wächst strauchförmig und blüht ab Juni reichlich. Im Freien gedeiht sie am besten an einem Platz im lichten Schatten, während des Winters behandelt man sie wie *Fuchsia* 'Golondrina'.

● 2 °C

Fuchsia 'Ringwood Market'

G g

Gardenia augusta

GARDENIE

Diese Gardenie wird im Blumenhandel oft noch unter dem veralteten Namen *Gardenia jasminoides* angeboten. Man findet sie in der Zimmerpflanzenabteilung auf, als einen kleinen, glänzend dunkelgrünen Strauch. Oft werden Sie die Pflanze dort blühend vorfinden, mit gefüllten, rahmweißen Blüten, die intensiv duften. Man kann diesen asiatischen Strauch auch gut als Kübelpflanze ziehen. Holen Sie ihn ins Haus, sobald die Temperaturen unter die 10 °C-Grenze absinken.
Wenn die Luftfeuchtigkeit nicht zu niedrig ist, kann man die Pflanze auch in einem Wohnraum überwintern. Stellen Sie den wintergrünen Strauch aber an einen hellen Platz, bei Temperaturen von 12 bis 16 °C und geben Sie ihm nur sparsam Wasser.
Im Sommer hat die Gardenie viel Durst, aber da sie kein hartes, kalkhaltiges Wasser verträgt, sollte man zum Gießen abgekochtes Leitungswasser oder Regenwasser verwenden.
Ein warmes Plätzchen findet die Gardenie herrlich, aber es sollte sich nicht in der vollen Sonne befinden. Ab Mitte des Sommers bis in den Herbst hinein, zum Teil auch noch im Winter, entwickeln sich die duftenden Blüten.
Wenn der Strauch zu groß wird (nach vielen Jahren kann er eineinhalb Meter erreichen), kann man die Blüten auch mit einer Schere abzwicken, um sie im Haus in der Vase zu genießen. Eine einzige Blüte der Gardenie reicht aus, um ein ganzes Zimmer mit dem starken, süßlichen Geruch zu füllen.

○ 10 °C

Gardenia

GRANDIFLORA

Siehe: *Gardenia augusta*

Gardenia jasminoides

Siehe: *Gardenia augusta*

Gardenia augusta

Gaultheria procumbens

BERGTEE

Im September zeigt sich der niedrige, wintergrüne Bergtee in voller Pracht mit roten Beeren, die im Sommer aus weißlichen Kugelblüten entstanden sind. Im Garten wird Bergtee gerne als Bodendecker auf neutralem bis sauerem Boden angepflanzt. Die Pflanze eignet sich vorzüglich zur Unterpflanzung von Bäumen oder zur Kombination mit Heide. Aber wegen der vollkommenen Winterhärte ist das kriechende Sträuchlein auch dafür brauchbar, um über den Winter in einem Topf gezogen zu werden. Pflanzen Sie den Bergtee in (winterfeste) Töpfe, die frei werden, wenn die einjährigen Sommerblüher verblüht sind und stellen Sie die Töpfe bevorzugt an einen luftigen Platz, so daß die lederartigen Blätter nicht zu stark austrocknen. Weiterhin sollten Sie der Pflanze auch im Winter ab und zu etwas Regenwasser oder abgekochtes Leitungswasser geben.

❄

Gaultheria procumbens

Genista x spachiana

ZIMMERGINSTER

Früher, als unsere Zimmer noch kühler und feuchter waren, hatte diese Pflanze ihren deutschen Namen zu Recht, und man sah sie häufig auf den Fensterbänken. Im zeitigen Frühjahr und im Frühsommer waren die gebogenen Zweige des Zimmerginsters mit gelben Blüten übersät. Heutzutage ist es in zentral beheizten Räumen zu trocken und zu heiß für diesen zierlichen Strauch. Im Gegensatz zu „echten" Ginstersorten ist das dreiteilige Blatt von *Genista* x *spachiana* empfindlich und vertrocknet leicht. Die zwei Arten, aus denen der Zimmerginster entstanden ist (*Genista stenopetala* und *Genista canariensis*), kommen ursprünglich von den Kanarischen Inseln. Sie wachsen dort an Berghängen und an Stellen, wo die Feuchtigkeit des Ozeans häufig zu Nebel und niedrighängenden Wolken kondensiert.

Deshalb wächst *Genista* im Sommer im Freien wesentlich besser. Dort profitiert die Pflanze täglich vom Tau und verträgt deshalb auch problemlos volle Sonne. Einen Platz im Halbschatten würde sie natürlich bevorzugen, da die Pflanze dort weniger Feuchtigkeit verdunstet. Weiterhin empfehlen wir Ihnen, den Zimmerginster in einem Plastiktopf zu ziehen, da ein solches Gefäß die Feuchtigkeit besser halten kann, als ein Topf aus Ton.

Genista x *spachiana* verträgt einige Grade Frost, sollte aber besser vor den ersten Nachtfrösten ins Haus geräumt werden. Da die Blätter über den Winter an der Pflanze sitzen bleiben, braucht der Zimmerginster im Haus einen hellen Standort. Weiterhin sollte die Luftfeuchtigkeit im Winterquartier nicht zu niedrig sein. Ein Gewächshaus oder Kalthaus wäre ein idealer Überwinterungsplatz, aber ein kühler Raum ist eine gute Alternative. Man kann die Pflanze im Winter direkt nach der Blüte zurückschneiden, d.h. entspitzen, um sparrigem Wuchs zuvorzukommen. Schneiden Sie rechtzeitig, denn *Genista* erholt sich nur mühsam von rigorosen Schnittmaßnahmen. Das alte Holz treibt nicht oder nur sehr langsam wieder aus.

○ 0 °C

Genista x spachiana

Geranium clarkei 'Kashmir White'

STORCHSCHNABEL

Dieser ungefähr 50 cm hohe Storchschnabel aus Kaschmir trägt weiße Blüten über zart gefiederten Blättern. Die Blumen lassen sich mit fast allen anderen Topfpflanzen ausgezeichnet kombinieren. Aber

auch alleinstehend und eng gepflanzt ist die Pflanze ein wahres Juwel, denn ihre Blütenblätter haben eine wunderschöne violette Äderung. Die pflegeleichte Pflanze blüht nicht sehr reichlich, aber dafür recht lange. Den ganzen Sommer über bis in den Herbst hinein entwickeln sich ihre Blütchen.
Geranium clarkei wächst sowohl im Halbschatten als auch in der vollen Sonne. Im letzterem Fall geben Sie ihr im Sommer reichlich Wasser. Düngen Sie besser nicht, denn hierdurch würden schlaffe Blätter entstehen. Im Garten ist diese Sorte, deren Teile im Winter oberirdisch absterben, frostbeständig, aber im Topf empfiehlt es sich, ab mehr als 10° Frost für einen Winterschutz zu sorgen.

❄

Geranium clarkei 'Kashmir White'

Geranium ibericum 'Genyel'

STORCHSCHNABEL

Über samtartigen, gelappten Blättern entwickeln sich während des Sommers (hauptsächlich im Juni) die violettblauen Blüten dieses Storchschnabels, dessen Heimat sich in Kleinasien befindet. *Geranium ibericum* ähnelt stark der bekannteren Art *Geranium platypetalum*, die aus dem gleichen Gebiet stammt. Beide Arten wachsen zu einer kompakten Kugel heran und können einen halben Meter hoch und relativ breit werden. Man versorgt die Pflanzen auf die gleiche Weise, wie *Geranium clarkei*. Sie sind nur etwas frostbeständiger und kommen besser mit Trockenheit zurecht.

❄

Geranium macrorrhizum

STORCHSCHNABEL

Dies ist mit Sicherheit eine der robustesten und dankbarsten Topfpflanzen, die es überhaupt gibt. Im Garten wächst diese Pflanze ausgezeichnet als Bodendecker, auch unter Bäumen in nährstoffarmem, trockenem Boden. Aber ein Exemplar im Topf ist wegen der duftenden Blätter, die sich im Herbst wunderschön verfärben, und wegen der Blüten im späten Frühjahr, aller Mühe wert. In Abhängigkeit von der Sorte sind die Blüten weiß (*Geranium macrorrhizum* 'Album'), hellrosa ('Ingwersen's Variety'), dunkelrosa ('Spessart') oder magenta ('Bevan's Variety' und 'Czakor'). Es gibt auch eine buntblättrige Form, 'Variegatum', die grüne Blätter mit rahmfarbenen Flecken und purpurrosa Blüten hat.
Diese robusten Pflanzen stellen keine besonderen Ansprüche.

❄

Geranium macrorrhizum 'Album'

Geranium rectum album

Siehe: *Geranium clarkei* 'Kashmir White'

Geranium ibericum 'Genyel'

Gladiolus callianthus

Gladiolus callianthus

ABESSINISCHE GLADIOLE

Die Abessinische Gladiole gefällt nicht nur ausgesprochenen Gladiolenliebhabern. Die Blüten, die sich am Ende des Sommers entwickeln, sehen sehr natürlich aus: Sie sind weiß mit einem auberginenroten Zentrum. Sie hängen zierlich über den mehr als einen Meter hohen, schwertförmigen Blättern.

Man kann die Knollen im Mai in die Rabatte ins Freiland pflanzen, aber *Gladiolus callianthus* kommt in einem großen Topf oder Kübel besser zu ihrem Recht. Sorgen Sie dafür, daß überflüssiges Gießwasser gut aus einem nährstoffreichen, aber feuchtigkeitsspeicherndem Substrat abfließen kann. So werden sich die Blätter ausgezeichnet entwickeln und die Pflanze hat die Voraussetzungen, um Blüten auszubilden. Stellen Sie den Kübel sonnig oder in den Halbschatten und lassen Sie die Erde niemals austrocknen.

Geben Sie nach der Blüte allmählich weniger Wasser, dann werden die Blätter von selbst absterben. Stellen Sie die Pflanzen vor dem ersten Frost ins Haus, holen Sie die Knollen aus dem Topf und bewahren Sie diese bis zum folgenden Frühjahr kühl und trocken auf. Rund um die alten Knollen entwickeln sich im Sommer zahlreiche junge Knollen, die man zur Vermehrung verwenden kann. Es dauert allerdings einige Jahre, ehe die jungen Knöllchen sich zu einer blühenden Pflanze entfalten.

● 0°C

Gloriosa rothschildiana

Siehe: *Gloriosa superba* 'Rothschildiana'

Gloriosa superba 'Rothschildiana'

RUHMESKRONE

Die Ruhmeskrone braucht im Frühjahr hohe Temperaturen, um in Gang zu kommen. Es empfiehlt sich deshalb, sie in ein Gewächshaus oder in einen Wintergarten zu stellen, aber im Sommer steht diese Kletterpflanze am besten im Freien, denn dort ist sie, an einem warmen, leicht beschatteten bis sonnigen Platz, weniger anfällig für Blattläuse als hinter Glas.

Geben Sie der Ruhmeskrone einen großen Topf oder Kübel mit nahrhafter, gut durchlässiger Erde. Achten Sie darauf, daß die Wurzelknollen nicht im Wasser stehen bleiben. Ab dem späten Frühling bis früh in den Herbst hinein werden unentwegt neue, attraktive, große, gelb/rote Blüten von rund 10 cm Durchschnitt ausgebildet.

Sobald die Temperaturen unter 10 °C absinken, wird es Zeit, die tropische Pflanze ins Haus zu holen. Lassen Sie die Erde gut abtrocknen. Blätter und Stengel werden nun absterben, aber die Wurzelknollen in der Erde bleiben am Leben. Lassen Sie die Pflanzen bei Zimmertemperatur überwintern und stören Sie

Gloriosca superba 'Rothschildiana'

diese so wenig wie möglich. Hauptsächlich der Vegetationspunkt ist während dieser Periode empfindlich. Nach einigen Jahren muß man die Erde entfernen, denn die Ruhmeskrone braucht nährstoffreichen Boden. Deshalb muß man sie während der Wachstumsphase regelmäßig düngen.

Möchte man *Gloriosa* vermehren, werden die Samen im Frühjahr im Haus ausgesät. Manchmal besteht auch die Möglichkeit, einige Wurzelknollen zu kaufen, die natürlich ein schnelleres Resultat liefern, wenn man sie im April in warme Erde mit einer Art Treibhausklima pflanzt. Die Stengel beginnen erst dann zu klettern, wenn sich die Blattspitzen festhalten können. Bevor es so weit ist, bindet man die Stengel fest.
Seien Sie aber vorsichtig, denn alle Teile der Ruhmeskrone sind äußerst giftig.

● 10 °C

Gomphocarpus fruticosus

Siehe: *Ascpelias fruticosa*

Grevillea banksii

SILBEREICHE

Die gefiederten Blätter der Silbereiche sind besonders hübsch und mit zartem Flaum bedeckt. Die Unterseiten der Blätter, auf denen sich die Spaltöffungen befinden, sind jeweils vertieft. Hierbei handelt es sich um eine Anpassung an das in Australien herrschende Steppenklima. Im Sommer entwickeln sich die typisch geformten, rötlichen Blüten an den ungefähr eineinhalb Meter hohen Sträuchern. Die Blüten sind an eine Bestäubung durch Vögel angepaßt und hauptsächlich Honigfresser (*Meliphagidae*) werden auf diese Weise in australische Gärten gelockt.
Grevillea banksii ist zwar schon lange in Kultur, aber selbst diese bekannte Art sieht man bei uns nur selten. Und das ist jammerschade, denn der Zierwert dieses Strauches ist enorm groß und seine Versorgung relativ einfach. Stellen Sie den Strauch im Sommer warm und sonnig und halten Sie die Erde mit Regenwasser oder entkalktem Wasser gleichmäßig feucht. Wenn man es für nötig hält, kann man die Pflanze auch zurückschneiden.
Im Winter braucht die Pflanze einen hellen, kühlen, luftigen Standort und nur wenig Wasser. Achten Sie während dieser Periode darauf, daß der Wurzelballen *banksii* nicht vollständig austrocknet.

○ 5 °C

Grevillea banksii

Grevillea juniperina

Die nadelförmigen Blätter von *Grevillea juniperina* ähneln denen einer anderen ostaustralischen Art: *Grevillea rosmarinifolia*. Aber die Blätter der letztgenannten Art sind graugrün, wie die von Rosmarin, wohingegen die von *G. juniperina* nur grün sind.
Im Sommer stehen die Blüten in kleinen Grüppchen zwischen den nadelförmigen Blättern des kleinen Strauchs.
In Kultur kann man diese Pflanze durch regelmäßige Schnittmaßnahmen leicht auf einer Höhe von einem Meter halten.
Die Versorgung und Pflege entspricht der von *Grevillea banksii*.

○ 5 °C

Grevillea robusta

AUSTRALISCHE SILBEREICHE

Die Australische Silbereiche wird hauptsächlich wegen ihrer farnartigen Blätter kultiviert. In

Grevillea juniperina

Grevillea robusta

Australien wächst diese Art zu einem Baum von rund 30 Meter Höhe heran. In einem Kübel oder einem großen Topf bleibt der Strauch relativ handlich und kann durch Schnittmaßnahmen in der gewünschten Form gehalten werden. Die ockergelben, borstigen Blüten entwickeln sich bei uns nur selten, so daß die Blätter die Hauptattraktion bleiben.
Die Australische Silbereiche ist zwar als Zimmerpflanze bekannt, braucht aber viel frische Luft und kann nur in kühlen Räumen gezogen werden. Im Sommer ist ein geschützter, halbschattiger Platz im Freien am besten geeignet. Halten Sie die Erde mit entkalktem Wasser gleichmäßig feucht.
Im Winter bevorzugt die Pflanze einen hellen, aber nicht zu sonnigen Platz im Haus, möglichst bei Temperaturen, die zwischen 5 und 15 °C liegen. Geben Sie der Pflanze während dieser Ruheperiode nur wenig Wasser. Bei einer dunklen Überwinterung werden die Blätter abfallen, aber glücklicherweise erscheinen sie im Frühjahr wieder an der Pflanze.

○ oder ● 5 °C

Grevillea x semperflorens

An den langen, durchgebogenen Zweigen dieser Kreuzung zwischen *Grevillea thelemanniana* und *Grevillea juniperina* f. *sulphurea* erscheinen im späten Sommer prächtige rosa Blüten mit einem langen, rosaroten Griffel, der in einer hellgrünen „Knospe“ endet. Die Blätter sind auf der Unterseite deutlich graugrün, nadelartig und behaart. Schneiden Sie die langen Zweige nicht, dann bleiben sie durchsichtig und biegen sich sehr schön durch.
Pflegemaßnahmen bei *Grevillea banksii*.

○ 5 °C

Griselinia littoralis

Selbst im Schatten kann dieser neuseeländische Strauch im Freien wachsen. Von seinen Blüten darf man nicht allzuviel erwarten, denn sie sind winzig klein. Aber die apfelgrünen Blätter sind eine Freude fürs Auge und eignen sich ausgezeichnet als Hintergrund für auffällige Kübelpflanzen.
Griselinia littoralis stellt nur wenig Ansprüche. Sonne oder Schatten, viel oder wenig Wasser, kühl oder warm, das alles macht ihr nicht so viel aus. Holen Sie die Pflanze im Herbst rechtzeitig ins Haus, bevor es anfängt, kräftig zu frieren. Einige Grade Frost kann der Strauch allerdings leicht vertragen.
Sorgen Sie im Winter für einen kühlen, hellen, luftigen Standort und geben Sie genug Wasser, um zu verhindern, daß die Erde *nicht* austrocknet. Die Pflanze braucht nicht geschnitten zu werden. Die Sträucher wachsen langsam, hauptsächlich die buntblättrigen Sorten, wie *Griselinia littoralis* 'Variegata'. Ebenso wie andere buntblättrige Sorten braucht diese langsam wachsende Pflanze viel Licht und Wärme.

○ 0 °C

Griselinis littoralis 'Variegata'

Grevillea x semperflorens

H h

Haemanthus coccineus

BLUTBLUME

Diese prächtige Art wird nur sehr selten angeboten. Sie blüht im Herbst mit becherförmigen, roten Scheinblüten, die mit den eigentlichen Blüten gefüllt sind, von ihnen sind allerdings nur die gelben Staubfäden zu sehen.
Direkt nach der Blüte entwickeln sich an der Pflanze zwei oder drei hübsch gezeichnete Blätter, die über den Winter an der Pflanze sitzen bleiben.
Für die Pflegemaßnahmen siehe *Haemanthus multiflorus*.

10 °C

Haemanthus coccineus

Haemanthus multiflorus

BLUTBLUME

Die Blutblume (die gegenwärtig eigentlich *Scadoxus multiflorus* heißt, aber nur selten unter diesem Namen verkauft wird) blüht im Schutz von Sträuchern auf der ostafrikanischen Insel Sansibar. Dort ist es warm und relativ trocken. Die rosaroten Blüten befinden sich in einer großen, kugelförmigen Scheinblüte, die einen Durchschnitt von 20 bis 30 cm hat. Am meisten fallen die Staubfäden auf. Sie stehen nach außen ab und ähneln der Haaren einer Puderquaste.
Die Blätter werden während oder direkt nach der Blüte im Sommer ausgebildet und bleiben oft bis zum Frühjahr an der Pflanze sitzen. Pflanzen Sie die Knolle in sandigen Boden, so daß die Spitze herausschaut oder kaufen Sie eine blühende Pflanze. Sie wird im Freien am besten an einem sehr warmen und hellen, aber nicht allzu sonnigen Platz gedeihen und braucht während der Wachstumsphase reichlich Wasser und Dünger.
Sobald die Blätter verwelken, macht die Knolle eine Ruheperiode durch. Der Wasserbedarf der Knolle ist minimal und man kann sie an einen dunklen, kühlen Platz im Topf aufbewahren. Aber solange die Blätter noch nicht abgestorben sind, braucht die Pflanze einen hellen Standort und ab und zu etwas Wasser. Lassen Sie die Knolle möglichst lange im Topf, denn sie möchte nicht gerne gestört werden.

○ oder ● 10 °C

Haemanthus multiflorus

Hebe

Hebesträucher kann man im Gartencenter zwischen den Gartenpflanzen finden. Trotzdem sind sie gegenüber Frost, vor allem bei nasser Erde und gegenüber kalten Winden aus dem Osten empfindlich. Hauptsächlich buntblättrige Sorten sind sehr empfind-

Hebe 'Inspiration'

sam und können deshalb auch besser als Kübelpflanzen gezogen werden. Für ein getopftes Exemplar ist ein unbeheiztes Gewächshaus, ein Kalthaus oder ein kühler Raum im Winter der beste Platz. Weil die Pflanze wintergrün ist, braucht sie natürlich ein helles Winterquartier.

Im Sommer stehen diese Sträucher gerne in der frischen Luft auf einem Platz im Halbschatten oder in der vollen Sonne. Gießen Sie die Pflanzen, hauptsächlich in letzterem Fall, reichlich und lassen Sie die Erde nicht austrocknen. In nährstoffreichem Boden werden sie ab Beginn des Sommers einige Wochen lang Ähren aus blauen, violetten, rosafarbenen oder weißen Blüten bilden.

Hebe x *andersonii* ist eine Kreuzung zwischen *Hebe salicifolia* und *Hebe speciosa*; sie wird rund eineinhalb Meter hoch und breit. Es sind zahlreiche Formen aus Kreuzungen entstanden und alle diese Pflanzen gehören zu der *Hebe* Andersonii-Gruppe. Eine dieser Selektionen, 'Variegata', wird auf die Dauer zwei Meter hoch und hat graugrüne Blätter mit einem weißen Rand. *Hebe* 'Inspiration' ist eine der zahlreichen Zuchtformen, deren Abstammung man nicht mehr genau nachvollziehen kann. Diese Form hat bunte, graugrüne und grüne Blätter mit sehr breiten, gelben Rändern.

○ 0 °C

Hedera helix

EFEU

Efeu ist in unserem Klima eine der robustesten Pflanzen. Ihre immergrünen Blätter bedecken den Waldboden und die Bäume in ganz Europa, von Skandinavien bis weit nach Rußland. Diese kräftige Kletterpflanze verträgt selbst in einem Topf den strengsten Frost. Als Waldpflanze bevorzugt *Hedera* ein kühles, feuchtes Substrat und deshalb sollte man den Topf besser nicht in die volle Sonne stellen. Halten Sie die Erde gut feucht.

Efeu ist für einen kühlen Balkon nach Norden oder für eine schattenreiche Terrasse ausgezeichnet geeignet. Die Pflanze klammert sich mit ihren Saugwurzeln an allen möglichen Oberflächen fest: An Baumstämmen, Mauern, Rietmatten, Zäunen, Drahtgeflechten etc. Wenn man Efeu in einen länglichen Kasten mit einem Stück Draht setzt, entwickelt sich dort eine grüne Wand, die so hoch und breit wird wie das Drahtgeflecht. Wenn der Kasten verstellbar ist, kann man diesen grünen Schirm an jeden beliebigen Platz stellen.

Eine weitere Möglichkeit ist ein Formschnitt. Formschnitte waren schon bei den alten Griechen bekannt. Schon vor unserer Zeitrechnung haben sich bereits Menschen damit befaßt. Zur Zeit ist Formschnitt (oder topiary) so populär, daß man den Efeu in einem Topf mit vorgeformten Metallstäben kaufen kann. Da der Efeu gut mit Schnittmaßnahmen zurechtkommt, wird er die Form mit seinen Blättern ausfüllen.

Hedera helix

Möchte man etwas Besonderes, wählen Sie vielleicht einen buntblättrigen Efeu. Die Anzahl der Zuchtformen, die aus der Kreuzung zwischen „normalem" Efeu und *Hedera algeriensis, Hedera colchica* und *Hedera hibernica* entstand, ist enorm. Es gibt spezialisierte Züchter, die nur Efeusorten verkaufen und die echten Liebhaber treffen sich in Efeuvereinen. Vor allem in den Vereinigten Staaten ist dieses Hobby sehr populär. Dort werden komplizierte Gebilde aus Draht mit in Kunstdünger getauchtem Torfmoos umwickelt.

Darauf werden unterschiedliche Stecklinge von Efeusorten aufgebracht, die den gesamten Drahtrahmen auf Dauer mit allen möglichen Blattformen und -farben überwachsen.

❄

Hedychium

ZIERINGWER

Zieringwer ist für die Kübelkultur außerordentlich gut geeignet. Außer *Hedychium gardnerianum* trifft man im Handel kaum Vertreter dieser Gattung. Trotzdem wollen wir diese Pflanzen hier behandeln, um vielleicht einige Züchter zu stimulieren.
Die Pflanze treibt im Frühjahr mit breiten, bandförmigen Blättern an runden Stengeln schnell aus. Gegen Ende des Sommers und im frühen Herbst, wenn viele Pflanzen verblühen, beginnt der Zieringwer mit seiner Blüte.
Die Blüten sind überwältigend schön und duften herrlich. Sie stehen in Ähren zusammen, die 30 cm hoch und 10 cm breit werden können.
Am verdickten Wurzelstock (Rhizom) sieht man deutlich, daß es sich hierbei um eine verwandte Form des Ingwers handelt. Die Rhizome ähneln großen Ingwerknollen.
Die kräftigen *Hedychium*-Arten wachsen hauptsächlich im Himalaya, dort sterben die Pflanzen während der Kälteperiode oberirdisch ab. Dies wird auch bei uns passieren, wenn man die Pflanze über den Winter trocken und kühl wegstellt. Lassen Sie die Pflanze im Herbst möglichst lange im Freiland und räumen Sie den Zieringwer erst beim ersten Nachtfrost ein. Schneiden Sie dann alle oberirdischen Pflanzenteile ab. Lassen Sie die Wurzelknolle im Topf und stellen Sie diesen an einen kühlen und eventuell dunklen Platz.
Im zeitigen Frühjahr topfen Sie das Rhizom in frische, nährstoffreiche Erde in einen breiten Topf oder Kübel (an der Pflanze entstehen viele Blätter, die in einem kleinen Topf zu schwer werden, so daß er umfällt). Wenn die Gefahr für Nachtfröste vorüber ist, suchen Sie im Freiland wieder einen Platz für Ihren Zieringwer. Geben Sie ihm im Sommer reichlich Wasser und ausreichend Dünger.

● 0 °C

Hedychium coccineum

ROTER ZIERINGWER

Diese mannshohe Pflanze hat für einen Zieringwer eine auffallende Blütenfarbe, sie ist blaßrot. Die Farbe ist ziemlich variabel.
Dies führte zur Ausweisung von Unterarten, die sich nur wenig voneinander unterscheiden: *Hedychium*

Hedychium coccineum

coccineum carneum hat fleischfarbene Blüten, *Hedychium coccineum angustifolium* blüht rot bis lachsrosa und *Hedychium coccineum aurantiacum* unterscheidet sich wegen ihrer orangefarbenen Blüten von den anderen Unterarten.
Hedychium coccineum (mitsamt den Unterarten) braucht mehr Wärme, um zur Blüte zu kommen als die anderen hier behandelten Arten und wird deshalb am besten in einem Gewächshaus oder einem Kalthaus gezogen.

● 5 °C

Hedychium ellipticum

Die zierlichen weißen Blüten dieser Art aus Nordindien sitzen geknickt an ihrem Stiel. Sie ent-

Hedychium ellipticum

Hedychium ellipticum

wickeln sich nacheinander, von unten nach oben, an einer Ähre, die ungefähr 10 cm lang wird. Die Pflanze selbst kann zwei Meter werden.

● 0 °C

Hedychium flavum

GELBER ZIERINGWER

Der gelbe Zieringwer ähnelt stark *Hedychium gardnerianum* und kommt ebenfalls aus den kühlen Bergregionen des nördlichen Indiens.

● 0 °C

Hedychium flavum

Hedychium forrestii

Die eleganten weißen Blüten dieser Art scheinen auf dem Kopf zu stehen. Die Lippe zeigt nach oben, wohingegen zwei andere, schmale Blütenblätter herabhängen. Dazwischen sitzt ein Stempel mit einem rosafarbenen Ende. Die Art bleibt etwas kleiner, als die anderen Zieringwer. Sie kommt aus Yunnan, einer Bergprovinz im Südwesten von China. Behandeln Sie die Pflanze wie die indischen Arten.

● 0 °C

Hedychium forrestii

Hedychium gardnerianum

Dies ist wohl die bekannteste Art unter den Zieringwern. In bestimmten subtropischen Gebieten, wie auf den Azoren, wurde er als Zierpflanze eingeführt, ist aber dort sehr schnell verwildert und stellt heute fast eine Plage dar. Bei uns entwickelt er sich zu einer der beliebtesten Kübelpflanzen. An den bis zwei Meter hohen Stengeln blühen im Spätsommer große, süß duftende, goldgelbe Blütenähren. Vor allem diese Art wird bei Kübelpflanzenspezialisten angeboten. Die anderen Arten, die meist aus den bergigen Regionen rund um den Himalaya stammen, sind nicht so einfach zu versorgen.

● 0 °C

Helianthemum 'Snow Queen'

SONNENRÖSCHEN

Sonnenröschen blühen an sonnigen Gebirgshängen in Amerika, Europa, Afrika und Asien. Einige Arten aus Südeuropa, Nordafrika und Kleinasien sind die Vorfahren der zahlreichen Hybriden, die heute als Gartenpflanzen angeboten werden.
Sie überleben leicht 10 Grad Frost, oft sogar noch mehr, aber nur dann, wenn sie trocken stehen. Als

Hedychium gardnerianum

Gartenpflanze eignen sie sich deshalb nur für trockene Plätze wie Steingärten oder für den Fuß einer Süd- oder Ostmauer.

In anderen Gärten kann man sie ausgezeichnet in Töpfen ziehen. Pflanzen Sie *Helianthemum* in sandiges Substrat und sorgen Sie für eine perfekte Dränage. Geben Sie der Pflanze im Sommer mäßig Wasser und keinen Dünger. Die kleinen Sträucher blühen mit zerknitterten Blüten, die denen von *Cistus* stark ähneln, sind aber kleiner. Sie dürfen ruhig kleiner sein, denn sie blühen wesentlich reichlicher.

Schneiden Sie die Zweige nach der Blüte zurück, so daß die Sträucher buschig werden. Oft werden sich an den neuen Trieben auch im Spätsommer noch Blüten bilden. Der ideale Platz im Winter ist ein unbeheiztes Gewächshaus oder eine Vitrine, in der die wintergrünen Pflanzen hell und trocken stehen und nicht zu stark unter Frost leiden.

Die Sorte 'Snow Queen' wird auch unter ihrem Synonym 'The Bride' geführt. An den langen, mehr oder weniger hängenden Zweigen sitzen prächtige, graugrüne Blätter und relativ große, weiße Blüten mit einem leuchtend gelben Zentrum.

Helianthemum 'The Bride'

Siehe: *Helianthemum* 'Snow Queen'

Helianthemum 'Wisley Pink'

SONNENRÖSCHEN

Eine der populärsten Zuchtformen des Sonnenröschens ist 'Wisley Pink'. Hierfür ist sicherlich die reiche Blütenpracht verantwortlich. Die länglichen Blätter sind graugrün und haben eine graue, wollige

Helianthemum 'Snow Queen'

Helianthemum 'Wisley Pink'

Unterseite. Die Blüten, die sich im Sommer in großer Zahl entwickeln, sind sehr variabel. An einigen Sträuchern bilden sich hellrosa Blüten, andere Sträucher tragen dunkelrosa bis rosarote Blüten.
Die Pflegemaßnahmen lesen Sie unter *Helianthemum* 'Snow Queen' nach.

⁕

Helichrysum microphyllum

Siehe: *Plectostachys serphyllifolia*

Helichrysum petiolare

Die kleinen, graufilzigen Blätter dieses kriechenden Strauches aus Südafrika wurden in den letzten Jahren äußerst populär. Die Triebe hängen aus zahlreichen Hängekörben herab oder wölben sich über die Ränder von Schalen und Töpfen. Und das ist kein Wunder, denn hierbei handelt es sich um eine äußerst dankbare Pflanze, die gegenüber voller Sonne unempfindlich ist und auch unbeirrt weiterwächst, wenn man einmal vergessen hat, sie zu gießen.
Helichrysum wird in der Regel nicht als Solitärpflanze verwendet, sondern mit blühenden Pflanzen kombiniert, die für Farbe sorgen, denn meistens blühen die graufilzigen Triebe nicht. Im Laufe des Sommers werden sie oft zu lang, aber durch Entspitzen kann man sie im Zaum halten.

In warmen Sommern entwickeln sich manchmal an den äußeren Enden der Triebe Blüten. Meist werden sie abgeschnitten, da es bei *Helichrysum* ja nicht um die Wirkung der Blüten geht. Aber schneiden Sie die Blüten nicht zu schnell ab. Warten Sie besser, bis sich die Trauben der kleinen, goldgelben Blüten geöffnet haben und knipsen Sie diese dann ab. Nach der Blütenöffnung verbreiten die Pflanzen nämlich einen intensiven Honiggeruch. Wenn man die Stengel zum Trocknen aufhängt, durchzieht dieser Duft das ganze Haus. Die Trockenblumen bleiben über einen langen Zeitraum ansehnlich. Da *Helichrysum* gegenüber Frost

Helichrysum petiolare

empfindlich ist, nimmt man im Sommer Stecklinge und überwintert diese an einem hellen, kühlen Platz. So haben Sie jedes Jahr wieder neue Pflänzchen.

○ 0 °C

Helichrysum petiolare 'Gold'

Aus der vorher beschriebenen Art wurden zahlreiche buntblättrige Sorten gewonnen.
Die dunkelgrünen Blätter von *Helichrysum petiolare* 'Gold' haben rahmgelbe Flecken. *H. petiolare* 'Limelight' (oft auch 'Aureum' genannt), hat gelbgrüne Flecken, 'Silver' ist weißgefleckt, wobei die Flecken durch die Behaarung einen silberfarbenen Eindruck erwecken, und die Zuchtform 'Variegatum' ist rahmfarben mit Grau gefleckt. Die Zuchtformen brauchen noch wesentlich mehr Licht als die Art, sie sind weiterhin gegenüber Kälte wesentlich empfindlicher. Ansonsten behandelt man sie, wie bei *Helichrysum petiolare* beschrieben.

○ 5 °C

Helichrysum petiolare 'Gold'

Helichrysum petiolatum

Siehe: *Helichrysum petiolare*

Heliconia

Diese Familienmitglieder der *Musaceae* wachsen in einem tropischen oder „gemäßigten" Gewächshaus am besten.
Im Sommer blühen sie in einem großen Topf oder

Heliconia rostrata

Kübel im Freien an einem geschützten, hellen Platz (in der Sonne oder im Halbschatten) außerordentlich eindrucksvoll. Geben Sie den Pflanzen im Freien viel Wasser und Dünger.
Im Winter hält man die Pflanzen relativ trocken an einem hellen Standort bei einer Minimumtemperatur von 15°C.
Heliconia psittacorum bildet große, bananenähnliche Blätter, die zwei Meter lang werden können, die Pflanze trägt im Sommer zierliche Blüten in allen möglichen Farben, aber meist in Orange. Es wurden

Heliconia psittacorum

mehr als 1000 Zuchtformen beschrieben.
Heliconia rostrata entwickelt noch größere, bananenähnliche Blätter. Unter warmen Klimabedingungen wird sich auf Dauer aus dem Scheinstamm eine lange, hängende Scheinblüte bilden, deren rote mit gelben Hochblätter sehr auffällig sind.
Heliconien werden nicht regelmäßig angeboten, so daß es sich hierbei vorläufig um echte Liebhaberpflanzen handelt.

○ 15 °C

Heliotropium arborescens

HELIOTROP, VANILLEBLUME

Die Vanilleblume, eine bekannte Parkpflanze, kann den ganzen Sommer über violette Blüten ausbilden, die vor allem am Abend und frühmorgens herrlich nach Vanille duften. Da man sie hauptsächlich als Parkpflanzen verwendet, wird diese Pflanze mit Hemmstoffen behandelt. Die Pflanzen werden normalerweise im Mai verkauft und man behandelt sie am besten wie einjährige Pflanzen.

Heliotropium arborescens

Zur Zeit ist die Vanilleblume, im Gegensatz zu früher, auch wieder als Kübelpflanze sehr in Mode. Die Sträucher können bei mehrjähriger Kultur auf Dauer zwischen einem und zwei Metern hoch werden und brauchen einen hellen, kühlen und recht trockenen Überwinterungsplatz. Lüften Sie das Winterquartier möglichst oft, aber vermeiden Sie, daß dieser peruanische Strauch dem Frost ausgesetzt wird, denn damit kommt er absolut nicht zurecht.
Nach dem letzten Nachtfrost gibt man der Vanilleblume einen sonnigen und warmen Platz und während der Wachstumsphase viel Wasser und Dünger. Als Ergebnis erhält man eine monatelang blühende Pflanze und zahlreiche Schmetterlinge, die durch die duftenden Blüten angelockt werden.
Heliotrop wird im Frühjahr im Haus ausgesät, aber man kann auch im Sommer Stecklinge nehmen. Schneiden Sie hierfür Kopfstecklinge ab und stecken Sie diese in warme, feuchte, sandige Erde. Die zahlreichen Sorten, die von der Vanilleblume im Handel sind, werden meist ohne Namen verkauft. Die Sorte 'Chatsworth' hat purpurfarbene Blüten, 'Marine' trägt dunkelblaue Blüten.

○ 2 °C

Heliotropium corymbosum

Siehe: *Heliotropium arborescens*

Heliotropium peruvianum

Siehe: *Heliotropium arborescens*

Heterocentron

Siehe: *Centradenia*

Hibiscus geranioides

Die Wuchsform dieses strauchförmigen Hibiscus erinnert an *Anisodontea capensis*. Die Zweige, die nach allen Seiten austreiben können, erwecken einen transparenten Eindruck, der durch die altrosa Blüten am äußersten Ende der Zweige noch verstärkt wird.
Wenn man die Pflanzen im zeitigen Frühjahr schneidet, kann man hierdurch eine kompaktere Form erzielen, aber wenn genügend Platz vorhanden ist, wirkt es besser, wenn man die Pflanzen einfach wachsen läßt.
Geben Sie der Pflanze im Sommer einen sonnigen und warmen Platz und gießen Sie normal. Im Winter bevorzugt sie einen frostfreien und hellen Platz. Je heller der Standort im Winterquartier, desto mehr Blätter werden an der Pflanze sitzen bleiben. Die abgefallenen Blätter werden sich im Frühjahr wieder neu bilden, so daß die Zweige nicht auf Dauer kahl bleiben.

○ 5 °C

Hibiscus huegelii

Siehe: *Alyogyne huegelii*

Hibiscus rosa-sinensis

CHINESISCHER ROSENEIBISCH

Bei dem Chinesischen Roseneibisch handelt es sich um eine Pflanze für häusliche Menschen. Nur bei gleichmäßiger Versorgung wird *Hibiscus rosa-sinensis* gut wachsen. Der Wurzelballen sollte stets feucht bleiben, aber nicht ganz im Wasser stehen und die Pflanze wächst am liebsten bei Zimmertemperatur in feuchter Luft. Während der Wachstumsphase geben Sie regelmäßig Dünger.

Wenn man diesen Roseneibisch gut versorgt, entwickeln sich fast täglich neue Blüten von ungefähr 12 cm Durchmesser. Die Blüten fühlen sich samtartig an und sind feuerrot. Die Staubfäden und Stempel sind zu einem Stiel verwachsen, der weit aus dem Kelch herausragt.

Es sind zahlreiche Zuchtformen aus der Art *H. rosa-sinensis* entwickelt worden, lachsfarbene, weiße, gelbe, orange und rahmfarbene Sorten. Andere sind mehrfarbig geflammt, manche gefüllt und/oder haben gekräuselte Blätter.

In China entwickelt sich dieser Hibiscus zu einem Strauch von ungefähr 2 Metern Höhe, aber bei uns werden die angebotenen Pflanzen durch chemische Mittel kompakt gehalten. Auf Dauer verschwinden diese Stoffe und die Pflanze wächst zu einem kleinen Strauch heran, den man auf der Terrasse oder im Zimmer genießen kann.

Geben Sie dem Chinesischen Roseneibisch auf Ihrer Terrasse einen sonnigen, warmen Platz und im Zimmer einen Standort an einem nicht allzu sonnigen Fenster. Sobald die Temperaturen unter 7 °C absinken, muß die Pflanze nach drinnen gestellt werden. Sie wird dann im Haus noch üppig weiter blühen, so daß man die Blütenpracht des Chinesischen Roseneibisch im Prinzip den ganzen Winter über genießen kann. Es empfiehlt sich aber, die Pflanze im Winter mäßiger zu gießen, so daß eine Art Ruhephase eintritt. Man kann sie dann aus dem beheizten Raum herausnehmen und kühler stellen, dort sollte die Temperatur ungefähr zwischen 10 und 15 °C betragen, und die Luftfeuchtigkeit wird entsprechend höher sein.

Stellen Sie den Chinesischen Roseneibisch im Frühjahr wieder ins Freie. Kälte kann nämlich bewirken, daß die Knospen abfallen. Die Knospen werden auch herunterfallen, wenn die Luft zu trocken ist oder wenn im Haus der Standort der Pflanze, und damit der Lichteinfall verändert wird.

Hibiscus rosa-sinensis (Kultivar)

Hibiscus rosa-sinensis (Kultivar)

☼ 7 °C

Hibiscus schizopetalus

GESCHLITZTER ROSENEIBISCH, HIBISCUS, JAPANISCHER HIBISCUS

Die Herkunft dieses *Hibiscus* aus Ostafrika ist unklar, aber vermutlich geht die Pflanze auf eine ganz alte Kreuzung mit unter anderem dem asiatischen *Hibiscus rosa-sinensis* zurück. Die Pflanze wächst mehr horizontal als der strauchförmige Chinesische Roseneibisch. Aber der deutlichste Unterschied zwischen den beiden Pflanzen läßt sich an den Blüten erkennen. Bei *Hibiscus schizopetalus* zeichnen sich die Blüten durch nach außen umgeschlagene, stark gekräuselte und geschlitzte Kronblätter aus.

Die Art *Hibiscus schizopetalus* blüht eher mäßig, wohingegen die zahlreichen Zuchtformen reichlich Blüten entwickeln. Sie verwöhnen den Liebhaber einen ganzen Sommer lang mit überwältigender Blütenpracht. Unter ihnen sind auch recht merkwürdige Formen entstanden, zum Beispiel buntblättrige Sorten, wohingegen bei anderen die Blüten scheinbar aus mehreren „Röckchen" zusammengesetzt sind.

Hibiscus schizopetalus bevorzugt ein mildes Klima. Die Nachttemperatur sollte nicht unter 10 °C absinken, denn dann besteht die Gefahr, daß die Knospen abfal-

Hibiscus schizopetalus

len. Im Sommer hat die Pflanze gerne ein Plätzchen im kühlen Schatten, wo es nicht wärmer als 25 °C werden sollten. Geben Sie ihr regelmäßig Wasser, denn Austrocknung wird zu Knospenabwurf führen und zu Befall von allerlei Ungeziefer.
Versuchen Sie, den Hibiscus im Winter als Zimmerpflanze zu halten. Geben Sie während dieser Phase keinesfalls Dünger, aber regelmäßig Wasser. Ein heller Standort außerhalb der prallen Sonne wird von der Pflanze bevorzugt. Wenn man all diese Vorkehrungen trifft, wird er auch im Winter weiterblühen.

○ 10 °C

Hosta

FUNKIE

Funkien gehören zur Gruppe der winterharten Gartenpflanzen, die jedoch nur in nicht zu trockenem Boden gut gedeihen. Sie vertragen recht viel Schatten und Feuchtigkeit und werden deshalb oft an die schattige Seite eines Teiches oder einer Wasserfläche gepflanzt.
Weitaus weniger bekannt ist ihre Schönheit als Topfpflanze.
Wenn man den Topf nicht in die heiße Sonne stellt, reicht normales Gießen aus, um die Schönheit ihres Laubes genießen zu können. Einige Hobbygärtner gehen sogar so weit, daß sie ihre Blütenstengel abknipsen, um den Betrachter nicht von den Blättern abzulenken, die übrigens sehr gerne von Schnecken gefressen werden.
Füllen Sie den Kübel mit humusreicher, feuchtigkeitsspeichernder Erde, hervorragend eignet sich Lauberde, und stellen Sie den Topf im Sommer an einen kühlen, schattigen Platz zwischen Sträucher, unter Bäume oder vor eine Nordmauer.

Hosta x fortunei 'Albo-marginata'

Im Winter sterben die oberirdischen Teile der Pflanze ab, wobei die fleischigen Wurzeln im Topf sitzen bleiben. Sie müssen vor strengen Frösten geschützt werden. Stellen Sie deshalb den Topf in ein unbeheiztes Gewächshaus, graben Sie ihn ein, oder stellen Sie ihn eingepackt dicht ans Haus.
Hosta fortunei ist die bekannteste Funkien-Art, von ihr werden zahlreiche Sorten angeboten. Wahrscheinlich handelt es sich hier nicht um natürliche Sorten, sondern um eine Gruppe von Gartenformen, die sich bereits seit vielen Jahren etabliert haben. Eine davon ist 'Albo-marginata', deren Blattränder deutlich weiß sind.
Hosta sieboldiana (syn. *Hosta glauca*) hat eine ansprechende Blattform. Die großen Blätter sind von einer graugrünen bis blaugrauen Schicht überzogen und haben eine ausgeprägte Nervatur. Ihre Blüten sind weiß bis mauvefarben.

❄

Hydrangea anomala petiolaris

Siehe: *Hydrangea petiolaris*

Hydrangea macrophylla

HORTENSIE

Unter dem Namen *Hydrangea macrophylla* werden zahlreiche Kreuzungen und Zuchtformen angeboten, deren Herkunft oft nicht mehr genau nachvollzogen werden kann. Die Pflanzen, die am Ende des 18. Jahrhunderts nach Europa gebracht wurden, wuchsen bereits seit Jahrhunderten in japanischen und chinesi-

Hydrangea petiolaris

schen Gärten und wurden dort auch gekreuzt.
Gegenwärtig ist der Anteil an Zuchtformen enorm hoch. Man hat die Wahl zwischen weißen, rosa, purpurfarbenen, blauen bis violetten Blüten in Kugelform oder in einem Kranz steriler Lockblüten, die die eigentlichen Blüten umgeben. Letztere Gruppe nennt man auch 'Kranzblüher' oder Hortensien vom „Tellertyp".
Die Blütenfarbe ist unter anderem von der Anwesenheit von Aluminium im Boden, und von dessen Säuregrad abhängig. Bei einigen Zuchtformen (jedoch nicht bei allen) kann sich die Blütenfarbe der Hortensien unter dem Einfluß freier Aluminiumionen verändern. Diese Ionen können nur in einem saueren Substrat von den Pflanzen aufgenommen werden. Wenn sich blaublühende Hortensien auf Dauer nach Rosa verfärben, dann ist die Menge des aufgenommenen Aluminiums zu niedrig. Meist weist dies auf einen zu hohen pH-Wert (Säuregrad) des Bodens und manchmal auch auf Aluminiummangel hin. Letzteren Mangel kann man durch Düngung mit Aluminiumsulfat lösen; nehmen Sie 5 Gramm Sulfat auf 1 Liter Wasser. Der pH-Wert des Bodens darf für blaublühende Hortensien nicht höher als 5,5 liegen. Pflanzen Sie blaublühende Exemplare deshalb in Rhododendronerde oder in eine selbst hergestellte Mischung aus Koniferenerde und Torf mit einem vierten Teil Sand oder Lehm. Verwenden Sie zum Gießen der Hortensien enthärtetes Wasser oder Regenwasser und düngen Sie nur im Frühjahr bis zur Blüte im Juni. Danach werden sich neue Triebe entwickeln, die danach recht schnell abhärten müssen.

Stellen Sie einen mit Hortensien bepflanzten Topf oder Kübel im Frühling an einen kühlen, schattigen Standort. Eventuelle Schnittmaßnahmen muß man sofort nach der Blüte durchführen, denn die neuen Hortensientriebe entwickeln sich sehr schnell und an ihnen bilden sich die Blütenknospen für das kommende Jahr. Stellen Sie die Hortensien während dieser Periode an einen sonnigen Platz, denn davon profitieren Blütenansatz und -entwicklung.
Während der Wachstumsphase verbrauchen die Pflanzen reichlich Wasser und müssen täglich gegossen werden. Im Herbst fallen die Blätter ab und vor den ersten Frösten wird die Hortensie im Kübel eingeräumt (ein Hortensienexemplar, das in den Boden ausgepflanzt wurde, ist mäßig winterhart). Die Blätter fallen noch stärker ab und der Strauch kann den Winter am besten an einem dunklen Platz überstehen. Halten Sie die Temperatur sehr niedrig – unbedingt unter 10 °C. Sobald die Knospen im zeitigen Frühjahr erscheinen, stellt man die Pflanzen heller.

● 0 °C

Hymenocallis x festalis

Hydrangea petiolaris

KLETTERHORTENSIE

Als Gartenpflanzen können Kletterhortensien im Laufe der Jahre Mauern meterhoch überwuchern. Mit Hilfe ihrer saugenden Haftwurzeln, die an recht holzigen Ästen sitzen, können sie sich festklammern. Im Juni erscheinen an den Enden der Zweige Blütenschirme. Innerhalb eines Kranzes steriler Lockblüten

Hosta sieboldiana

sitzen die unauffälligen, fertilen Blüten. Die Blütenstände bleiben im Winter vertrocknet an der Pflanze sitzen – ein prachtvoller Anblick.
Kletterhortensien kommen ursprünglich aus sehr kalten Gebieten, wie dem nördlichen Japan und Sachalin, und sind deshalb auch vollkommen winterhart. Selbst in einem großen Kübel, in dem sich die Pflanze ausgezeichnet ziehen läßt, ist ein Schutz für die Wurzeln überflüssig.
Im Kübel wächst die Kletterhortensie, im Gegensatz zur kletternden, in den Boden ausgepflanzten Form, langsamer und eher strauchartig. Deshalb reicht einem Exemplar dieser Pflanze im Kübel ein nicht allzu großes Klettergerüst von höchstens zwei Metern. Stellen Sie den Kübel nicht in die volle Sonne, denn diese Pflanzen bevorzugen ein kühles, etwas saueres Substrat, das regelmäßig begossen wird. Sorgen Sie für eine gute Dränage. Die Pflanze entwickelt sich an einem schattigen Platz prächtig, vor allem im Kleinklima eines Stadtgartens.

❄

Hymenocallis x festalis

SCHÖNHÄUTCHEN

Im Frühling, wenn die große Knolle des Schönhäutchens hübsch getopft wurde, ist oberhalb der Erdoberfläche noch nichts zu sehen. Verstecken Sie deshalb den undekorativen Topf zwischen anderen Kübelpflanzen, am besten an einem Platz, nahe an der Terrasse. Im Laufe des Sommers werden sich zwischen den länglichen, apfelgrünen Blättern äußerst merkwürdige weiße Blüten entwickeln, die herrlich süß duften. Die Blütenkrone, die ein bißchen Ähnlichkeit mit der von Narzissen hat, wird von langen, gekräuselten, bandförmigen Blättern umgeben. Diese „festlichen Papierschlangen" geben der Blüte ein spinnenähnliches Aussehen.
Diese sehr alte, aber noch relativ unbekannte Kreuzung zwischen *Hymenocallis longipetala* und *Hymenocallis narcissiflora* kann man im Frühling als Knolle kaufen. Pflanzen Sie die Knolle in nahrhaften, aber sehr gut durchlässigen Boden und geben Sie ihr mehr Wasser, wenn die Blätter im Frühjahr länger auswachsen. Stellen Sie den Topf auf einen sonnigen oder halbschattigen Platz. Während und nach der Blüte braucht das Schönhäutchen reichlich Wasser, um Kraft für das folgende Jahr zu tanken.
Wenn im Herbst die Blätter gelb werden, hört man mit dem Gießen auf. Stellen Sie die Pflanze in jedem Fall vor dem ersten Nachtfrost ins Haus. Dort kann die blattlose Knolle an einem kühlen, luftigen, notfalls auch dunklen Platz überwintert werden. Topfen Sie die Knolle im späten Winter in frische Erde und stellen Sie den Topf danach heller. Sobald die Gefahr für Nachtfröste vorüber ist, darf *Hymenocallis* (die noch oft unter ihrem alten Namen *Ismene* verkauft wird) wieder ins Freie.
Man kann die Pflanze durch Aussaat oder über Teile der Knolle vermehren.

● 0 °C

Hydrangea macrophylla

I i

Impatiens hawkeri

FLEISSIGES LIESCHEN, BALSAMINE

Die zahlreichen Zuchtformen von *Impatiens hawkeri* werden zusammen die Neu-Guinea-Hybriden genannt, vermutlich, weil die Art ursprünglich aus eben diesem Land kommt. Die Blätter der kräftigen Pflanze, die einige zehn Zentimeter hoch werden kann, sind häufig dunkel. Hierzu bilden die grell gefärbten Blüten mit ihren auffallend langen Staubfäden einen reizvollen Kontrast. Die Hybriden finden Sie meist in gemischten Sortimenten unter dem Sammelnamen Neu-Guinea (*Impatiens hawkeri* x *Impatiens linearifolia*) auf den Pflanzentischen in Ihrer Gärtnerei.

Impatiens hawkeri Neu-Guinea-Hybride

Behandeln Sie die Pflanzen wie einjährige Topfpflanzen und stellen Sie diese an einen halbschattigen, aber warmen Platz. Wenn man ihnen großzügig Wasser gibt, werden Sie ab Beginn des Sommers bis zum ersten Nachtfrost durchblühen. Da die saftigen Stengel und die großen Blätter viel Feuchtigkeit verdunsten, brauchen die Pflanzen genügend Wasser, aber sorgen Sie dafür, daß die Wurzeln nicht im Wasser stehen bleiben, denn dann werden sie verfaulen und die Pflanze stirbt ab. Es ist überflüssig, die Fleißigen Lieschen zu düngen.

Wenn der Sommer zu naß ist, können bereits die Knospen der Blüten verschimmeln.
Sollte das passieren, entfernen Sie die befallenen Teile von der Pflanze. Zur Vermehrung siehe *Impatiens walleriana*.

(1)

Impatiens linearifolia

Siehe: *Impatiens hawkeri*

Impatiens niamniamensis

PAPAGEIENBLUME

Die Papageienblume besitzt saftige Stengel, die wohl einen Meter lang werden können. Daran entwickeln sich nicht nur die länglichen Blätter sondern auch dünne Stengel mit einer hängenden Blüte am Ende (sie erinnert an einen Papagei auf einem Stöckchen). Die grüngelben bis weißlichen Kronblätter fallen kaum auf. Die stark vergrößerten Kelchblätter springen jedoch sofort ins Auge, sie bilden eine Art Horn und enden in einem zurückgeschlagenen Stempel. Das ganze Gebilde ist rot, rosarot oder rot mit gelb gefärbt.

Impatiens niamniamensis

Die letztgenannte Farbe ist am stärksten im Trend und diese Sorten werden unter Namen wie 'Arared' oder 'Congo Cockatoo' angeboten.
Die Papageienpflanze kommt ursprünglich aus dem tropischen Ostafrika und steht gerne an einem warmen Standort, nicht im Wind und geschützt vor der prallen Mittagssonne.
Im Prinzip handelt es sich hierbei um eine Staude, die aber bei uns einjährig gezogen wird und auf dieselbe Weise behandelt wird wie die anderen *Impatiens*-Arten.

(1)

Impatiens walleriana F1-Explore-Serie

Impatiens Nieuw Guinea-Hybriden

Siehe: *Impatiens hawkeri*

Impatiens walleriana

FLEIßIGES LIESCHEN, BALSAMINE

Die Zuchtformen dieser ostafrikanischen Balsamine werden hauptsächlich als einjährige Gartenpflanzen verkauft. Sie eignen sich auch ausgezeichnet für Hängekörbe und Blumenschalen auf Terrasse und Balkon und natürlich auch für Töpfe in Gewächshäusern und Räumen. An Standorten, an denen es nicht friert wächst das Fleißige Lieschen zu einem Strauch von ungefähr einem Meter Höhe heran.
Viele der bei uns angebotenen Pflanzen werden zielstrebig als Zwergform gezogen und mit wachstumshemmenden Hormonen klein gehalten. Cultivare aus der F1-Generation werden zum Beispiel nur 10 cm hoch.
In unserem Klima macht es wenig Sinn, die Balsaminen zu überwintern. Ihr Lichtbedarf im Winter sorgt für dünnen Wuchs und Blattabwurf, so daß die Pflanzen im Frühjahr ziemlich mitgenommen aussehen. Aber versuchen Sie doch einmal, die schönsten Pflanzen von *Impatiens walleriana* und *Impatiens hawkeri* zu überwintern, dann können Sie jedenfalls im Frühling von ihnen Stecklinge nehmen, die relativ leicht in Wasser wurzeln und danach getopft werden können. In allen anderen Fällen sät man Fleißige Lieschen im Frühjahr im Haus aus.
Für weitere Ratschläge und Pflegemaßnahmen siehe *Impatiens hawkeri*.

(1)

Impatiens walleriana

Iochroma

Iochromas stammen aus den Bergregionen des tropischen Süd- und Mittelamerikas. Dort ist die Luft recht frisch, ohne daß die Pflanzen lange andauernden Kälteperioden ausgesetzt sind. Gerade wegen dieses hohen Frischluftbedarfs eignet sich die Pflanze nicht für die Zimmerpflanzenkultur, aber wohl für ein gut belüftetes Gewächshaus, für Wintergärten und Kalthäuser.
Im Sommer steht *Iochroma* am liebsten im Freien an einem sonnigen, warmen Platz, wo der Wind das weiche Holz der Pflanzen nicht beschädigen kann. An solch einem warmen, geschützten Platz brauchen die Pflanzen viel Wasser und Dünger, um gut wachsen zu können. Die Blüten sind röhrenförmig oder glockig und stehen in Büscheln am Ende der neuen Triebe.
Sobald die Nachttemperaturen unter 5 °C absinken, räumt man *Iochroma* in ein helles, luftiges Winterquartier, dort sollte die Temperatur zwischen 10 und 15 °C liegen. Auf diese Weise behält die Pflanze ihre Blätter und braucht nur Feuchtigkeit, um die Verdunstung zu kompensieren. In Notfällen kann man der Pflanze auch ein dunkleres Winterquartier bei niedrigeren Temperaturen zumuten. Die Blätter werden dort abfallen und man darf die Pflanze nicht mehr gießen. Als Folge hiervon wird *Iochroma* im Frühjahr etwas später wieder in Gang kommen.
Kräftiger Rückschnitt im Frühjahr und Herbst machen die Sträucher gut hantierbar. Im Sommer können nicht-blühende Kopfstecklinge genommen werden. Unter Glas und bei einer Bodentemperatur von ungefähr 20 °C werden sie leicht wurzeln.

○ 5 °C

Iochroma coccineum

ROTE IOCHROMA

Rot ist eine merkwürdige Blütenfarbe, da sie von Insekten nicht wahrgenommen werden kann. Hauptsächlich Vögel werden durch Rot angelockt und es sind natürlich Kolibries, welche die Rote Iochroma in Mittelamerika bestäuben. Die Blüten sind glockenförmig und hängen in Büscheln von ungefähr fünf bis acht beieinander.
Für die Pflegemaßnahmen siehe *Iochroma*.

○ 5 °C

Iochroma cyaneum

BLAUE IOCHROMA

Die am reichsten blühende *Iochroma*, die auch am häufigsten als Kübelpflanze gezogen wird, ist die Blaue Iochroma (die buchstabengetreue Übersetzung von *Iochroma cyaneum*). Trotzdem sind die Blüten dieser Art aus den nordwestlichen Anden nicht immer blau. Bei der Aussaat von Samen keimen auch Pflanzen, die lila, purpurrot und selbst rosarot blühen. Züchter vermehren die Art über Stecklinge und bringen abweichende Formen unter Namen, wie zum Beispiel *Iochroma cyaneum* 'Purpur' oder 'Kirschrot' auf den Markt.
Für die Versorgung siehe *Iochroma*.

○ 5 °C

Iochroma cyaneum

Iochroma grandiflorum

GROẞBLÜTIGE IOCHROMA

Iochroma grandiflorum kommt ursprünglich aus Ecuador. Die Pflanze wird rund einen Meter hoch und bleibt damit auf der Hälfte der Wuchshöhe der beiden anderen Arten stehen. Die Zweige, die etwas horizontal herabhängen, tragen große, filzige Blätter und an ihrem Ende entwickeln sich Büschel lilafarbener bis

Iochroma coccineum

Iochroma grandiflorum

karminroter Blüten, von denen jede einzelne bis 7 cm lang werden kann. Hierbei handelt es sich um eine zierliche Art für den echten Liebhaber.
Für die Versorgung siehe *Iochroma*.

○ 5 °C

Iochroma lanceolatum

Siehe: *Iochroma cyaneum*

Iochroma tubilosum

Siehe: *Iochroma cyaneum*

Ipomoea acuminata

Siehe: *Ipomoea indica*

Ipomoea indica

PRUNKWINDE

Dieser einjährigen Kletterpflanze sichern vollsonnige und geschützte Plätze eine reiche und langanhaltende Blüte. Die einzelnen lilafarbenen, rosa oder blauen Blüten der Prunkwinde haben aber nur ein kurzes Leben. Sie entfalten sich am frühen Morgen und bereits am selben Mittag schließen sie sich wieder. Deshalb nennt man diese Pflanze manchmal auch Tagesblume.
Der Pflanzenliebhaber merkt nur wenig von der kurzen Blütezeit, denn täglich entwickelt sich eine üppige Menge neuer Blüten.
Neben *Ipomoea indica* gibt es vergleichbare, bekanntere Arten, die weniger Wärme brauchen, wie zum Beispiel *Ipomoea tricolor* (oft zu Unrecht als *Ipomoea violacea* ausgezeichnet, eine andere Art, die nur selten kultiviert wird) und *Ipomoea purpurea* (mit der bekannten, großblütigen Sorte 'Heavenly Blue').
Ipomoea nil braucht wiederum einen etwas wärmeren Standort. Ihre Blüten haben unterschiedliche Farben, kennzeichnend ist aber stets ein weißer Schlund.
Die Auswahl einer hübschen Sorte wird durch die große Zahl an Zuchtformen, die Namensverwirrung und die sehr unterschiedlichen Blütenfarben erschwert. Saatgutlieferanten haben gewöhnlich Samen gemischt und verkaufen sie in einem Tütchen, woraus selten hübsch blühende Pflanzen entstehen.
Eine kletternde Prunkwinde ist recht einfach zu ziehen. Die Pflanze verträgt keinen Frost und wird deshalb im Haus vorgesät (*Ipomoea purpurea* und *Ipomoea tricolor* können auch nach dem letzten Nachtfrost ins Freiland gesät werden). Am besten weicht man die Samen für 24 Stunden in lauwarmem Wasser ein.
Alles, was die raschwüchsige Prunkwinde braucht, ist ein nahrhafter Boden, reichlich Wasser, ein warmer Standort und etwas, woran sie sich hochwinden kann. Verwenden Sie eine Kletterhilfe, Zweige, ein Seil oder Draht, und sorgen Sie dafür, daß es hoch genug ist, denn die Winde möchte wenigstens 2 Meter hoch wachsen. Wenn man alle 10 bis 20 cm ein Samenkorn in den Boden steckt, werden die Blätter auf Dauer das Klettergerüst vollständig bedecken und die üppige Pracht der zahlreichen Blüten wird viele Bewunderer erfreuen. Die Pflanze kann auch gut als lebendiger Sichtschutz verwendet werden. Man kann die großen, schwarzen Samen, die zu dreien in einer runden

Ipomoea indica

Samenkapsel sitzen, ernten, sobald die Kapsel sich strohbraun verfärbt.

(1)

Ipomoea learii

Siehe: *Ipomoea indica*

Ipomoea lobata

Die sich von Rot nach Weiß verfärbenden Blüten von *Ipomoea lobata* weichen stark von denen der anderen, oben beschriebenen Windenarten ab. Sie sind röhrenförmig ausgebildet und in sich gekrümmt. Die Blütenfarbe jeder einzelnen Blüte verändert sich während der kurzen Lebenszeit von Orangerot nach Weiß.
Die Blüten stehen nicht alleine, wie bei den anderen

Ipomoea lobata

Windenarten, sondern an kurzen Blütenstengeln in Grüppchen von ungefähr 25 Blüten, die sich von unten nach oben längs des Blütenstengels öffnen.
Obwohl diese mexikanische Staude in der Natur meterhoch klettern kann, bleibt sie als einjährige Topf- oder Kübelpflanze niedrig und deshalb braucht sie auch kleinere Kletterhilfen als die anderen *Ipomoea*-Arten. Für die weitere Versorgung siehe *Ipomoea indica*.

(1)

Ipomoea quamoclit

Ipomoea quamoclit

Die windenden Triebe von *Ipomoea quamoclit* wachsen lebhaft an Seilen oder Zweigen empor. Dies macht die Art für Topf- und Kübelkultur ausgezeichnet geeignet. An den Trieben sitzen die glänzenden, tief eingeschnittenen Blätter und die relativ kleinen, aber intensiv roten Blüten.
Wenn man die Samen im zeitigen Frühjahr vorkultiviert, entwickeln die Pflanzen ab Frühsommer ihre Blüten. Ein warmer, sonniger Standort ist für diese Art von großer Bedeutung.
Für die weitere Versorgung siehe *Ipomoea indica*.

(1)

Ipomoea versicolor

Siehe: *Ipomoea lobata*

Ismene festalis

Siehe: *Hymenocallis* x *festalis*

Isotoma axillaris

Siehe: *Laurentia axillaris*

ASSOCIAÇÃO COMERCIAL
E
INDUSTRIAL

J,K ——— j,k

Jacaranda acutifolia

Siehe: *Jacaranda minosifolia*

Jacaranda mimosifolia

JACARANDA

Mit etwa 50 Arten immergrüner oder laubabwerfender Bäume oder Sträucher ist die Gattung *Jacaranda* in den amerikanischen Tropen verbreitet. Ihre Blätter sind sehr attraktiv und meist farnartig doppelt gefiedert. Mit ihren blauen oder violetten Blüten, die in großen Rispen in den Blattachseln oder an den Triebenden erscheinen, gehören einige Arten in den Tropen und Subtropen zu den wichtigsten Ziergehölzen.
Bei uns wird die Art *Jacaranda mimosifolia* wegen ihrer großen, bis 45 cm langen, sehr fein doppelt gefiederten Blätter gelegentlich als Blattschmuckpflanze angeboten. Da *J. mimosifolia* trockene Luft ausgezeichnet vertragen kann, läßt sie sich auch in lufttrockenen Wohnräumen über einen langen Zeitraum halten, wenn sie nur hell genug sind.
Dieser Baum, der in seiner Heimat Argentinien bis 50 Meter hoch werden kann, erreicht solche Dimensionen bei uns natürlich nicht. In Kübelkultur werden die Sträucher rund 1,5 Meter hoch und können durch Schnitt auch kleiner gehalten werden.
Im Sommer bevorzugt die Jacaranda einen luftigen und sonnigen Platz. Dort braucht das Bäumchen viel Wasser und ein nahrhaftes, möglichst lehmhaltiges Substrat. Eine gute Dränage ist wichtig.
Es gibt zwei Möglichkeiten, den Strauch oder Baum zu überwintern. Möchte man, daß die Blätter am Strauch bleiben, wählt man einen hellen Platz und hält die Temperatur auf minimal 10 °C. Man kann die Pflanze aber auch wie eine laubabwerfende Kübelpflanze behandeln. In diesem Fall stellt man im Herbst das Gießen ein, worauf die Blätter abfallen. Sobald die Temperaturen unter 5 °C absinken, muß das Bäumchen an einen luftigen, dunklen Platz ins Haus geräumt werden.

☼ 10°C bis ✹ 5°C

Jacaranda ovalifolia

Siehe: *Jacaranda mimosifolia*

Links: Jacaranda mimosifolia

Jacobinia carnea

Siehe: *Justicia carnea*

Jasminum

JASMIN

Unter den rund 200 Jasmin-Arten, die vor allem im tropischen und subtropischen Asien und Afrika wachsen, finden wir einige sehr dankbare Kübelpflanzen. Die sich windenden Stengel tragen dunkelgrünes Laub und Trauben sternförmiger Blüten, die oft herrlich duften. Einige Arten werden für die Parfümherstellung verwendet.
Da die Jasmin-Arten im Winter ihre Blätter behalten, brauchen sie während dieser Phase einen hellen Standort. Die minimale Raumtemperatur ist, je nach Art, unterschiedlich.
Im Sommer stehen die Jasmin-Arten bevorzugt in einem großen Topf oder Kübel im Freien. Geben Sie ihnen einen sonnigen Platz mit etwas Schutz vor der prallen Mittagssonne. Die wüchsigen Arten brauchen reichlich Wasser und Dünger. Sorgen Sie im Herbst, bevor Sie die Pflanze ins Haus stellen, dafür, daß der Wurzelballen gut abgetrocknet ist.
Wenn die Triebe sich nicht in die gewünschte Richtung entwickeln, kann man sie per Hand leiten. Schneiden Sie alte, lange Triebe nach der Blüte möglichst tief ab, dann behält die Pflanze ihre charakteristische Form. Wenn man die Triebe nur zur Hälfte abschneidet, entsteht eine strauchartige Pflanze mit häßlichen Stummeln.
Im Frühjahr und im Sommer kann man von nichtblühenden Trieben halbverholzte Stecklinge nehmen und diese in sandigem Substrat bei ungefähr 20 °C wurzeln lassen.

☼ 5 °C

Jasminum azoricum

JASMIN

Jasminum azoricum kommt von den Azoren, einer Inselgruppe im atlantischen Ozean. Dort üben die Meereswinde auf das Klima einen temperierenden Einfluß aus. Auf Meeresniveau kann es auch nicht frieren. In einem Kübel oder in einem größeren Topf wächst die windende Pflanze schnell zu einer Höhe von 1,5 bis 2 Metern heran.

Jasminum azoricum

Ab Juli bis in den September hinein entwickeln sich Trauben duftender, weißer Blüten, die ungefähr 2 cm breit werden können.
Jasminum azoricum ähnelt *Jasminum officinale* (dem gewöhnlichen Jasmin) stark, auch diese Pflanze blüht im Spätsommer mit wohlriechenden, weißen Blüten. Trotzdem lassen sich beide Arten gut voneinander unterscheiden. Die Blätter von *Jasminum azoricum* bestehen aus drei Teilblättchen, von denen das mittlere am größten ist, wohingegen die Blätter von *Jasminum officinale* aus wenigstens 5 Teilblättchen zusammengesetzt sind.
Pflegemaßnahmen siehe *Jasminum*.

○ 5 °C

Jasminum humile

GELBER JASMIN

Dieser gelbblühende Jasmin wächst eher strauchförmig als kletternd, aber seine Triebe sind lang und locker. Im Laufe der Jahre kann dieser oft ungepflegt wirkende Strauch eine Höhe von 5 Metern erreichen, aber man kann ihn durch Schnittmaßnahmen gut in der gewünschten Form halten. Die Art wächst von Natur aus in einem sehr großen Verbreitungsgebiet, von Kleinasien bis Burma, und es sind zahlreiche verschiedene Sorten bekannt. Manche Botaniker stellen die ebenfalls gelbblühende Art *Jasminum odoratissimum* aus Madeira und den Kanarischen Inseln auch zu *Jasminum humile*.
Die gelben Blüten von *Jasminum humile* erscheinen im Sommer in kleinen, fast schirmförmigen Trauben. Sie duften kaum. Ebenfalls nur schwach duftet die Zuchtform 'Revolutum', die sehr häufig angeboten wird.
Versorgung der Pflanze siehe *Jasminum*.

○ 5 °C

Jasminum nitidum

Die Blüten dieses strauchförmigen Jasmins sind relativ groß und unterscheiden sich von den anderen Arten durch die zahlreichen Kronblätter. Der rot überlaufene, grüne Kelch, der am anderen Ende der Blütenröhre sitzt, ist auffallend sternförmig. Die Blütezeit beginnt in der Mitte des Sommers und dauert bis in den Herbst hinein; oft blüht die Pflanze noch, wenn sie relativ früh eingeräumt wird, denn sie kommt nur schlecht mit Kälte zurecht.
Weitere Pflegemaßnahmen siehe *Jasminum*.

○ 10 °C

Jasminum nitidum

Jasminum humile 'Revolutum'

Jasminum polyanthum

ZIMMERJASMIN

Bereits während der Wintermonate wird *Jasminum polyanthum* überall blühend angeboten. Aber hierzu mußten die Züchter diese wintergrüne Kletterpflanze „zwingen“, denn auch *Jasminum polyanthum* aus dem westlichen China blüht von Natur aus im Sommer. Die Blüten duften so stark, daß dieser Jasmin das ganze Haus mit seinem Duft erfüllen kann. Diese Art ist eine recht anspruchslose, sommerblühende Topf- bzw. Kübelpflanze.

Jasminum polyanthum

Zieht man diesen Jasmin als Zimmerpflanze, wird er meist nach der Blüte kräftig wachsen und möglicherweise danach nicht mehr blühen. Behandelt man ihn allerdings wie eine Kübelpflanze, erhöhen sich die Chancen auf erneute Blütenbildung. Lassen Sie die Pflanze (blütenlos) über den Sommer wachsen und schneiden Sie diese im Herbst nach Bedarf. Stellen Sie den Jasmin im Winter an einen hellen, kalten Platz und geben Sie dann weniger Wasser. Sorgen Sie dafür, daß die Pflanze einige Zeit bei Temperaturen unter 10 °C verbringt. Das ist das Geheimnis einer erneuten Blütenpracht.

○ 0 °C

Jasminum sambac

Diese Jasmin-Art, die manchmal auch arabischer Jasmin genannt wird, kommt ursprünglich vermutlich aus Indien und wird zur tropischen Flora gerechnet. Die herrlich duftenden, rahmweißen Blüten werden in östlichen Ländern unter anderem dazu verwendet, um Tee anzusetzen.

Dieser Jasmin blüht zwar nicht so reichlich, dafür aber umso länger, ab Frühling bis tief in den Herbst hinein bildet er Blüten. Die Kletterpflanze wächst relativ langsam und ist dadurch besser in Zaum zu halten als

Jasminum sambac

einige der anderen Jasmin-Arten. Wegen der tropischen Herkunft muß man die Pflanze natürlich ziemlich warm überwintern.

○ 10 °C

Juanulloa aurantiaca

Siehe: *Juanulloa mexicana*

Juanulloa mexicana

In Mittel- und Südamerika entwickeln sich hoch in den Bäumen die orangefarbenen Blütentrauben von *Juanulloa mexikana*. Dieser kurze Strauch wurzelt nicht am Boden, sondern oben auf dem Baum. Ursprünglich dachte man, daß dieser Strauch am Baum parasitieren würde, daher kommt vermutlich auch der veraltete Name *Juanulloa parasitica*. Aber man hat festgestellt, daß sich seine Wurzeln nur an der Wirtspflanze festhalten, die Pflanze wächst epiphytisch.

Als Kübelpflanze läßt sich *Juanulloa* in normaler, humusreicher Blumenerde ziehen. Stellen Sie den Topf im frühen Sommer an einen möglichst warmen, sonnigen und geschützten Platz, denn nur dann wird die tropische Pflanze im Spätsommer zur Blüte kommen. Die Blüten stehen auf kurzen Blütenstielen beieinander. Die länglichen, orangefarbenen Knospen sind etwas geflügelt, so daß eine längliche Form entsteht. Die Knospen entfalten sich am vorderen Ende und geben die röhrenförmige, orange Blüte frei, die entsprechend ihrer Form und Farbe wohl von Vögeln bestäubt werden muß.

Es stellt sich die Frage, ob *Juanulloa* als Kübelpflanze überleben wird. Wenn es den Raritätensammlern nicht gelingt, sie zur Blüte zu bringen, sollte man die Pflanze in ein tropisches Gewächshaus bringen, dort wird die Pflanze seit 1840 erfolgreich kultiviert und zur Blüte gebracht.

Gießen Sie im Sommer reichlich, aber sorgen Sie unbedingt auch für eine perfekte Dränage.

Juanulloa mexicana

Justicia carnea

Temperaturen unter 10 °C sind nicht erwünscht und deshalb muß diese wintergrüne Pflanze mit ihren 10 bis 20 cm langen Blättern bereits frühzeitig eingeräumt werden. Geben Sie ihr ein helles Winterquartier und halten Sie die Temperatur bevorzugt um 15 °C. Im Winter braucht sie nur ganz wenig Wasser, im Frühjahr können die Triebe stark zurückgeschnitten werden, bis ungefähr zwei Blattpaare übrig bleiben.

○ 10 °C

Juanulloa parasitica

Siehe: *Juanulloa mexicana*

Justicia carnea

Immer häufiger sieht man die Zimmerpflanze *Justicia carnea* (meist unter dem Namen *Jacobinia carnea* angeboten) im Sommer im Freiland stehen. In Wohnräumen ist es für diesen Zierstrauch aus dem nördlichen Südamerika häufig zu trocken. Er kann ungefähr 2 Meter empor wachsen. Sein Artname *carnea* verweist auf die fleischfarbenen Blüten, die ab Mitte des Sommers bis in den Herbst hinein an der Pflanze erscheinen. Züchter nehmen im Herbst Stecklinge, und bringen auf diese Weise ab April blühende Exemplare auf den Markt.

Im Juni kann *Justicia* ohne Gefahr ins Freie. Sie steht gerne warm, aber nicht in der brennend heißen Sonne. Wenn man ihr reichlich Wasser und gelegentlich etwas Dünger gibt, werden die Triebe schnell eine Kugel aus dunkelgrünen, glänzenden Blättern bilden. Nach der Blüte stellt man das Düngen ein. Die Pflanze härtet nun ab und muß selbstverständlich, bevor die Nächte kälter werden, wieder eingeräumt werden.

Im Winter steht *Justicia* bevorzugt relativ trocken, hell und möglichst bei einer Temperatur um 15 °C. Sollte sie viele Blätter verlieren, wodurch die Pflanze auf Dauer von unten her verkahlt, verjüngt man sie dann im zeitigen Frühjahr. Nehmen Sie im Februar-März halbverholzte Kopfstecklinge, stecken Sie diese in warme, feuchte Erde und decken Sie das Ganze mit Plastikfolie ab. Die jungen Pflänzchen können noch im selben Jahr blühen.

Neben den rosa- bis fleischfarben blühenden Sorten gibt es auch eine rein weiße Sorte, die aber nicht unter einem eigenen Namen verkauft wird.

○ 10 °C

Justicia ovatica

Siehe: *Dicliptera suberecta*

Kalanchoe manginii

MADAGASKARGLÖCKCHEN

Kalanchoe manginii stammt aus Madagaskar. Die kurzen Triebe enden manchmal in Blütenstengeln, an denen Glöckchen hängen. *K. manginii*-Formen sind grazil mit überhängendem Wuchs und damit ausgezeichnete Ampelpflanzen oder auch Bodendecker.

Aus der botanischen Art wurde die Form *Kalanchoe manginii* 'Tessa' gewonnen, eine populäre Hängepflanze für einen hellen Platz in Wohnräumen oder auf der Terrasse. Die Blütenbildung erfolgt ausschließlich im Kurztag (d.h. 6 Wochen lang nur 8 - 10 Stunden Licht pro Tag bei einer Temperatur von etwa 15 °C). Deshalb blüht diese sogenannte Kurztagpflanze bei uns im Herbst, Winter oder im zeitigen Frühjahr. Während der Blüte sollten Sie die Pflanze in einem Wohnraum aufhängen.

Nach der Blüte braucht die Sorte 'Tessa' eine Ruhephase. Während dieser Zeit braucht die Pflanze kaum Wasser und wird kühl und hell gestellt. Nach ein paar Monaten gibt man ihr wieder mehr Wasser und

Wärme und kann möglicherweise erneut die Blütenpracht genießen.

○ 5 °C

Kennedia coccinea

Die schnellwachsenden Triebe dieser australischen Kletterpflanze verholzen und können auf Dauer die ganze Pflanze tragen. Auf diese Weise gezogen, wächst sie zu einem lockeren Strauch oder niedrigen Bäumchen von ungefähr 2 Meter Höhe mit überhängenden Zweigen heran. Bereits die dreizähligen, graugrünen Blätter sind attraktiv genug, um sich für diese Kübelpflanze zu entscheiden. Im Sommer entwickeln sich aber auch noch glänzende, grellrote Schmetterlingsblüten, die man auf Augenhöhe genießen kann. An den Blütenzweigen hängen durchsichtige Nektartröpfchen, in denen sich das Sonnenlicht wunderhübsch reflektiert. Diese Honigtauabscheidung dient dazu, Ameisen von den Blüten wegzuhalten, denn der Nektar in den Blüten ist für fliegende Insekten reserviert. Sie sorgen für eine intensive Kreuzbestäubung, indem sie die Pollen zu anderen Pflanzen bringen. Ameisen müssen mit dem süßen Honigtau zufrieden sein.

Ziehen Sie *Kennedia* in einem geräumigen Topf mit sandiger Erde und sorgen Sie für eine Kletterhilfe. Während des Sommers sollte die Pflanze sonnig und warm stehen, gießen Sie normal. Das Winterquartier

Kennedia coccinea

muß hell, luftig, kühl und fast trocken sein, obwohl die Erde während dieser Periode nicht vollständig austrocknen darf.

Die Vermehrung der Pflanze erfolgt durch Stecklinge, die man im Sommer nimmt. Diese werden in Anzuchterde bei Zimmertemperatur nach einigen Wochen wurzeln. Auch Aussaat ist möglich. Wenn Sie Samen verwenden möchten, sollten Sie diese vorbehandeln. Tauchen Sie die Samen in kochendes Wasser, wonach man sie über 24 Stunden in dem sich abkühlenden Wasser quellen läßt. Die Aussaat sollte bevorzugt im Frühling bei einer Bodenwärme von rund 20 °C durchgeführt werden.

○ oder ● 5 °C

Kalanchoe manginii 'Tessa'

Lagerstroemia indica

Die Blüten von *Lagerstroemia indica* sind märchenhaft schön. Gekräuselte, rosa Blütenblätter sitzen an Stielen, hierzu bilden die gelben Staubfäden einen aparten Kontrast. In einem Gewächshaus oder einem Kalthaus kommt diese altmodische Kübelpflanze im Spätsommer reich zur Blüte.
Im Freiland braucht *Lagerstroemia* einen warmen Standort, dort wird sie ab August Blüten entwickeln. Trotzdem kann man die Blüten noch über einen langen Zeitraum genießen, denn der ostasiatische Strauch verträgt leichten Frost und wird deshalb erst spät ins Haus gestellt. Im Herbst werden die Blätter abfallen und jetzt sollten Sie den Strauch kräftig zurückschneiden.
Hält man die Pflanze im Winter dunkel, kühl und relativ trocken, wird sie diese Periode gut überstehen. Im Frühjahr im Haus entwickelte Triebe sind oft schwach und werden im späten Frühling besser abgeschnitten. Im Freiland beginnt für *Lagerstroemia* im Frühjahr ein Kampf gegen die Uhr. Sorgen Sie am Anfang für zusätzlichen Dünger und durchlässige Erde, die möglichst etwas Sand und Lehm enthalten sollte. Ab Ende Juni gibt man keinen stickstoffhaltigen Dünger mehr, da dieser nur stärkeren Wuchs und keine Blütenbildung fördert. Die Blüten dieser Art sind rosa, die von zahlreichen Zuchtformen auch ziegelrot, dunkelrot, purpur, lavendelfarben und weiß.

✹ -5 °C

Lagerstroemia indica

Links: *Lantana camara*

Lagunaria patersonii

In den Parkanlagen auf Madeira und den Kanarischen Inseln wächst ein prächtiges Ziergehölz. Monatelang folgt eine Blüte auf die andere. Sie ähneln denen von *Hibiscus*, einer Pflanze, mit der diese Bäume auch verwandt sind. „Hibiscus von Norfolk Island" wird diese Pflanze in England genannt, nach einem der ursprünglich natürlichen Standorte im Großen Ozean, östlich von Australien. Durch Schnittmaßnahmen kann man diese prächtige Kübelpflanze strauchartig halten. Man wird dann ein Format von ungefähr 1,5 m Höhe und 1 m Breite erzielen.
Die lederartigen Blätter bleiben über den Winter an der Pflanze sitzen, so daß ein helles Winterquartier

Lagunaria patersonii

benötigt wird. Aber da die Pflanzen dort auch kühl und luftig stehen müssen (5 bis 10 °C), empfinden viele Kübelpflanzenliebhaber die Form der Überwinterung als problematisch. Höhere Temperaturen in Kombination mit feuchter Luft können Spinnmilbenbefall verursachen. Geben Sie im Winter nur äußerst sparsam Wasser und sprühen Sie die Pflanzen im Frühjahr.
Im Sommer ist ein warmer, sonniger Platz für die

Pflanzen ideal. Geben Sie regelmäßig, aber mäßig Wasser.

○ 2 °C

Lantana camara

WANDELRÖSCHEN

Bei *Lantana camara* handelt es sich bestimmt um eine der robustesten und anspruchslosesten Kübelpflanzen. Ursprünglich kommt die Pflanze aus den südamerikanischen Tropen. In anderen warmen Regionen, wie z.B. in Afrika, wird sie als Zierpflanze im Garten gezogen, aber dort ist sie häufig verwildert und hat sich fast schon zu einer Plage entwickelt. Die Pflanze

Lantana camara

wird oft einjährig angeboten, kann aber leicht überwintert werden und mit ein bißchen Geduld entsteht aus einem kleinen Pflänzchen ein üppiger, reichblühender Strauch.

Bei uns werden ausschließlich Zuchtformen der Art angeboten, die deshalb eigentlich Lantana-Camara-Gruppe heißen müßten. Sie wachsen zu Sträuchern von ungefähr 1,5 m Höhe und 1 m Breite heran, aber durch die entsprechenden Schnittmaßnahmen kann man sie auch als kleine Bäumchen ziehen. Zu lang ausgewachsene Haupttriebe werden entspitzt, Seitentriebe entfernt, und auch die Neutriebe am Stamm müssen konsequent abgeschnitten werden. Wenn man dies regelmäßig durchführt, wird sich der junge Stamm oben buschig ausbilden, vor allem, wenn man die jungen Triebe noch ein paarmal entspitzt.

Lantana wächst so schnell, daß ein im Frühjahr bewurzelter Steckling noch im selben Sommer Blüten entwickeln kann. Reichlich Wasser, viel Dünger und gut durchlässiges Substrat sind die wenigen Dinge, die das Wandelröschen braucht.

Die Blätter von *Lantana* sind oval, länglich und behaart. Wenn man sie beschädigt, verströmen sie

Lantana camara

einen Duft. Die orangegelben Blüten verfärben sich nach Braunrot.

Die zahlreichen Sorten, die im Laufe der Zeit entstanden, haben weiße, gelbe, rosa oder lila Blüten, oft auch eine Kombination aus zweien dieser Farben. Die unreifen Früchte, die nach der Blüte erscheinen, sind giftig und sollten deshalb besser frühzeitig entfernt werden.

Das Wandelröschen kann nach dem letzten Nachtfrost ins Freiland, am besten an einen sonnigen Platz. Holen Sie die Pflanze vor dem ersten Nachtfrost wieder ins Haus, so daß die Pflanze möglichst lange im Freiland abhärten kann. Über den Winter hält man *Lantana* relativ trocken. Ein heller Standort und Temperaturen möglichst um 10 °C sorgen für ein gutes Winterquartier. Wenn man die Pflanze dunkel wegstellt, wird ein großer Teil der Blätter abfallen, und dies bewirkt,

Lantana camara

daß sie im Frühjahr erst wieder langsam in Gang kommt. Drastische Schnittmaßnahmen im zeitigen Frühjahr sorgen für ein buschiges Wachstum im Sommer.

○ oder ● 2 °C

Lantana camara 'Aloha'

WANDELRÖSCHEN

Als Ausgangspflanzen für die Herstellung neuer Zuchtformen wurden hauptsächlich *Lantana camara* und *Lantana montevidensis* verwendet. *Lantana* 'Aloha' wird zwar zur Camara-Gruppe gerechnet, wächst aber deutlich niedriger und eher hängend, wie *Lantana montevidensis*. Das prächtige Gelbgrün in Kombination mit den grünen Blättern wirkt hauptsächlich in Hängekörben sehr attraktiv. Sorgen Sie bei dieser Sorte dafür, daß die Blätter über den Winter an der Pflanze bleiben.
Für die weitere Pflege siehe *Lantana camara*.

○ 5 °C

Lanta camara 'Aloha'

Lantana montevidensis

Lantana montevidensis darf eigentlich nicht Wandelröschen heißen, denn die Blütenfarbe verändert sich normalerweise während der Blüte nicht. Nur sehr kalte Nächte im Herbst bewirken, daß sich die Blüten mehr nach Rosa verfärben. Unter normalen Bedingungen sind die Blütenköpfchen lila bis violett gefärbt, oft auch haben sie einen kontrastierenden, hellen Fleck im Zentrum jeder Blüte. Dieser helle Punkt hilft Schmetterlingszungen bei ihrer Suche nach Nektar, denn wie bei *Lantana camara* werden die Blüten gerne von Schmetterlingen besucht.
Lantana montevidensis wächst eher in die Breite als in die Höhe, die Zweige sind zart und hängen herab.

Lantana montevidensis

Meist wird der Strauch in einem großen Topf oder einem Korb aufgehängt oder erhöht gestellt, so daß die halb hängende Wuchsform besser zur Wirkung kommt. Die Pflanze blüht bei genügend Feuchtigkeit und regelmäßiger Düngung den ganzen Sommer über. Für die Versorgung siehe *Lantana camara*.

○ oder ● 5 °C

Lantana sellowiana

Siehe: *Lantana montevidensis*

Lapageria rosea

Lapageria ist die Nationalblume von Chile. Diese Kletterpflanze wächst an feuchten Waldhängen. Auf der Westseite der Anden ist die Luft frisch, und deshalb steht *Lapageria* gerne den Sommer über im Freiland. Ein im Gewächshaus stehendes Exemplar muß häufig gelüftet werden, sonst sind die Pflanzen hoch-gradig durch den Befall von Spinnmilben und Wolläusen gefährdet.
Im Freien steht die Pflanze gerne sehr hell, aber nicht allzu sonnig – ein Platz in der vollen Morgen- oder Abendsonne wäre ideal. In der Mitte des Tages wächst die Kletterpflanze (die wegen ihres langsamen Wachstums an einem einfachen Gerüst aus Holzstäben gezogen werden kann) am liebsten im lichten Schatten von Bäumen, von Sträuchern oder von anderen Kübelpflanzen. Dort steht *Lapageria* auch gut an der Luft und die Luftfeuchtigkeit bleibt hoch. Die ideale Sommertemperatur liegt zwischen 15 und 25 °C.
Die Pflanze braucht einen lockeren, humosen Boden, der neben Sand und Torf auch möglichst etwas Lehm enthalten sollte. Geben Sie *Lapageria* immer dann Wasser, wenn das Substrat abgetrocknet ist und düngen Sie nur im Frühjahr und zu Beginn des Sommers. Versorgt man die Pflanze auf diese Weise, entwickeln

Lapageria rosea

sich im späten Sommer und im Herbst zwischen den grünglänzenden Blättern prachtvolle, längliche Blüten. Diese bestehen aus rosaroten Blütenblättern, die oft fleckig gemustert sind, und können 7 bis 10 cm lang werden. Nach heißen Sommern können sich im Herbst längliche gelbe Früchte entwickeln, die ungefähr 4 cm lang sind, sie enthalten zahlreiche Samen und sind eßbar.

Obwohl *Lapageria* im Boden ausgepflanzt einige Grad Frost vertragen kann, muß sie im Topf oder Kübel vor dem Frost eingeräumt werden. Die Blätter bleiben an der Pflanze sitzen, so daß ein helles Winterquartier benötigt wird. *Lapageria* verträgt trockene Luft nur sehr schlecht und steht deshalb besser etwas kühler, möglichst bei einer Temperatur, die zwischen 5 und 14 °C liegt. Im Winter muß die Pflanze fast nicht gegossen werden.

Von der Pflanzengattung *Lapageria* existiert nur eine Art, *Lapageria rosea*, von dieser Pflanze gibt es eine weißblühende Varietät: *Lapageria rosea* var. *alba*. Daneben wurden, vor allem in Chile, zahlreiche Zuchtformen gezogen mit unterschiedlichen Blütenfarben. Die bekanntesten sind 'Flesh Pink', mit fleischfarbenen Blüten, und 'Nash Court', die karminrote Blüten mit einer dunkleren Marmorierung trägt.

○ 5 °C

Laurentia axillaris 'Blue Stars'

Bevor eine neue Pflanze auf den Markt gebracht wird, sollte man erst einmal abwarten, ob sie die Hoffnungen auch erfüllen kann. Bei der kleinen *Laurentia*, die oft auch *Solenopsis* oder *Isotoma* genannt wird, ist dies wahrscheinlich der Fall. Die Pflanze bleibt kompakt und ist mit typischen, länglichen Blättchen dicht besetzt. Die ganze Pflanze wird ungefähr 10 cm hoch und 15 cm breit.

Während der langen Blütenperiode (von Anfang Juni bis zum ersten kräftigen Frost) erscheinen zwischen dem Blattgrün stets wieder neue, violettblaue Blütchen. Sie sind länger als breit, mit einer langen Blütenröhre und fünf Kronblättern, die miteinander ein kleines Sternchen ausbilden (daher kommt vermutlich der Name 'Blue Stars'). In einem Balkonkasten oder einem Hängekorb kommen die Pflanzen hübsch zur Geltung.

Diese Staude wird meist wie eine einjährige Pflanze

Laurentia axillaris 'Blue Stars'

behandelt, da sie strengen Frost nicht verträgt. Möchte man eine früh blühende Pflanze (ungefähr ab Mai), dann muß man im Juni-Juli des vorhergehenden Jahres aussäen. Die gekeimten Pflänzchen können in milden Wintern im Freiland überwintern (mit etwas Schutz vor Frost), aber man stellt sie besser ins Haus in ein kühles, helles Zimmer, oder, wenn vorhanden, in ein Gewächshaus oder Kalthaus. Möchte man eine Blüte im Spätsommer, dann wird im Januar-Februar ausgesät.

Die meisten Pflanzenliebhaber werden *Laurentia* als einjährige Pflanze kaufen, trotzdem ist es auch möglich, sie hell und kühl zu überwintern. Gießen Sie *Laurentia* während der Wachstumsphase reichlich, aber sorgen Sie dafür, daß überflüssiges Wasser gut abfließen kann. Ein Exemplar in feuchter Erde darf zwar in die volle Sonne, aber um die Mittagszeit steht sie besser im lichten Schatten.

(1)

Laurus azorica

LORBEER

Auf Madeira, den Kanarischen Inseln und den Azoren wachsen die Reste eines Waldtyps, der auf dem europäischen Festland während der Eiszeit ausgestorben ist: *Laurussilva*, oder auch Lorbeerwald. Neben der typischen Art *Laurus azorica* wachsen in ihm auch zahlreiche Bäume, Stauden und Moose, die ansonsten nur in den feuchten Bergwäldern obengenannter Inselgruppen vorkommen. Als Folge des temperierten Klimas, das durch die Ozeane bewirkt wird, friert es dort nicht.

Laurus azorica steht im Sommer gerne im Freien an einem halbschattigen Platz. In normale Blumenerde gepflanzt gießt man ihn regelmäßig, dann wird er sich gut entwickeln. Die Pflanze braucht nicht gedüngt zu werden. Holen Sie den wintergrünen Strauch rechtzeitig vor den ersten Nachtfrösten ins Haus. Ein heller, kühler Wohnraum, in dem die Luftfeuchtigkeit nicht zu stark absinkt, wäre ein perfekter Überwinterungsplatz für diese Pflanze. Aber sobald das Thermometer über die Null-Grad-Linie ansteigt, stellen Sie den Strauch wieder ins Freiland.

Die Blätter von *Laurus azorica* duften nicht und lassen sich auch nicht als Küchenkräuter verwenden. Diese Art bieten normalerweise nur spezialisierte Züchter an.

○ 2 °C

Laurus azorica

Laurus canariensis

Siehe: *Laurus azorica*

Laurus nobilis

Laurus nobilis

LORBEER

Wegen seiner duftenden Blätter ist der gewöhnliche Lorbeer *Laurus nobilis* bereits seit alters her eine äußerst beliebte Pflanze. Zur Römerzeit wurden die siegreichen Feldherren mit einem Kranz aus Lorbeerblättern geehrt, den sie stolz auf ihrem Haupt trugen.

Der immergrüne Strauch wächst ursprünglich im Mittelmeergebiet.

Im späten Mittelalter gehörte der Lorbeer zu einer der ersten Pflanzen, die in nördlichen Ländern als Kübelpflanzen gezogen wurden.

Laurus nobilis läßt sich recht unproblematisch in alle möglichen Formen schneiden. Gegenwärtig stehen häufig an der Eingangstüre von Häusern zwei Lorbeersträucher, die zu einer Pyramide, zu einem Kegel oder einer Kugel geschnitten oder als Hochstämmchen gezogen wurden.

Die Sträucher stellen nur wenig Ansprüche an den Standort und den Boden. Verwenden Sie einen großen Kübel, so daß die Pflanze nicht so schnell umgeweht werden kann und sorgen Sie für eine perfekte Dränage, um Wurzelfäulnis zu verhindern.

Im Boden ausgepflanzt verträgt der Lorbeer bis -10 °C. Ein Exemplar im Kübel muß bei lang anhaltendem, leichtem Frost und bei kurzen, strengeren Frostperioden ins Haus geholt werden. Stellen Sie den Strauch hell (in Notfällen auch dunkler), luftig und kühl und geben Sie ihm kaum Wasser. Sobald es die Witterung zuläßt, muß der Lorbeer wieder möglichst schnell ins Freiland.

Im Frühjahr entwickeln sich seine hellgelben Blüten. Sie sind eingeschlechtlich, so daß man sowohl einen männlichen als auch einen weiblichen Strauch braucht, damit die Blüten bestäubt werden können. Genießen Sie im Herbst den schwarzen Beerenschmuck.

○ oder ● -5 °C

Lavandula angustifolia

LAVENDEL

Der Lavendel stammt aus dem westlichen Teil des Mittelmeergebietes, kommt aber trotzdem mit unseren Wintern zurecht. Selbst im Topf kann er in nicht allzu strengen Wintern im Freiland bleiben. Bei mehr als 10 Grad Frost müssen die Wurzeln geschützt werden, zum Beispiel, indem man den Topf mitsamt der Pflanze in einem Loch im Garten eingräbt und alles mit Nadelzweigen oder Stroh abdeckt.

Lavandula angustifolia

Im Sommer stehen die gräulichen Sträucher am liebsten in der vollen Sonne. Das ideale Substrat ist locker, sandig und mit etwas kalkreichem Lehm vermischt, aber auch in normaler Gartenerde wachsen die bei uns gezogenen Pflanzen recht gut. Sorgen Sie für eine gute Dränage und gießen Sie erst dann, wenn die Erde auch gut abgetrocknet ist, denn der Lavendel hält nichts von einem nassen Wurzelballen. Ansonsten ist diese Pflanze vollkommen unproblematisch und ab Spätsommer können Sie die Ähren duftender blauer Blümchen genießen. Schneiden Sie an einem warmen Tag ein kleines Büschel davon ab und hängen Sie es zum Trocknen auf. Es wird dann einen herrlichen Lavendelduft verströmen.

❄

Lavandula officinalis

Siehe: *Lavandula angustifolia*

Lavatera acerifolia

Siehe: *Lavatera maritima*

Lavatera arborea

BAUMMALVE

Die Zweige der Baummalve verholzen zu einem knolligen Stamm mit dicken Seitenästen. An den zahlreichen Trieben erscheinen bereits im ersten Sommer nach der Aussaat zahlreiche lila Blüten mit auberginefarbigen Streifen im Zentrum. Auf sie folgen die typischen, malvenartigen Früchte. Die Pflanze ist zweijährig und kann relativ einfach durch Samen vermehrt werden. Stellen Sie die Baummalve in einen großen Kübel oder Topf, den Sie mit lockerer, sandiger Erde gefüllt haben. Gießen Sie mäßig und geben Sie keinen Dünger. Den Topf stellen Sie an einen sehr sonnigen Platz, dort werden die Blätter graugrün bleiben. Im Winter bevorzugt die Pflanze einen hellen Platz im Haus.

Lavatera arborea

○ 0 °C

Lavatera bicolor

Siehe: *Lavatera maritima*

Lavatera maritima

BUSCHMALVE

In Gartencentern oder spezialisierten Betrieben kann man *Lavatera maritima* manchmal auch unter dem Namen *Lavatera acerifolia* und *Lavatera bicolor* finden. Der letztgenannte Name verweist auf die Zweifarbigkeit dieser Pflanze. Gerade weil diese Art wesentlich fragiler wächst als die anderen *Lavatera*-Arten, eignet sich die rund 1 Meter hohe *Lavatera maritima* für die Topfkultur ausgezeichnet. Ein lockeres Substrat, mittelmäßige Feuchtigkeit und ein sonniger Standort im Sommer sind alles, was die Pflanze braucht. Im Winter hat sie gerne einen hellen Platz und recht trockene Erde. Wenn man die Buschmalve im zeitigen Frühjahr zurückschneidet, fördert man eine hübsche, kompakte Wuchsform.

○ 0 °C

Lavatera olbia

Siehe: *Lavatera thuringiaca*

Lavatera thuringiaca 'Rosea'

Lavatera thuringiaca

BUSCHMALVE

Diese Buschmalve (die gegenwärtig offiziell *Lavatera olbia* genannt wird) wird leicht 2 Meter hoch und

Lavatera maritima

kann deshalb nur in einem wirklich großen Topf oder Kübel gezogen werden. In Gebieten mit einem milden Klima ist diese Art im Boden ausgepflanzt winterhart (bis ungefähr -10 °C).
Verwenden Sie ein lockeres Substrat, gießen Sie normal und düngen Sie nicht. Auf diese Weise bildet der Strauch nicht so viele Blätter aus, aber umso mehr Blüten. Die Blüten der populären Zuchtform *Lavatera* 'Rosea' sind dunkelrosa. Im Winter hält man die Pflanze eher trocken und stellt sie an einen kühlen, vor allem hellen Platz.

○ 0°C

Leonotis leonurus

Diese südafrikanische, krautige Pflanze kann bis 2 Meter hoch werden und blüht im späten Sommer und Herbst mit Kränzen orangefarbener Blüten. Wenn die Gefahr für Frost im Frühjahr vorüber ist, stellt man die Pflanze an einen sonnigen, geschützten Platz ins Freiland.
Da *Leonotis* feuchte, nährstoffreiche Erde braucht, muß man regelmäßig gießen und düngen. Ungefähr ab

Leonotis leonurus

August entwickeln sich von unten nach oben stets neue Blütenkränze und die Pflanze wird vermutlich noch in voller Blüte stehen, wenn man sie nach dem ersten Nachtfrost ins Haus stellt.
Die Blüten von *Leonotis leonurus* var. *alba* und die der Zuchtform 'Harrismith White' sind natürlich weiß. Lassen Sie die Pflanze an einem kühlen Platz überwintern und halten Sie das Substrat während dieser Periode fast trocken. Da die Blätter trotzdem abfallen werden, ist ein helles Winterquartier eigentlich nicht unbedingt notwendig. Schneiden Sie die Pflanze im Frühjahr kräftig zurück und topfen Sie *Leonitis* anschließend in frische Erde.

○ oder ● 0 °C

Leonotis ocymifolia

Siehe: *Leonotis leonurus*

Leptospermum citratum

Siehe: *Leptospermum petersonii*

Leptospermum petersonii

Neben der bekannten Art *Leptospermum petersonii*, die in fast jedem Gartencenter gekauft werden kann, gibt es noch weitere, zahlreiche hübsche *Leptospermum*-Arten, die in der Regel nur von spezialisierten Kübelpflanzenzüchtern angeboten werden: *Leptospermum polygalifolium* (besser bekannt als *L. flavescens*), *Leptospermum laevigatum, Leptospermum lanigerum* (diese Art ist am wenigsten frostempfindlich), *Leptospermum rupestre* und *Leptospermum petersonii* (besser bekannt als *Leptospermum citratum*). Alle diese Pflanzen sind, jede auf ihre Weise, prächtige Kübelpflanzen.
Die letztgenannte Art stammt ursprünglich aus dem östlichen Australien. Sie wächst eher locker, trägt im Sommer weiße Blüten und ihre Blätter duften nach Zitronen. *Leptospermum petersonii* verträgt keinen Frost, wird aber auf die gleiche Weise behandelt wie *Leptospermum scoparium*.

○ 2 °C

Leptospermum petersonii

Leptospermum scoparium

In Australien, Neuseeland und Tasmanien entwickelt sich *Leptospermum scoparium* zu einem breiten Strauch oder auch zu einem niedrigen Baum. Bei uns wird diese Art auch häufig als Zimmerpflanze angeboten. Aber hier ist nicht der richtige Platz für diese Pflanze. Sie steht nämlich bevorzugt in der frischen Luft und sie wird nur nach einer kühlen Überwinterungsphase wieder Blüten ausbilden.
Stellen Sie die Pflanze ins Freie, zur Not auch auf einen windigen Balkon, aber auf jeden Fall in die frische Luft, in die volle Sonne oder in den Halbschatten. An den Küstenregionen Englands wird diese Art als Windschutz verwendet, denn *Leptospermum* ist gegenüber starkem Wind gut beständig.
In einem Topf steht die Pflanze gerne in lockerem, sauerem Substrat – ideal ist eine Erdmischung für Heidegewächse. Geben Sie nicht zu viel Wasser, aber lassen Sie den Wurzelballen auch nicht austrocknen. Obwohl die Pflanze im Boden ausgepflanzt 10 Grad Frost verträgt, muß sie in einem Topf nach dem ersten Frost in einen hellen, kühlen Raum im Haus gestellt werden. Ideal ist ein unbeheiztes Gewächshaus oder ein Kalthaus, denn die Pflanze braucht eine kühle Phase (unter 10 °C), um Knospen entwickeln zu können. Im Winter gibt man der Pflanze nur wenig Wasser, bis sie im zeitigen Frühjahr wieder ins Freiland gestellt wird. Dort wird sie im Frühjahr üppig blühen, mit weißen bis rosa überhauchten Blütchen.
Aus dieser Art wurden zahlreiche Zuchtformen mit Blüten in allen möglichen Schattierungen zwischen weiß, hellrosa und karminrot, gewonnen. Manchmal sind sie einfachblütig, mit fünf Blütenblättchen, in anderen Fällen gefüllt, wobei sie allerdings ihre Zierlichkeit verlieren.

○ 0 °C

Leptospermum scoparium

Leptospermum scoparium

Ligularia tussilaginea

Siehe: *Farfugium japonicum*

Ligustrum coriaceum

Siehe: *Ligustrum japonicum* 'Rotundifolium'

Ligustrum japonicum

LIGUSTER

Neben dem einheimischen *Ligustrum vulgare* und dem japanischen Liguster, *Ligustrum ovalifolium*, beides sind Pflanzen, die gegenwärtig gerne als Heckenpflanze verwendet werden, gibt es auch immergrüne *Liguster*-Arten, die sich ausgezeichnet für Kübel oder größere Töpfe eignen. *Ligustrum japonicum* ist die bekannteste Art. Von Natur aus wächst sie in Japan

Ligustrum japonicum 'Rotundifolium'

Ligustrum japonicum 'Texanum'

und Korea, aber auch bei uns wird sie manchmal im Sommer und ebenfalls im Winter im Freiland gezogen, aber dann braucht die Pflanze in strengen Wintern natürlich Winterschutz.

Ein Exemplar im Topf muß bei leichtem Frost ins Haus, dort sucht man der Pflanze einen kühlen, hellen Platz. Sobald es das Wetter zuläßt, stellt man die Pflanze wieder ins Freie, an einen Platz mit viel frischer Luft. Ein ideales Winterquartier wäre ein unbeheiztes Gewächshaus.

Sehr häufig wird die Sorte *Ligustrum japonicum* 'Rotundifolium' angeboten, weil diese kleinblättrige Form sehr hübsch kompakt wächst (sie wird selten höher als 1 Meter). Eine andere Sorte, *Ligustrum japonicum* 'Texanum', wächst wesentlich höher und hat kräftige, lederartige Blätter und im Spätsommer große Trauben duftender, weißer Blüten.

Stellen Sie diese *Liguster*-Sorten in die Sonne oder in lichten Schatten und gießen Sie normal.

○ -5 °C

Ligustrum lucidum

LIGUSTER

In China, Japan und Korea wächst *Ligustrum lucidum* baumförmig bis zu einer Höhe von 10 Metern heran. Der Strauch verträgt wesentlich weniger Kälte als *Ligustrum japonicum*, und muß deshalb unbedingt beim ersten Nachtfrost ins Haus gebracht werden. Nur wer sehr viel Platz hat, kann diesen hübschen, großblättrigen, wintergrünen Strauch überwintern.

Die Größe der Blätter wechselt stark von Pflanze zu Pflanze. Aus dieser sehr variablen Art wurden zahlreiche Zuchtformen gewonnen, darunter auch die hübsche Sorte *Ligustrum lucidum* 'Excelsum Superbum'. Hierbei handelt es sich um eine buntblättrige Form, deren Blätter sehr apart gezeichnet sind, nämlich dunkelgelb mit weißlichen Flecken.

Für die Versorgung siehe *Ligustrum japonicum*.

○ 0 °C

Ligustrum lucidum

Ligustrum magnoliifolium

Siehe: *Ligustrum lucidum*

Linaria

Siehe: *Cymbalaria*

Lithodora diffusa

STEINSAME

Die Blütchen des Steinsamens sind äußerst klein, haben aber die intensive Farbe von Borretsch, den auch diese Pflanze gehört zur Familie der *Boraginaceae*. Die Blüten entwickeln sich ab Mai bis August aus behaarten Knospen, die sich an den Triebenden der liegenden Zweige befinden. Dieser kleine, kriechende Strauch, der aus dem westlichen Teil von Südeuropa kommt, eignet sich gut als Randbepflanzung von Schalen und Kübeln, aber auch als Solitärpflanze in einem hübschen Topf wirkt die Pflanze ausgezeichnet. Man sollte auch den Stengeln die Gelegenheit geben, über den Topfrand zu hängen. Die Pflanzen wirken so zart, daß in jedem Fall auch der Topf oder das Pflanzgefäß zur Geltung kommt. Möchte man eher einen buschigen Strauch, muß man

Lithodora diffusa 'Heavenly Blue'

die Triebe nach der Blüte im Spätsommer entspitzen. Im Boden ausgepflanzt, verträgt der Steinsame 15° Frost, zumindest, wenn die Erde trocken ist. Eine sandige Erdmischung mit einer guten Dränage ist auch bei Topfkultur das Geheimnis des Erfolgs. Lassen Sie das Substrat immer gut abtrocknen, bevor Sie wieder Wasser geben. Düngung ist überflüssig.

Als Winterquartier wäre ein unbeheiztes Gewächshaus oder ein Kalthaus ideal, aber auch andere, helle, kühle Plätze sind hierfür möglich. Halten Sie die Erde während dieser Periode recht trocken.

Den Steinsamen werden Sie in Pflanzenkatalogen unter den Stauden finden. Dort werden vermutlich auch prächtige Zuchtformen aufgeführt, die im Handel erhältlich sind: die hellblaue *Lithodora diffusa* 'Cambridge Blue', die wesentlich frostempfindlicher ist, als die Art, wohingegen die azurblaue *Lithodora diffusa* 'Heavenly Blue' wesentlich mehr Frost verträgt. Sie kann mitsamt dem Topf an einem trockenen Platz im Garten eingegraben werden.

○ -5 °C ❄

Lithospermum diffusum

Siehe: *Lithodora diffusa*

Lobelia erinus

HÄNGELOBELIE

Im Frühjahr können Sie oft sehr hübsche Zuchtformen von *Lobelia erinus* kaufen, meist unter dem Namen Hängelobelien. Die Stengel hängen wie ein Teppich über den Topfrand und blühen monatelang, zumindest, wenn man nicht vergißt, die Pflanze zu gießen und

Lobelia erinus

regelmäßig zu düngen. Sollten Sie die Pflanze einmal vernachlässigt haben, werden die Stengel holzig und kahl, die südafrikanische Pflanze wird eine Ruheperiode beginnen. Schneiden Sie in diesem Fall die Stengel kräftig zurück und geben Sie wieder ausreichend Wasser und Dünger. Die schnelle Regenerationsfähigkeit dieser Pflanze wird Sie überraschen.
Lobelia erinus eignet sich für Töpfe auf der Terrasse und macht sich auch in Hängekörben und als Unterwuchs von Kübelpflanzen ausgezeichnet. Man kann die Pflanze im Prinzip überwintern, aber es ist einfacher, sie im Frühling wieder neu auszusäen.

(1)

Lobelia 'Richardii'

Die Zuchtform *Lobelia* 'Richardii' sieht genau so aus wie *Lobelia erinus*, wird aber aus Stecklingen gezogen. Diese gesteckte Hängepflanze wächst robuster und blüht wesentlich länger, nämlich bis tief in den Herbst hinein. Aber für diese Vorteile müssen Sie auch bezahlen, denn diese Lobelie ist meist wesentlich teuerer als eine ausgesäte Hängelobelie.
Pflegebedingungen und Versorgung siehe unter *Lobelia erinus*.

(1)

Lobelia 'Richardii'

Lobelia tupa

Lobelia tupa ist eine der allerneuesten Kübelpflanzen und kann deshalb bis jetzt nur bei den echten Spezialisten gekauft werden. Doch es wird vermutlich nicht mehr lange dauern, denn die Pflanze ist sehr auffällig und wird von vielen begeisterten Pflanzenliebhabern weiterempfohlen. Ihr Aussehen ist wirklich etwas Besonderes: Die dunkelroten Blüten kontrastieren im Spätsommer besonders apart mit den graugrünen Blättern.

Lobelia tupa

Die Pflanze stammt ursprünglich aus Chile und steht bevorzugt an dem sonnigsten und wärmsten Platz Ihres Gartens. Füllen Sie den Topf oder Kübel mit normaler Erde und geben Sie der Pflanze regelmäßig Wasser. Auf diese Weise verträgt sie im Herbst etwas Frost. Aber anschließend wird auch dieses Juwel ins Haus an einen kühlen, hellen und möglichst luftigen Platz geräumt. Ideal wäre ein Gewächshaus oder ein Kalthaus. Geben Sie nur so viel Wasser, daß der Wurzelballen nicht vollständig austrocknet.

○ 0 °C

Lobelia valida

Die Blütchen von *Lobelia valida* ähneln auf den ersten Blick denen von *Lobelia erinus*. Der Unterschied zwischen beiden Pflanzen ist, daß die Triebe von *Lobelia valida* nicht sofort nach unten hängen, sondern erst einen halben Meter aus dem Topf empor wachsen. Die Blüten sind meist blau, häufig mit weißem Auge. Sie

Lobelia valida

erscheinen ab Ende Mai und blühen einige Monate lang von unten nach oben entlang der Stengel.
Die Staude kann durch Aussaat und Stecklinge vermehrt und frostfrei, hell und kühl überwintert werden Im Winter bleiben die Blätter größtenteils an der Pflanze. Während dieser Zeit gießen Sie nur ganz wenig.

○ 2 °C

Lobularia maritima

DUFTSTEINRICH

Der Duftsteinrich ist ein bekannte und äußerst dankbare einjährige Pflanze für Rabattenränder und Blumenschalen. Diese sehr niedrigen, krautigen, kleinen Sträucher blühen ununterbrochen ab Mai bis lange in den Herbst hinein. Die braunen Samen fallen nach der Blüte heraus und keimen im Herbst oder Frühjahr von selbst, hauptsächlich zwischen Steinen und in sandigem Boden.
Ab April kann man sie im Freiland aussäen, in einem Topf im Haus natürlich entsprechend frühzeitiger. Einige Pflänzchen reichen aus, um den den ganzen Sommer über einen Topf voller weißer, duftender Blütchen zu genießen. Setzen Sie die Sämlinge nicht zu dicht nebeneinander.
Der Duftsteinrich eignet sich ausgezeichnet für die Topfkultur. Seine Wurzeln brauchen Wärme und ein durchlässiges, nährstoffarmes Substrat. Seien Sie nicht allzu großzügig mit Wasser und düngen Sie nicht.
Sollte die Blütenentwicklung nachlassen, dann kann man die Pflanze rigoros um die Hälfte zurückschneiden, danach wird sie neue Blätter und neue Blüten bilden.
Aus der weißblühenden Art, die ursprünglich im südlichen Europa wächst, hat man zahlreiche Zwergsorten mit außergewöhnlichen Blütenfarben entwickelt: *Lobularia maritima* 'Avalanche' (reich und frühblühend, durchbrochen weiß), 'Creamery' (niedrig bleibend, elfenbeinfarben), 'Navy Blue' (purpurfarbene Blüten), 'New Apricot' (rahmfarben, mit einem Hauch von aprikot), 'Rosario' (frühblühend, dunkelrosa), 'Rosie O'Day' (entwickelt sich breit, ist duftend, lavendelrosa Blüten), 'Royal Carpet' (duftende, intensiv purpurfarbene Blüten), 'Sneeuwkleed' (weiß).

(1)

Lobularia maritima 'New Apricot'

Lotus berthelotii

Auf den Kanarischen und Kapverdischen Inseln wächst diese Verwandte des Klees als kriechendes Strauchgewächs an sonnenüberfluteten Abhängen. Bei uns sorgt diese Pflanze im Gewächshaus, dem Kalthaus oder an einem warmen, sonnigen Platz im Freien für eine exotische Atmosphäre.
An den zierlichen Zweigen sitzen graugrüne, nadelähnliche Blättchen. Dazwischen entwickeln sich meist zwei, manchmal auch mehr, merkwürdig geformte Blüten. Sie sehen aus wie Schnäbel, die nach oben zeigen. Daher kommt vermutlich der englische Name *parrot's beak* (Papageienschnabel). Die Blütenfarbe variiert von Blutrot nach Orangegelb.
Lotus berthelotii blüht nur an einem sonnigen Platz, aber dann darf die Erde im Topf während der Wachstumsphase nicht vollständig austrocknen. Geben Sie der Pflanze regelmäßig Flüssigdünger oder verwenden Sie einen langsam wirkenden Dünger in Kugelform.
Wenn man sich an diese Regeln hält, erscheinen ab dem späten Frühling bis zum Ende des Sommers stets neue Blüten an den Enden der Triebe, die ungefähr 1 Meter lang werden können.
Stutzen Sie die Pflanze nach der Blüte möglichst bald, so daß sie schön buschig wächst. Im Herbst muß *Lotus berthelotii* in ein helles und trockenes Winterquartier geräumt werden. Das Substrat wird jetzt fast trocken

Lotus berthelotii

gehalten, die Raumtemperatur sollte zwischen 5 und 15 °C betragen. Wenn das Winterquartier zu warm ist, dann wird die Pflanze während der nächsten Saison nur schlecht blühen.
Im Spätsommer kann man die Pflanze über Stecklinge vermehren. Setzen Sie diese in feuchte, sandhaltige Anzuchterde und stellen Sie die Schalen möglichst warm und hell, aber nicht zu sonnig. Es ist auch möglich, *Lotus berthelotii* im Frühjahr im Haus aus Samen vorzuziehen.

○ 5 °C

Lycianthes rantonnetii

Siehe: *Solanum rantonnetii*

Lysimachia congestiflora

WEIDERICH

Die meisten Weiderich-Arten sind recht einfach im Freiland zu ziehen. Wegen ihrer Vorliebe für konstant feuchte Erde kann man sie auch relativ einfach in einem Topf wachsen lassen.
Die ursprünglich chinesische Art *Lysimachia congestiflora* ist bezüglich dieser Neigung eine Ausnahme. Die Art ist erst seit 1991 auf dem Markt, aber die Pflanze wurde bereits recht populär.
Die Stengel von *Lysimachia congestiflora* sind dunkelrosa und hellbraun behaart, ebenso, wie die Unterseite der hell- bis bronzegrünen Blätter. Am Ende der herabhängenden Triebe blühen im Frühjahr, und nach einer Blütenpause manchmal auch im Spätsommer, kompakte Trauben hellgelber Blüten mit einem roten Zentrum. Diese wölben sich sehr hübsch über die Ränder von Töpfen, Körben und Balkonkästen. Trotzdem blüht die Pflanze nicht den ganzen Sommer durch.

Lysimachia congestiflora

Dem Weiderich genügt normale Blumenerde, ein sonniger oder halbschattiger Platz und eine mittelmäßige Menge an Gießwasser.
Obwohl diese wintergrüne Pflanze einige Grad Frost verträgt, stellt man *Lysimachia congestiflora* im Winter besser an einen kühlen, hellen und luftigen Platz ins Haus.
Die Vermehrung dieser Pflanze durch Ableger ist äußerst simpel. Die Stengel von *Lysimachia congestiflora* bilden Luftwurzeln, die in Kontakt mit Erde, ohne daß man eingreifen muß, leicht wurzeln.
Zur Zeit sind auch einige Zuchtformen im Handel erhältlich:
Lysimachia congestiflora 'Lissy', sie weicht von der Art nicht nennenswert ab, und die nagelneue Sorte *Lysimachia congestiflora* 'Outback Sunset', die nicht sehr reichlich blüht, aber sehr hübsche, bunte Blätter besitzt. Die Blätter sind gelbgrün und haben längs des Hauptnervs ein grünes Fleckenmuster.

○ 0 °C

M m

Mackaya bella

Die attraktiven großen Blüten von *Mackaya bella* sollten die Pflanze eigentlich zu einer der beliebtesten Kübelpflanzen gemacht haben, hätte der Strauch nicht auch einige Nachteile: Die Blühperiode von *Mackaya bella* ist recht kurz und die Pflanze wird relativ kompliziert überwintert. Die weißen bis hellvioletten Blüten erscheinen am Beginn des Sommers und blühen ungefähr zwei bis drei Wochen lang.

Da der Strauch den Winter über seine Blätter behält, braucht *Mackaya bella* während dieser Periode einen hellen, luftigen, frostfreien Standort. Sollte die Pflanze trotzdem unterdessen weiterwachsen, schneidet man die dünnen Triebe im Frühjahr einfach ab. Im Sommer steht *Mackaya bella* gerne warm und sonnig, aber unbedingt luftig, bevorzugt in einem Gewächshaus oder einem gut ventilierten Kalthaus, bzw. im Freiland an einem geschützten Platz.

Füllen Sie den Topf oder Kübel mit nährstoffreicher und recht gut durchlässiger Blumenerde, geben Sie der Pflanze reichlich Wasser und während der Wachstumsphase regelmäßig Dünger.

○ 5 °C

Mackaya bella

Malphigia coccigera

An den glänzenden, grünen Blättchen von *Malphigia coccigera* sitzen Stacheln, weshalb dieser maximal 1 Meter hoch wachsende Strauch auch manchmal Zwergilex genannt wird. Die Zweige wachsen relativ kompakt und lassen sich leicht in Form schneiden. Im Laufe des Sommers entwickeln sich an den Ästen hellrosa Blüten mit bewimperten Blättchen.

Ursprünglich wächst der Strauch in der karibischen Region, aber er wird auch in den südlichen Gebieten der Vereinigten Staaten häufig als Heckenpflanze verwendet. Die Pflanze bevorzugt feuchte Wärme und deshalb steht *Malphigia coccigera* bei uns in den wärmsten Monaten am liebsten im Freien an einem sonnigen oder halbschattigen Platz. Geben Sie *Malphigia coccigera* mittelmäßige Wassermengen und sorgen Sie dafür, daß die Wurzeln nicht im Wasser stehen bleiben.

Im Winter steht *Malphigia coccigera* gerne an einem hellen, nicht zu kühlen Platz (ungefähr bei 15 °C). Man sollte der Pflanze dort ab und zu Wasser geben, um die Austrocknung der wintergrünen Blätter zu verhindern.

○ 10 °C

Malphigia coccigera

Malus 'Flamenco'

Malus 'Flamenco'

Selbst in den kleinsten Garten oder auf den winzigsten Balkon paßt ein Apfelbäumchen, zum Beispiel dieser *Malus* 'Flamenco', der sich ausgezeichnet für die Topfkultur eignet. Der Stamm wächst gerade empor und entwickelt kurze Seitentriebe. Auch ohne Schnittmaßnahmen bleiben sie so kurz, daß die Bäumchen nicht kopflastig werden. Dem Wind bieten die Bäumchen nur wenig Angriffsfläche.
Mitte Mai erscheinen die weißrosa Blüten, im Herbst folgen darauf dunkelrote Äpfelchen mit kräftigem Fruchtfleisch. Die Äpfel der Sorte 'Flamenco', die zur Cox-Gruppe gehört, sind im Oktober reif und können danach noch lange aufbewahrt werden.
Ziehen Sie diese Apfelbäumchen in lehmhaltigem, nährstoffreichem und auf jeden Fall gut durchlässigem Substrat. Halten Sie die Erde ständig leicht feucht und geben Sie der Pflanze in der Phase zwischen Blüte und Fruchtreife etwas Dünger. Im Winter kann das Bäumchen im Freien bleiben, aber stellen Sie den Topf während dieser Zeit ans Haus und packen Sie ihn bei strengem Frost mit Stroh oder Noppenfolie ein. Einem Exemplar, das im Freien überwintert, gibt man kein Wasser, wohingegen die Bäumchen im Haus ab und zu etwas Wasser brauchen.
Malus 'Flamenco' ist eine von den sechs Sorten, die unter dem Namen Ballerina auf den Markt gebracht wurden. Unter diesem Namen werden fünf weitere Sorten als Kübeläpfel angeboten: 'Bolero', 'Charlotte', 'Maypole' (ein Zierapfel), 'Polka' und 'Waltz'.

❄

Malva capensis

Siehe: *Anisodontea capensis*

Malva sylvestris

ALGIERMALVE

Die grauen, samtigen Zweige dieser Malvenart aus dem Mittelmeergebiet und Kleinasien können 1 Meter hoch wachsen. Ab der Hälfte des Sommers lassen sich die mauvefarbenen Blüten zwischen den graugrünen Blättern sehen. *Malva sylvestris* ist eine Staude, die oft auch zweijährig gezogen wird. Wenn man die Pflanzen im Frühjahr aus Stecklingen vermehrt, können sie noch im darauffolgenden Sommer wunderhübsch zur Blüte kommen.
Im Boden ausgepflanzt verträgt die Algiermalve an trockenen Plätzen ungefähr 15 Grad Frost. Bepflanzte Töpfe und Kübel müssen im Winter ins Haus, dort sollten sie recht kühl, hell und relativ trocken überwintert werden.
Aus dieser Art wurden einige hübsche Zuchtformen gewonnen, wie *Malva sylvestris* 'Brave Heart', wobei die violette Äderung im Zentrum der hellpurpurfarbenen Blüte zu einem dunkleren Fleck verschmilzt, und die niedrigbleibende Sorte *Malva sylvestris* 'Primley Blue', die im Sommer violette Blüten mit lila Streifen entwickelt.

○ -5 °C

Malva sylvestris 'Primley Blue'

Malvastrum capense

Siehe: *Anisodontea capensis*

Mandevilla 'Aphrodite'

Die bekanntesten der mehr als 100 *Mandevilla*-Sorten werden häufig auch unter dem Artnamen *Dipladenia* zum Kauf angeboten. In den meisten Fällen handelt es sich hierbei um rosablühende Kreuzungen, von denen *Mandevilla splendens* vermutlich ein Elternteil ist. Oberflächlich betrachtet, erinnern die großen Blüten an die von Oleander, aber bei den *Mandevilla*-Sorten sitzen sie zwischen den rankenden Zweigen, die sich nur gut entwickeln, wenn sie minimal 1 Meter hoch klettern können. Die Blüten bilden sich am neuen Holz.

Gönnen Sie dieser Kletterpflanze aus dem tropischen Amerika im Sommer einen sonnigen Platz an der Luft. Wenn man der Pflanze ausreichend Wasser und regelmäßig Dünger gibt, werden sie bis in den Herbst hinein blühen.

Im Winter steht *Mandevilla* 'Aphrodite' bevorzugt an einem hellen, kühlen Platz, bei einer Minimaltemperatur von 10 °C. Schneiden Sie schwache Triebe im zeitigen Frühjahr ab, aber seien Sie vorsichtig, der Milchsaft ist giftig.

Topfen Sie *Mandevilla* 'Aphrodite' nur äußerst selten um. Möchte man die Pflanze vermehren, nimmt man im Frühjahr von kräftigen Stengelteilen, Stecklinge.

Einige andere Kreuzungen kann man auf die gleiche Weise behandeln, wie zum Beispiel die beliebte *Mandevilla* 'Alice du Pont', die zu *Mandevilla* x *amoena* gerechnet wird. Diese Hybride ist eine Kreuzung aus *Mandevilla splendens* und der gekreuzten Hybride *Mandevilla* x *amabilis*. Auch bei dieser letztgenannten Kreuzung ist wiederum *Mandevilla splendens* ein Elternteil.

○ 10 °C

Mandevilla boliviensis

Die großen weißen Blüten von *Mandevilla boliviensis* sind bezaubernd schön. Trotzdem sieht man diese Kletterpflanze aus Bolivien und Ecuador nur äußerst selten. In ihren Heimatländern klettern die Stengel dieser Pflanze über 4 Meter hoch, wohingegen

Mandevilla boliviensis

Mandevilla 'Aphrodite'

Mandevilla bolivienis bei uns so um die 2 Meter groß wird. Zwischen den glänzend grünen Blättern entwickeln sich ab den späten Frühling bis in den Herbst ständig wieder neue Blüten. Sie duften außergewöhnlich gut und sind leicht von den vollkommen weißen Blütenkelchen von *Mandevilla laxa* zu unterscheiden, denn sie haben einen gelben Schlund. Für die weitere Versorgung siehe *Mandevilla* 'Aphrodite'.

○ 10 °C

Mandevilla laxa

Mandevilla laxa aus Argentinien ist ein Prachtstück. Die weißen Blüten dieser Pflanze duften schwer und süßlich, die Blütenröhre ist auf der Innenseite mit feinen weißen Härchen besetzt.
Die Pflanze verträgt gut einige Grad Frost, läßt aber dann die Blätter fallen. Bei strengerem Frost werden nur die Wurzeln überleben. Trotzdem sollte man die getopfte Pflanze im Winter ins Haus räumen. Sie können nur eine Ausnahme riskieren, wenn Sie in einer Region mit außergewöhnlich mildem Klima und entsprechend warmen Wintern wohnen.
Über 5 °C behält die Pflanze ihre Blätter. Sie braucht dann einen hellen Standort, um schwaches Wachstum zu vermeiden.
Für die weitere Versorgung siehe bei *Mandevilla* 'Aphrodite'.

○ 5 °C oder ● 0 °C

Mandevilla laxa

Mandevilla suaveolens

Siehe: *Mandevilla laxa*

Manettia bicolor

Siehe: *Manettia luteo-rubra*

Manettia luteo-rubra

Die Röhrenblüten dieser südamerikanischen Kletterpflanze ähneln Steinen, daher kommt vermutlich auch der englische Name *twining fire cracker*. Die windenden Stengel wachsen in Gewächshäusern an einem Klettergerüst meterhoch empor. Wenn Sie eine niedrige Kletterhilfe verwenden, bleibt die Pflanze natürlich auch niedriger. Ab dem Frühjahr bis zum Ende des Sommers entwickeln sich ständig neue, orangerote Blüten mit einer gelben Spitze.
Obwohl die Pflanze zur Zeit als Kübelpflanze verkauft wird, vertragen ihre Blätter unsere nassen, kühlen Sommer nicht gut, so daß die Kletterpflanze nur in warmen, heißen Sommern ansehnlich bleibt. Stellen Sie *Manettia luteo-rubra* im Freien unbedingt in den Halbschatten und an einen windgeschützten Platz, denn Wind kann die Pflanze nur schlecht vertragen. In einem Gewächshaus oder in einem Wohnraum werden Sie die Pflanze den Sommer über genießen.
Manettia behält im Winter ihre Blätter und kann deshalb an einem hellen, kühlen Platz überwintert werden. Im zweiten Jahr ist die Pflanze wesentlich weniger schön, deshalb empfehlen wir Ihnen, bereits im Frühjahr Stengelstecklinge zu nehmen, und diese in warmer, feuchter Erde wurzeln zu lassen.

○ 7 °C

Manettia luteo-rubra

Melampodium paludosum

Melampodium paludosum ist noch relativ unbekannt. In Europa wird die Pflanze erst seit zehn Jahren kultiviert. Ursprünglich kommt sie aus Sri Lanka, deshalb ist *Melampodium paludosum* an Hitze und hohe Luftfeuchtigkeit gewöhnt. Die Art wächst unbeständig und ist nicht besonders blühwillig. Gegenwärtig werden kompakt wachsende Zuchtformen im Handel angeboten, die ein kräftiges Laub haben und zuverlässig und reichlich mit gelben Blüten blühen. Bekannte Zuchtformen sind 'Showstar' (reich blühend), 'Derby' (kompakt mit kleinen Blättern und relativ großen Blüten), und 'Discovery'.

Sie werden einjährig gezogen. In Gärtnereifachbetrieben sät man sie in den ersten Monaten des Jahres bei einer Bodentemperatur von rund 20 °C aus. Ungefähr drei Monate später werden die blühenden Pflanzen zum Kauf angeboten. Sie werden allerdings nur an einem warmen, sonnigen Platz reichlich blühen. Geben Sie der Pflanze einen großen Topf und stellen Sie *Melampodium* möglichst lange ins Freiland, denn frische Luft tut der Pflanze gut und ein kühler, gut feuchter Boden hält sie gesund.

(1)

Melampodium paludosum 'Discovery'

Melia azedarach

Siehe: *Melia azederach*

Melia azederach

ZEDRACHBAUM, PATERNOSTERBAUM

Im Winter verliert der Paternosterbaum zwar seine Blätter, aber nicht die gelben, giftigen (!) Früchte, die in Trauben am kahlen Holz hängenbleiben. In jeder Beere befindet sich ein steinharter Samen, aus diesen Samen wurden manchmal Rosenkränze hergestellt. Und vermutlich kommt hiervon der populäre deutsche Name „Paternosterbaum". Der niederländische Name, Chinese Bes, verweist auf die Herkunft der Pflanze, sie stammt nämlich aus dem westlichen Himalaya.

Der Paternosterbaum wird in den Tropen oft zu Zierzwecken angepflanzt. Die Bäume haben große, doppelt gefiederte Blätter. Ihr Hauptschmuck sind aber die in mächtigen, meist achselständigen Rispen erscheinenden, violetten Blüten, auf die kugelige, bis 1,5 cm breite gelbe Früchte folgen.

Der Baum verträgt, im Boden ausgepflanzt, einige Grad Frost, muß aber wie eine Orangeriepflanze behandelt werden, also vorzugsweise in einen großen Kübel mit nährstoffreicher Erde gepflanzt werden. Während der Wachstumsperiode versorgen Sie den Baum mit reichlich Wasser und Dünger. Stellen Sie den Kübel an einen warmen, sonnigen Platz.

Nach dem Blattabwurf im Herbst stellt man den Kübel ins Haus, das Winterquartier sollte möglichst kühl und frostfrei, muß aber nicht unbedingt hell sein. Aber sobald das Bäumchen im späten Winter beginnt, auszutreiben, braucht es Licht. Gießen Sie nun allmählich häufiger.

● 0 °C

Melia azederach

Metrosideros citrina

Siehe: *Callistemon citrinus*

Metrosideros excelsa

EISENHOLZBAUM

In subtropischen Gebieten ziert der Eisenholzbaum mit einer großen Krone wintergrüner Blätter und roter Borsten die Gärten und Parkanlagen. Die Borsten sind die Blüten des Baums, sie bestehen scheinbar vollständig aus roten Staubfäden. Die bekannteste Art, *Metrosideros excelsa*, kommt ursprünglich aus Neuseeland, dort wächst sie zu einem breiten, 20 m hohen Baum heran.
Wegen ihrer wintergrünen Blätter und den Blüten, die sich am Naturstandort in Neuseeland zu Weihnachten bilden, wird die Art dort auch Weihnachtsbaum genannt. Auf der nördlichen Halbkugel entwickeln sich die Blüten im Frühsommer.

Metrosideros excelsa

Ein Eisenholzbaum im Kübel wächst langsam und überschreitet im Laufe vieler Jahre die Höhe von 1 m kaum. Glücklicherweise bilden sich die Blüten auch an jungen Pflanzen, hauptsächlich dann, wenn diese aus Stecklingen gezogen wurden.
Stellen Sie den Eisenholzbaum im Sommer sonnig und warm und geben Sie regelmäßig Wasser auf das gut durchlässige, leicht sauere Substrat. Wenn man den Baum schneiden möchte, führt man solche Maßnahmen am besten nach der Blüte durch.
Im Herbst wird die Kübelpflanze ins Haus gestellt obwohl sie einige Grad Frost vertragen kann. Stellen Sie die Pflanze im Winter hell, luftig und hauptsächlich kühl (zwischen 2 und 10 °C), so daß sich neue Knospen entwickeln können, und geben Sie ab und zu etwas Wasser, um eine Austrocknung des Wurzelballens zu vermeiden. Gießen Sie den Baum mit kalkfreiem Wasser, das nicht kälter sein sollte als der Wurzelballen. Im Frühjahr vertragen die neuen Blätter absolut keinen Frost.

Die Sorte *Metrosideros excelsa* 'Variegata' ist buntblättrig – die dunkelgrünen oder graugrünen Blätter haben einen buttergelben Rand.

○ 0 °C

Metrosideros excelsa 'Variegata'

Metrosideros tomentosa

Siehe: *Metrosideros excelsa*

Mimulus aurantiacus

GAUKLERBLUME

Die klebrigen Zweige der Gauklerblume werden letztendlich ungefähr 1 m lang. Diese Pflanze gehört in den westlichen Vereinigten Staaten zur Strauchbegrünung, aber ihre Zweige sind eher krautartig und wachsen ohne eine Stütze mehr in die Breite aus. Dies macht die Gauklerblume für einen größeren Topf geeignet, der durch die eleganten, herabhängenden Zweige versteckt wird. Im späten Frühling und

Mimulus aurantiacus

Mimulus aurantiacus, Blüte

Sommer zieren die Zweige ungefähr 4 cm breite, lachsfarbene bis dunkelorange Blüten.
Stellen Sie die Pflanze im Sommer an einen sonnigen Platz und geben Sie der Gauklerblume regelmäßig Wasser und ab und zu etwas Dünger.
Im Winter halten Sie die Gauklerblume relativ trocken. In einem recht kühlen, frostfreien und hellen Winterquartier werden die Blätter an *Mimulus aurantiacus* sitzen bleiben. Wenn man den Strauch kräftig zurückschneidet, wird er sich buschiger entwickeln.

○ 0 °C

Mimulus aurantiacus var. puniceus

GAUKLERBLUME

Diese Varietät der Gauklerblume wird manchmal auch *Mimulus puniceus* genannt, aber außer ihrer Blütenfarbe läßt sich kein deutlicher Unterschied feststellen. Die Varietät hat prächtige, dunkelrote Blüten mit einem orangefarbenen Kelch.
Für die Versorgung siehe *Mimulus aurantiacus*.

Mimulus arantiacus var. puniceus

○ 2 °C

Mimulus glutinosus

Siehe: *Mimulus aurantiacus*

Mimulus puniceus

Siehe: *Mimulus aurantiacus*

Mina lobata

Siehe: *Ipomoea lobata*

Musa

BANANE

Unter dem Namen Banane werden sehr unterschiedliche Pflanzen zum Kauf angeboten. Aber da ihre Herkunft nur selten bekannt ist, werden fast niemals Sortennamen verwendet.
Es wäre aber trotzdem wichtig, zu wissen, welchen Pflanzentyp oder welche Sorte man kauft, um der Pflanze die entsprechende Versorgung ermöglichen zu können, und natürlich ist auch interessant, wie groß sie wird.

Musa acuminata

Zunächst einmal besteht ein Unterschied zwischen Bananen, die durch Samen, und solchen, die über Wurzelausläufer vermehrt wurden. Die Bananen, die wir essen, haben normalerweise keine Samen. Der Haupttrieb der Pflanze stirbt nach der Blüte ab, wonach die Bananenzüchter den Scheinstamm in der Mitte durchhacken. Dies geschieht durch einen kräfti-

gen Schlag mit der Machete. Der Stamm scheint dann nur noch aus einer Ansammlung von Blattscheiden zu bestehen. Auf den Bananenplantagen wachsen danach am Fuße des absterbenden Stammes bereits neue Triebe aus dem Wurzelstock aus. Die stärksten Triebe werden erhalten, sie tragen bereits nach ungefähr einem halben Jahr wieder neue Früchte. Dieser Bananentyp wird niemals ausgesät.
Eine andere Gruppe von Bananen bildet keine Ausläufer. Diese Bananenpflanzen werden aus Samen gezogen, sterben nach der Blüte und müssen dann wieder neu ausgesät werden.
Die bekannteste dieser „Samenbananen" ist die Zierbanane: *Musa ensete* (die zur Zeit eigentlich *Ensete ventricosum* heißen müßte). Die Pflanze, die in den meisten, nicht-spezialisierten Samenhandlungen als Banane angeboten wird, ist eine Zierbanane. Man kann sie an dem dicken, fast rötlichen Stamm, dessen Fuß meist knollenartig verdickt ist, erkennen.
Die Wintertemperatur für Bananen ist, je nach Sorte oder Zuchtform, unterschiedlich. Die Namensverwirrung ist leider sehr groß. Die Pflanze, die der eine Autor als Sorte bezeichnet, nennt vielleicht ein anderer eine Kulturform. Deshalb folgt nachstehend eine Übersicht über häufig verwendete Namen und über die erforderliche minimale Wintertemperatur sowie über die notwendige Kübelgröße.
Alle Bananen können im Sommer in einem großen Kübel mit nährstoffreicher Erde ins Freiland gestellt werden. Wählen Sie einen sonnigen bis halbschattigen, windgeschützten Standort. An einem zugigen Platz können nämlich die Blätter entlang ihrer Blattnerven einreißen. Eine Banane kann sich eventuell an starke Winde anpassen, ohne daß ihre Blätter abbrechen, aber dies geht auf Kosten der Zierwirkung der Blätter.
Geben Sie der Pflanze im Sommer reichlich Wasser und Dünger und füllen Sie den Topf mit nährstoffreicher, gut durchlässiger Erde.
Auch im Winter sollte das Substrat, bzw. der Wurzelballen, nicht vollkommen austrocknen. Die Pflanze braucht dann einen hellen Standort und eine relativ hohe Luftfeuchtigkeit. Bei hohen Temperaturen werden die Bananen weiterwachsen, dies wirkt in Gewächshäusern natürlich großartig.
In beheizten Wohnräumen ist es für Bananen normalerweise zu trocken, die Folge ist, daß sich die Blattränder braun verfärben. Stellen Sie die Banane im Haus deshalb an einen kühlen Platz.
Einige der häufig gezogenen Sorten und Formen sind:
- *Musa acuminata*, die Zwergbanane. Einige Zuchtformen hiervon werden ungefähr 1,5 m hoch; minimale Temperatur 10 °C.
- *Musa basjoo*, Gartenbanane. Diese japanische Sorte kann viel Kälte vertragen. Sie überlebt bei uns milde Winter unter einem Winterschutz. Die Blätter sterben zwar vollkommen ab, treiben aber im Frühjahr wieder aus.
An einem hellen Standort mit einer Temperatur über 5 °C behält die Pflanze ihre langen Blätter und ent-

Musa

wickelt sich zu einem breiten Exemplar von fast 3 m Höhe.

- *Musa ensete* (syn. *Ensete ventricosum*) wächst im östlichen Afrika auf Höhen von mehr als 2000 m, zum Beispiel im Bergland von Äthiopien. Ein anderer bekannter Name für diese Sorte ist Abessinische Banane. Diese Saatbanane wird im Kübel fast 3 m hoch und braucht ein Winterquartier bei einer Temperatur von 5 °C.
- *Musa nana*, siehe *Musa acuminata*.
- *Musa* x *paradisiaca*, Banane. Ein Sammelname für die zahlreichen Sorten, die aus Kreuzungen zwischen *Musa acuminata* und *Musa balbisiana* entstanden sind. Sowohl die süßen Eßbananen, als auch die Kochbananen gehören zu dieser Gruppe. Die in Südamerika gezüchteten Formen werden hoch und vertragen keine Temperaturen unter 10 °C. Das gilt auch für die Zuchtform 'Dwarf Chyla', die in einem Kübel höchstens 2 m hoch wird. Andere Formen bleiben etwas kleiner und vertragen darüber hinaus niedrigere Temperaturen. Die Bananen, die auf den Kanarischen Inseln gezüchtet werden, wie *Musa* x *paradisiaca* 'Dwarf Cavendish' und 'Lacetan' (die manchmal zur Sorte *Musa acuminata* gerechnet werden), bleiben auf einer Höhe von ungefähr 2 m stehen und werden bei einer minimalen Temperatur von 5 °C überwintert.
- *Musa velutina*, Assam-Banane. Diese Saatbanane kann 1,5 m hoch werden und verträgt keine Temperaturen unter 5 °C.
- *Musa violacea*, rote Banane. Diese Saatbanane hat rotgefleckte Blätter und kann 1,5 m hoch werden. Auch diese Banane verträgt keine Temperaturen unter 5 °C.

○ 5 °C oder 10 °C

Muscari azureum

BLAUE TRAUBENHYAZINTHE

Wenn im Herbst die einjährigen Topfpflanzen bereits abgestorben sind, kann man die frei gewordenen, frostbeständigen Töpfe mit winterharten Knollen oder Zwiebeln besetzen. Hierfür eignen sich die Blauen Traubenhyazinthen ausgezeichnet. *Muscari azureum* blüht im zeitigen Frühjahr mit azurblauen Blüten.
Für die Versorgung siehe *Muscari botryoides* 'Album'.

❄

Muscari botryoides 'Album'

WEIßE TRAUBENHYAZINTHE

Die weiße Form der blauen Traubenhyazinthe (*Muscari botryoides*) ist bereits seit 1596 bekannt. Die Sorte 'Album' ist heute viel leichter zu erwerben als

Muscari botryoides 'Album'

die blaublühende *Muscari botryoides*. Die weißen Blüten werden höchstens 20 cm hoch, sind aber trotzdem als Schnittblumen wegen ihres leicht süßlichen Duftes sehr beliebt. Gerade wegen dieses süßen Geruches eignen sie sich auch für einen Topf, so daß man das bepflanzte Gefäß während der Blütezeit im April – Mai möglichst nahe an die Terrasse stellen sollte.
Pflanzen Sie die Knöllchen in den Monaten September, Oktober oder November in einen Topf, in

Muscari azureum

einen Korb oder in eine Schale. Hierfür eignet sich jede beliebige Blumenerde, wenn man sie, auch im Winter, konstant feucht hält. Stellen Sie die weißen Traubenhyazinthen an einen kühlen Platz, zum Beispiel in eine unbeheizte Scheune oder einfach ins Freie, denn durch Wärme werden die Knollen frühzeitig austreiben und die Pflanzen werden nicht blühen. Sobald sich die Blätter entwickeln, brauchen die Pflanzen Licht. Die Knollen sind im Boden ausgepflanzt vollkommen winterhart, aber sie können bei starken Frösten in einem ungeschützten Topf erfrieren. Stellen Sie deshalb den Topf nahe ans Haus oder packen Sie ihn mit Stroh oder einem anderen, isolierenden Material ein. In die Erde eingegrabene Töpfe mit weißen Traubenhyazinthen vertragen problemlos Frost.

❄

Muscari latifolium

BREITBLÄTTRIGE TRAUBENHYAZINTHE

Der Name dieser Pflanze deutet bereits an, wodurch sie sich von den anderen Blauen Traubenhyazinthen unterscheidet. Aus jeder Knolle entwickelt sich meist ein Blatt. Es ist so breit wie das mancher wilder Tulpenarten und umschließt die schlanken Stengel, an denen sich die marineblauen Blüten befinden. In starkem Kontrast hierzu sitzen an der Spitze der Traube hellblaue, sterile Blüten. Für Pflegemaßnahmen siehe *Muscari botryoides* 'Album'.

❄

Muscari latifolium

Myosotis sylvatica

VERGIßMEINNICHT

Im Frühjahr blüht das Vergißmeinnicht mit intensiv blauen (manchmal auch rosafarbenen) Blüten, von denen jede einzelne ein kleines gelbes Auge hat. Im

Myosotis sylvatica

Laufe des Sommers werden die Blütenstiele stets länger, es entwickeln sich Samen, die sich selbst aussäen. Die Pflanzen sind winterhart.
Vergißmeinnicht-Pflanzen kann man leicht in einem Topf oder einer Schale ziehen. Verwenden Sie normale Blumenerde und gießen Sie regelmäßig. Allerdings sollte der Standort nicht zu sonnig sein, denn dort würde die Erde zu schnell austrocknen. Die Pflanze stellt sonst keinerlei Ansprüche.

❄

Myrtus communis

MYRTE

Die kleinen Blättchen der Myrte haben einen typischen, aromatischen Geruch, der bereits seit dem Altertum geschätzt wird. Aus Blättern und Samen preßt man sogar heute noch Öl. Auch die Blüten, an denen die 3 cm langen, kräftig ausgebildeten Staubblattbündel besonders auffallen, duften herrlich. Häufig folgen auf die Blüten schwarze oder weiße Beeren. Auch in der heutigen Zeit schmücken sich Bräute mit einem Kränzchen aus Myrtezweigen, ein Brauchtum, das auf das Mittelalter zurückzuführen ist.

Myrtus communis

Die wohl bekannteste Art, *Myrtus communis*, wächst in den Ländern rund um das Mittelmeer in der trockenen Strauchvegetation, der Macchie. Der immergrüne Strauch verträgt im Boden ausgepflanzt ungefähr 10 Grad Frost, muß aber als Kübelpflanze bereits beim ersten Frost eingeräumt werden. Die Pflanze wird manchmal auch als Zimmerpflanze angeboten, eignet sich aber eigentlich nicht für unsere Wohnräume. Die Myrte bevorzugt einen hellen, kühlen (2 bis 12 °C) Platz.
Im Sommer braucht *Myrtus communis* im Freien einen sonnigen Standort (eventuell auch einen Platz im Halbschatten). Im Wurzelbereich sollte kein Wasser stehen bleiben, aber auch Austrocknung muß vermieden werden. Selbst im Winter darf der Wurzelballen nicht vollständig austrocknen. Im Sommer hält man das Substrat gleichmäßig feucht und gießt mit kalkfreiem Regenwasser oder abgekochtem Wasser.
Man vermehrt die Myrte durch Samen oder über Stecklinge. Schneiden Sie im Frühjahr grüne Triebe oder im Spätsommer halbverholzte Stecklinge ab und stecken Sie diese in warmes Anzuchtsubstrat (20 bis 25 °C), decken Sie die Schale mit Glas oder Plastikfolie ab. Ein warmes Plätzchen, nicht in der vollen Sonne, eignet sich hierfür bestens.
Myrte kann in einem Kübel auf Dauer eine Höhe von 2 m erreichen. Aber da man den Strauch problemlos schneiden kann, ist es einfach, die gewünschte Form und das entsprechende Format zu erhalten. Es verwundert auch nicht, daß man *Myrtus communis* gerne für dekorative Formschnitte verwendet. Häufig sieht man Pyramiden und andere Figuren.

○ -5 °C

Myrtus communis 'Variegata'

MYRTE

Hierbei handelt es sich um eine der zahlreichen buntblättrigen Formen der Myrte. Ihre lederartigen, spitzen Blätter sind an den Rändern mit buttergelben Flecken und Streifen gezeichnet.
Holen Sie die buntblättrigen Formen ins Haus, bevor es beginnt, zu frieren, und stellen Sie die Pflanzen sowohl im Sommer als auch im Winter heller als die gewöhnliche Myrte.
Für die weitere Versorgung siehe *Myrtus communis*.

○ 0 °C

Myrtus communis 'Variegata'

N n

Nandina domestica

Sobald die Nächte kälter werden, entwickeln die Blätter von *Nandina* eine prächtige Herbstfärbung. Und dann folgt die Überraschung: Ihre Blätter fallen nicht ab, sondern werden im Winterquartier im Laufe des Winters wieder grün. Im Frühjahr bilden sich zwischen den Blättern kleine weiße Blüten in langen aufrechten Rispen am Ende der Triebe. Ihnen folgen zahlreiche glänzend rote Beeren, die neben dem Laub den Hauptschmuck der Pflanze ausmachen.
In Regionen, in denen es nicht mehr als 10 Grad friert,

Nandina domestica

kann *Nandina domestica* in den Gartenboden ausgepflanzt werden. Ansonsten ist sie für Kübel, für lauwarme bis kalte, eventuell auch für unbeheizte Wintergärten aufgrund ihrer das ganze Jahr anhaltenden Attraktivität eine vorzüglich geeignete Pflanze, die kaum Arbeit macht, und an der weder Schädlinge noch Krankheiten auftreten. Nur sehr kalkreichen Boden mag sie nicht. Sie wächst in der Sonne so gut wie im Halbschatten. Reich gedüngt und gewässert wird sie üppiger, aber auch wenn sie vernachlässigt wird, bleibt sie dekorativ.
Falls *Nandina* zu groß werden sollte, schneidet man sie, indem man die ältesten Triebe herausnimmt. So läßt sich die Pflanze bei etwa 1 m Höhe halten.
Von *Nandina domestica* gibt es zahlreiche Zuchtformen, darunter zum Beispiel:

- 'Alba' mit mattweißen Beeren;
- 'Compacta' - kleinbleibend, ungefähr 70 cm hoch;
- 'Flava' - gelbe Beeren;

Links: *Nerium oleander*

- *forma heterophylla*, siehe 'Nana Purpurea';
- 'Nana Purpurea' – klein bleibend mit purpurrot überlaufenen Blättern, die sich im Herbst prächtig nach Grellrot verfärben;
- 'Purpurea' – siehe 'Nana Purpurea';
- 'Richmond' – entwickelt im Winter scharlachrote Beeren;
- var. *leucocarpa*, siehe 'Alba';
- 'Variegata' – Blätter mit weißer, rahmweißer und rosa Marmorierung;
- 'Woods Dwarf' – goldgelbe Blätter, die sich im Winter nach Rot verfärben.

○ 0°C

Nandina domestica

Nemesia versicolor 'Blue Bird'

Der Name *versicolor* verweist auf eine herausragende Eigenschaft dieser südafrikanischen, einjährigen Pflanze: Ihre Blüten können die Farben variieren. So gibt es blaue bis violettblaue, weiße oder gelbe Exemplare, und fast alle haben eine Blütenlippe in einer Kontrastfarbe. Die Blüten der Sorte 'Blue Bird' sind blau mit weiß oder blau mit gelb. Sie ragen ungefähr 30 cm aus dem Topf heraus und lassen sich gut mit eher buschigen einjährigen Pflanzen, wie zum Beispiel *Silene coelirosa*, kombinieren.
Säen Sie die Pflanzen im März - April im Haus vor, oder geben Sie die Samen im April - Mai direkt ins Freiland. Die Pflänzchen werden ab Ende Juni bis September blühen. Wenn man die Stengel nach der

Blüte abschneidet, wird die Pflanze zu einer Herbstblüte stimuliert. Halten Sie die Pflanzen den ganzen Sommer über an einem sonnigen oder halbschattigen Platz gut am Wachsen. Achten Sie darauf, daß überflüssiges Wasser gut abfließen kann, denn die Wurzeln von *Nemesia versicolor* können leicht faulen.

(1)

Nemesia versicolor 'Blue Bird'

Nemophila insignis

Siehe: *Nemophila menziesii*

Nemophila menziesii

HAINBLUME

Die dünnen Stengel der Hainblume wachsen nach allen Seiten aus. In der Rabatte werden die Pflanzen ungefähr 10 cm hoch, in einem Hängekorb oder einem Topf hängen sie breitwüchsig herab. Ab April entwickeln sich zwischen den saftigen Blättern ungefähr 2 cm breite Blütchen. Die Blütenfarbe ist variabel, oft deutlich zweifarbig, weiß mit dunkelviolett oder blau mit weiß, und manchmal kann man auch purpurfarbene und gelbe Schattierungen bestaunen.
Säen Sie die Hainblume im Herbst oder im zeitigen Frühjahr aus. Die gekeimten Pflänzchen sind winterhart und können bereits im März ins Freiland. Wenn man die Hainblume bereits im Herbst sät, werden sich ab April Blüten entwickeln, im anderen Fall blühen sie etwas später. Die Blüten bilden sich das ganze Jahr hindurch bis spät in den September.
Stellen Sie den mit Hainblumen bepflanzten Topf an einen halbschattigen Platz im Windschatten und geben Sie den Pflanzen reichlich Wasser.

(1)

Nemophila menziesii

Nemophila 'Snow Storm'

HAINBLUME

Unter diesem Namen ist im Handel eine Hainblume erhältlich, die sehr kleine (1 cm breite) weiße Blütchen zieren. Wenn man genau hinschaut, wird man zarte, dunkelviolette Punkte auf den Blütenblättern bemerken. Genau die gleichen Blütchen sind auch bei *Nemophila menziesii* var. *atromaria* zu bewundern. Weitere Pflegeratschläge lesen Sie bei *Nemophila menziesii* nach.

(1)

Nemophila 'Snow Storm'

Nerium oleander

OLEANDER

Der Oleander wächst natürlicherweise in einem schmalen, langgestreckten Gürtel in den Ländern rund um das Mittelmeer, im östlichen Kleinasien und im südlichen Rand des Himalaya bis zum westlichen China. Die Sorte, die im Mittelmeergebiet vorkommt, ist kräftiger als diejenige, die im Osten auftritt; dort wachsen kostbare Sträucher mit duftenden Blüten. Diese Varietäten werden manchmal als abgetrennte Arten beschrieben, darunter auch der Indische Oleander (*Nerium indicum*), aber zur Zeit behandelt man sie als Teil einer variablen Art, nämlich der Art *Nerium oleander*.

Diese ausgesprochene Variabilität hat es ermöglicht, um die 100 unterschiedliche Zuchtformen zu erhalten. Die ursprüngliche Blüte besitzt fünf Kronblätter, aber heute gibt es auch Zuchtformen mit doppelten Blüten und gefülltblütige Kultivare. Die eigentliche Blütenfarbe ist rosa, aber das Farbspektrum wurde mittlerweile um die Farben Weiß, rahmfarben, Gelb, Aprikot, lachsfarben, fleischfarben, Orange, Rot, Karminrot und Violett erweitert.

In der Natur wachsen diese Sträucher vor allem an Flüssen und in Wadis (in Flußtälern, die den größten Teil des Jahres über trocken stehen, und nur während der Regenzeit Wasser führen). Hier können ihre Wurzeln selbst während trockener Perioden, wenn die Sonne auf die Pflanzen herabknallt, den feuchten Boden erreichen.

Und dies sind genau die besten Voraussetzungen, unter denen man Oleander zieht: Möglichst viel Sonne und ein stets feuchter Boden. Aber bei uns erhalten Oleandersträucher eigentlich zu wenig Sonne und Wärme, und das ist vermutlich auch der Grund, warum sie oft nur schlecht blühen. Ein Gewächshaus oder ein Kalthaus wäre eine ausgezeichnete Lösung, denn in solchen Räumen blühen die Pflanzen wirklich gut.

Aber eine schlechte Blütenentwicklung kann auch andere Ursachen haben. An einem bestimmten Platz wird eine Zuchtform gewöhnlich besser blühen als eine andere. Die eine Zuchtform ist deutlich blühwilliger als die andere. Eine weitere mögliche Ursache für dieses Phänomen kann die Wintertemperatur sein. Ein zu warmes Winterquartier wird zu schlechter Blüte führen. Kräftige Sorten vertragen nach einem warmen Sommer fünf Grad Frost. Die ideale Überwinterungstemperatur für kräftige Zuchtformen liegt zwischen 2 und 12 °C. Über 12 °C „erwachen“ die Oleander und beginnen wieder, zu wachsen. Empfindlichere Zuchtformen hält man besser etwas wärmer, zwischen 8 und 12 °C.

Oleander sind wintergrün und brauchen deshalb auch im Winter einen möglichst hellen Standort. Trotzdem können sie in den dunklen Monaten einen Teil ihrer Blätter verlieren, und da sie nicht wieder an genau der gleichen Stelle austreiben können, werden die Zweige auf Dauer verkahlen. Der Folge dieses natürlichen Prozesses kann man durch Schnittmaßnahmen zuvorkommen, denn dies vertragen Oleander-Sträucher ausgezeichnet. Selbst die Stümpfe alter Sträucher werden nach rigorosem Rückschnitt wieder frischgrün austreiben, aber diese Neutriebe blühen vermutlich im selben Jahr noch nicht.

Im späten Winter beginnt der Oleander langsam wieder zu wachsen. Nun braucht er einen sehr hellen Standort, um schwache Triebbildung zu vermeiden. Sprühen Sie die Pflanzen im Winter (und auch im Frühling) regelmäßig, denn auf diese Weise vermeiden Sie Spinnmilben. Versuchen Sie auch, den Pflanzen im Winter und Frühjahr einen recht luftigen Standort zu ermöglichen. Wenn Sie oft lüften, vermeiden Sie das Auftreten von Schimmelpilzen. Inspizieren Sie die Pflanzen regelmäßig nach Schädlingen; Schildläuse können sie an ihren hellbraunen, glatten „Panzern“ erkennen, die meist an der Blattunterseite sitzen. Bei Befall entfernen Sie die Schädlinge mit einer Pinzette und besprühen Sie die Blätter mit einer Mischung aus Schmierseife und Alkohol oder mit einem biologischen Schädlingsvernichtungsmittel.

Im Frühjahr kann man den Oleander umtopfen. Bei größeren Pflanzen in großen Töpfen oder in Kübeln reicht es auch oft aus, wenn Sie die oberste Erdschicht erneuern. Oleander stehen natürlicherweise gerne in nährstoffreichem Boden, aber Sie sollten das Düngen nicht übertreiben. Die Kombination von reichlich Dünger mit wenig Sonne wird zwar zu vielen Blättern,

Nerium oleander

aber auch zu nur geringer Blütenentwicklung führen.
Eigentlich ist es normal, die Pflanze reichlich zu gießen und auf die prächtigen Blüten zu warten, die sich (in Abhängigkeit von der Zuchtform) zwischen April und dem Spätsommer entwickeln. Die Sorten mit gefüllten oder duftenden Blüten und die meisten gelben und fleischfarbig blühenden Pflanzen brauchen die meiste Wärme, um eine üppige Blütenpracht auszubilden, sie werden nach Möglichkeit besser unter Glas gezogen.
Oleander kann man aus Stecklingen vermehren, indem man im Sommer Kopfstecklinge mit einigen Blattkränzen unter solch einem Kranz abschneidet, und diese in feuchtes Anzuchtsubstrat steckt, bei einer Bodentemperatur von über 20 °C.
Oleander werden von Nachtfaltern bestäubt. Bei uns geschieht dies durch die Gammaeule, einem Nachtfalter, der die Blüten auch tagsüber besucht. In warmen Sommern oder in Gewächshäusern folgt manchmal Fruchtbildung. Wenn sich die Früchte öffnen, werden braune Samen sichtbar. Diese Samen kann man im Frühjahr aussäen, aber die Pflanzen, die sich hieraus entwickeln, sehen oft vollkommen anders aus als ihre Elternpflanzen.
Der Oleander ist eine äußerst giftige Pflanze – alle Teile der Pflanze sind giftig, vom Holz über die Blüten. Es ist sogar bekannt, daß Menschen, die die Blüten gegessen haben, verstorben sind. Auch das Verbrennen des Holzes oder die Verwendung von Oleanderzweigen als Bratspieß beim Grillen von Fleisch ist lebensgefährlich.
Verwenden Sie den Oleander nicht als Schnittblume und stellen Sie blühende Pflanzen nicht in das Schlafzimmer, denn die Blüten wirken in einigen Fällen berauschend. Sorgen Sie dafür, daß abgeschnittene Äste nicht mit Plätzen in Berührung kommen, an denen Sie essen.

○ 0 °C oder 5 °C

Nerium oleander 'Angiolo Pucci'

Diese kräftige Zuchtform hat blaßgelbe, einfache Blüten (siehe Bild). Ihr dottergelber Schlund ist mit orangeroten Linien verziert. Die Pflanze selbst wird maximal 2 m hoch und wurde erstmals 1952 beschrieben.
Für die Versorgung der Pflanze siehe *Nerium oleander*.

○ 0°C

Nerium oleander 'Angiolo Pucci'

Nerium oleander

Nerium oleander 'Bianco Rosato Semplice'

Eine Zuchtform, von der die exakten Vorfahren nicht mehr festzustellen sind, die aber in fast allen Eigenschaften *Nerium oleander* 'Roseum' ähnelt. Der einzige Unterschied besteht in der Blütenfarbe. 'Bianco Rosato Semplice' blüht rahmweiß mit einem zartrosa Hauch. Für die Versorgung und Pflege siehe *Nerium oleander*.

○ 0 °C

Nerium oleander 'Bianco Rosato Semplice'

Nerium oleander 'Emile Sahut'

Bei dieser Zuchtform macht sich der Einfluß des Indischen Oleanders bemerkbar. Die Blüten entwickeln sich zahlreich, sind groß aber einfachblütig und duften herrlich. Sie sind dunkelrot und im Schlund karminrot gestreift. Der bekannte Züchter Claude Sahut hat diese robuste Zuchtform 1872 in seiner Gärtnerei in Montpellier geschaffen, dort entstanden insgesamt 170 verschiedene Oleander-Formen. Deshalb wird er mehr oder weniger als „Vater" der meisten Zuchtformen, die gegenwärtig im Handel sind, betrachtet.
Für weitere Pflegemaßnahmen siehe *Nerium oleander*.

○ 0 °C

Nerium oleander 'Papa Gambetta'

Dies ist eine der neueren Zuchtformen. Diese kostbare Sorte wurde anfang der siebziger Jahre durch den italienischen Züchter Gambetta gewonnen. Ihre großen, einfachblütigen Blüten sind rosarot mit einem orangefarbenen Zentrum. Für die Versorgung siehe *Nerium oleander*.

○ 5 °C

Nerium oleander 'Papa Gambetta'

Nerium oleander 'Roseum'

Dieser kräftig wachsende Strauch hat einfachblütige, intensiv rosafarbene Blüten, die sich in reich gefüllten Sträußen am Ende der Zweige entwickeln. Der Schlund jeder einzelnen Blüte ist dunkelrosa gefärbt. Diese kräftige Zuchtform wurde erstmals 1872 beschrieben.
Für Versorgung und Pflege siehe *Nerium oleander*.

○ 0 °C

Nerium oleander 'Emil Sahut'

Nerium oleander 'Roseum'

Nerium oleander 'Soeur Agnès'

Die Zuchtform *Nerium oleander* 'Soeur Agnès' hat jungfräulich weiße Blüten. Die großen, einfachen, duftenden Blüten haben einen rahmfarbenen Schlund, in dem sich der Nektar befindet. Dieser reichblühende, kräftige Strauch, der einiges aushält, wurde 1868 von Claude Sahut gezüchtet. Manchmal wird die Zuchtform auch unter dem falschen Namen 'Mont Blanc' verkauft. Bei letzterer handelt es sich aber um eine gefüllt-blühende Zuchtform.
Für die Versorgung siehe *Nerium oleander*.

○ 0 °C

Nerium oleander 'Soeur Agnès'

Nerium oleander 'Splendens Foliis Variegatis'

Die gefüllten, rosafarbenen Blüten dieser buntblättrigen Zuchtform von 1854 weisen manchmal weiße Streifen auf. Das Dunkelgrün der Blätter wird durch unregelmäßige, dunkelgelbe Streifen und Flecken, die sich hauptsächlich an den Blatträndern deutlich abzeichnen, unterbrochen. Nur die grünen Teile der Blätter sind in der Lage, Sonnenlicht in Energie umzusetzen, so daß diese Pflanze nur eine maximale Höhe von 1,5 m erreichen kann.
Für die Versorgung siehe *Nerium oleander*.

○ 5 °C

Nicotiana alata

ZIERTABAK

Gegen Abend beginnt *Nicotiana alata* zu duften. Durch diesen Duft lockt die Pflanze Nachtfalter an, die für die Bestäubung der Blüten sorgen. Die Blüten von *Nicotiana alata* sind weiß, denn in der Nacht fällt

Nicotiana alata 'White Bedder'

diese Farbe am deutlichsten auf. Wer den Ziertabak wegen seines betörenden Duftes auf die Terrasse stellen möchte, wählt möglichst eine weißblühende Sorte oder Zuchtform aus, zum Beispiel *Nicotiana alata* 'White Bedder'. Sie können sich aber auch nach weißblühenden Zuchtformen von *Nicotiana* x *sanderae* (ungefähr 0,5 m hoch) umschauen oder nach der robusten *Nicotiana sylvestris*, die nur in einem sehr großen Topf oder Kübel gezogen werden kann.
Für die Versorgung siehe *Nicotiana* 'Havana Appleblossom'.

(1)

Nerium oleander 'Splendens Foliis Variegatis'

Nicotiana 'Havana Appleblossom'

ZIERTABAK

Beim Ziertabak hat man oft die Qual der Wahl. Wenn es Ihnen hauptsächlich um den herrlichen Duft geht, der vor allem gegen Abend verströmt und Nachtfalter anzieht, dann kommen praktisch nur die weißblühenden Arten und Sorten in Frage (siehe *Nicotiana alata*).

Wer Farbe auf die Terrasse bringen möchte, sucht nach Ziertabak mit farbigen Blüten, wie zum Beispiel nach *Nicotiana* 'Havana Appleblossom', eine der vielen Formen von *Nicotiana* x *sanderae*.

Dieser Ziertabak, der auch manchmal *Nicotiana* 'Appleblossom' genannt wird, ist als Rabattenpflanze im Handel, wächst aber auch ausgezeichnet in einem Topf. Die Pflanze wird 40 cm hoch und duftet kaum.

Im Frühjahr wird der Ziertabak bereits blühend zum Kauf angeboten, aber man kann ihn auch recht einfach selbst aussäen. Sie sollten ihn aber frühzeitig aussäen, denn die Sämlinge brauchen minimal 3 Monate, um zur Blüte zu kommen. Die Aussaat erfolgt in feuchtem Substrat bei Zimmertemperatur. Decken Sie die Samen nicht ab. Nach dem letzten Nachtfrost dürfen die jungen Pflänzchen ins Freiland. Geben Sie ihnen einen Platz in der Sonne, oder im Halbschatten. Sie halten Regen ausgezeichnet aus, vertragen etwas Wind und stellen keine besonderen Ansprüche.

(1)

Nicotiana 'Havana Appleblossom'

Nierembergia caerulea var. violaces 'Mont Blanc'

Nierembergia caerulea

Nierembergia bildet im Jahr der Aussaat kleine Sträucher, die ungefähr ab Mitte des Sommers bis tief in den Herbst hinein reichlich blaue bis violettblaue Blüten entwickeln. Sie stehen im Sommer gerne im Garten, brauchen aber einen geschützten Platz. Dieses dekorative Mitglied der Familie der *Solanaceae* läßt sich ausgezeichnet in einem Topf ziehen.

Die Samen werden im März-April bei Zimmertemperatur ausgesät und in lockeres, gut durchlässiges Substrat gelebt. Bereits Ende Juni werden die Sträuchlein zu blühen beginnen. Geben Sie den Pflanzen den ganzen Sommer über und im Herbst regelmäßig Wasser und Dünger und stellen Sie *Nierembergia* an einen sonnigen Platz.

Die Unterart *Nierembergia caerulea* var. *violacea* 'Purple Robe' wächst robuster und ihre Blüten sind etwas mehr violett gefärbt.

Nierembergia caerulea var. *violacea* 'Mont Blanc' blüht schneeweiß mit einem gelben Zentrum.

(1)

Nierembergia caerulea var. violacea 'Purple Robe'

Nierembergia hippomanica

Siehe: *Nierembergia caerulea*

Olea europaea

OLIVE, ÖLBAUM

Der Erzähler des Alten Testaments hätte kein schlechteres Beispiel auswählen können als den Ölbaum. In dem Kapitel über die Sintflut berichtet er, daß Noah eine Taube ausschickte, die aber sehr schnell wieder zurückkam, weil die Erde noch mit Wasser überflutet war. Eine Woche später versuchte Noah es noch einmal, und siehe da, die Taube kehrte mit einem Olivenzweig im Schnabel zurück, als Zeichen dafür, daß das Land wieder trocken gefallen war.
Was auch immer die Taube gefunden hat, es kann nicht der Zweig eines Ölbaums gewesen sein. Der Ölbaum wächst nämlich äußerst langsam und ist darüber hinaus gegenüber Staunässe äußerst empfindlich, er stirbt hierbei sogar unweigerlich ab.
Ölbäume wachsen vorzugsweise auf trockenen Berghängen in einem mediterranen Klima. Die Luft darf nicht zu feucht sein und im Winter brauchen die Pflanzen eine Art „frische Kühle", damit sich die neuen Knospen entwickeln können. Deshalb wachsen Ölbäume natürlicherweise in den Ländern rund um das Mittelmeer und in solchen mit vergleichbaren Klimabedingungen (Australien und Südafrika).

Olea europaea

Olea europaea

Ein Olivenstrauch bei uns im Sommer bevorzugt den sonnigsten Platz im Garten, aber suchen Sie ihm einen Standort, an dem die Luft recht frisch ist. Er kann Wind gut vertragen.
Im Herbst muß eine getopfte Olive beim ersten Nachtfrost eingeräumt werden (im Boden ausgepflanzt verträgt der Strauch kurzzeitige Frostperioden bis -10 °C). *Olea* braucht ein helles Winterquartier, ansonsten werden die Blätter abfallen. Obwohl sich in diesem Fall im Frühjahr wieder neue Blätter entwickeln werden, verzögert dies das Wachstums des sehr langsam wachsenden Baums. Trockene Luft wird gut vertragen, so daß man die Olive in beheizten Häusern überwintern kann, aber vermutlich werden sich dann keine Knospen entwickeln. Zum Knospenansatz braucht die Pflanze eine Ruheperiode von mehreren Monaten, während der die Temperatur zumindest nachts unter 10 °C absinken sollte.
Sorgen Sie für ein sehr gut durchlässiges, sandiges Lehmsubstrat, das auch etwas Kalk enthalten sollte. Wie bereits oben erwähnt, ist Staunässe für Ölbäume tödlich.
Im Sommer gießt man die Pflanzen normal, im Winter, bei der idealen Überwinterungstemperatur von 2 bis 10 °C, gibt man kaum Wasser. Aber achten Sie darauf, daß die Erde sowohl im Sommer, als auch im Winter niemals vollständig austrocknet.
Durch Schnittmaßnahmen kann man den lockeren, etwas 'schlampigen' Wuchs eines jungen Ölbaums

etwas korrigieren, aber dies geht meist auf Kosten der Blüten, die sich am Holz des vergangenen Jahres ausbilden.
Die Blüten haben einen herrlichen, süß-aromatischen Duft, und wenn man eine zweigeschlechtige Pflanze (oder zwei unterschiedliche Sorten) besitzt, können sich in heißen Sommern auch Früchte bilden, die allerdings bei uns vermutlich nicht gut schmecken.

○ 0 °C

Omphalodes linifolia

Die weißen Blütchen von *Omphalodes linifolia* werden begeistern. Es gibt nur wenige Pflanzen, die so lieblich blühen. Trotzdem hat man diese Blütenpracht nicht lange. In drei bis fünf Wochen haben sich die Blütchen von unten nach oben an 40 cm langen Stengeln geöffnet, geschlossen und Samen entwickelt. Man kann die Blütezeit etwas verlängern, indem man in Zeiträumen von ungefähr einem Monat mehrere Töpfe zwischen März und Juni einsät.
Nach der Blüte kann man einen bepflanzten Tontopf im Garten eingraben und, wenn man Glück hat, sät sich die Pflanze dort selbst aus. Die Sämlinge, die sich im September - Oktober entwickeln, sind winterhart.

(1)

Omphalodes linifolia

Origanum rotundifolium

Wenn man im Spätsommer hopfenartige Glöckchen an einem kleinen Strauch über den Topfrand hängen sieht, betrachtet man vermutlich die Blütenstände von *Origanum rotundifolium*. Ihre Blüten sind rosa oder weiß und ragen relativ unauffällig zwischen den Schuppen heraus.
Origanum rotundifolium wächst natürlicherweise rund um das Schwarze Meer an Felswänden und Mauern. Obwohl es in ihrem Heimatland kräftig friert, ist die Pflanze bei uns nicht vollkommen winterhart, vor allem nicht in feuchtem Boden. Man kann *Origanum rotundifolium* gut wie eine Steingartenpflanze behandeln. Stellen Sie den Topf im Winter in ein unbeheiztes Gewächshaus bzw. in ein Kalthaus, oder in eine Scheune, in der es notfalls auch dunkel sein kann. Die Pflanze wird trotzdem im Frühjahr aufgrund ihrer unterirdischen Wurzelausläufer austreiben.
Im Gegensatz zum verwandten Majoran verträgt *Origanum rotundifolium* keinen Kalk. Geben Sie der Pflanze immer dann Wasser, wenn sich die Erde trocken anfühlt, und halten Sie *Origanum* im Winterquartier trocken.

❄

Origanum rotundifolium

Osmanthus delavayi

Der süßliche Duft von *Osmanthus* ist ein Frühlingsbote. Kleine Trauben weißer Blüten verbreiten einen herrlichen Geruch. Die Blüte beginnt Ende März und

Osmanthus delavayi

Osteospermum 'Congo'

dauert bis zum Mai. Danach bleibt ein kräftiger, dunkelgrüner Strauch übrig. Die hell gezähnten Blätter bleiben sowohl im Sommer, als auch im Winter an der Pflanze sitzen.

Im Boden ausgepflanzt ist *Osmanthus delavayi* nur bedingt winterhart. Im Kübel muß der Strauch unbedingt an einen kühlen und hauptsächlich hellen Platz im Haus gestellt werden. Wenn es nicht friert, dann steht *Osmanthus* am liebsten wieder im Freien. Sein Standort im Sommer sollte sich bevorzugt im Halbschatten befinden.

In der Natur, in der chinesischen Provinz Yunnan wächst *Osmanthus delavayi* an kalkreichen Berghängen. Bei uns ist diese Pflanze mit jedem durchlässigen Substrat zufrieden.

Geben Sie der Pflanze mäßig Wasser und im Winter gießen Sie nur ganz selten.

Andere für die Kübelkultur geeignete Arten und Sorten sind *Osmanthus fragrans* (inklusive der orangeblühenden Art *aurantiacus*), *Osmanthus* x *burkwoodii* und die etwas kräftiger wachsende *Osmanthus heterophyllus*, die sich übrigens ausgezeichnet zu einem kleinbleibenden Strauch schneiden läßt.

○ 0 °C

Osteospermum

Bereits im zeitigen Frühjahr werden die zahlreichen Zuchtformen von *Osteospermum* blühend angeboten. Die Samen sind vorgezogen, so daß die Züchter das Frühjahrsgeschäft nicht versäumen müssen und bereits frühzeitig blühende Pflanzen anbieten können.

Im Mai sehen wir fast überall Töpfe und Balkonkästen, die mit einjährigen Pflanzen dekoriert und bepflanzt sind.

Obwohl *Osteospermum* meist als einjährige Pflanze angeboten wird, ist es gut möglich, die Pflanze zu überwintern.

In diesem Fall nimmt man im Sommer Stengelstecklinge, die an einem frostfreien Platz sogar mit nur wenig Licht überleben können, wenn sie dort trocken gehalten werden.

Pflanzen Sie *Osteospermum* in sehr gut durchlässige, sandige Erde. Düngen Sie nicht, denn dies würde auf Kosten der Blüte gehen.

Das Substrat muß das Wasser gut ablaufen lassen und man gießt möglichst nur dann, wenn die Erde fast ausgetrocknet ist. Die afrikanischen *Osteospermum*-Arten stehen gerne in der Sonne, dort werden sie monatelang blühen.

Die bekannteste Zuchtform ist *Osteospermum* 'Whirligig', die ungefähr 50 cm hoch wird und den ganzen Sommer ihre typisch geformten Blütenblätter ausbildet. Um das bläuliche Zentrum stehen bandförmige, weiße Blüten.

Von den zahlreichen anderen *Osteospermum*-Arten und -Sorten sind zur Zeit vor allem diejenigen Formen beliebt, die nach Ländern und Gebieten in Afrika

Osteospermum 'Swazi'

benannt wurden, wie zum Beispiel:
Osteospermum 'Congo' mit altrosa Blüten, und *Osteospermum* 'Swazi', die weiße, bandförmige Blüten um ein blaues Zentrum herum besitzt.
Zahlreiche *Osteospermum*-Formen vertragen, im Boden ausgepflanzt, ungefähr 10 Grad Frost. Deshalb lohnt es sich, wenn Sie die Pflanzen nach der Blüte eingraben und auf einen milden Winter hoffen.

○ 0 °C

Oxalis deppei

Siehe: *Oxalis tetraphylla*

Oxalis tetraphylla

GLÜCKSKLEE

Bisher sind nur wenige Arten dieser großen Gattung in Kultur, aber *Oxalis* hat durch seine Verwendung in der Treiberei und als Glückssymbol bei Jahreswechsel eine weite Verbreitung gefunden. Die Verwandte unseres heimischen Sauerklees hat keine großartige Bedeutung als Kübelpflanze, aber an jedem Jahresbeginn wird nach der Weiterkultur und Wiederverwendung dieses kleinen mexikanischen Zwiebelgewächses gefragt. Die Pflanzen sind ein Beispiel dafür, daß eine Pflanze sowohl im Zimmer, als auch im Garten verwendet werden kann.

Der Standort sollte so hell und kühl wie möglich sein, dies ist entscheidend für die Haltbarkeit der Pflanze und für ihren gedrungenen Wuchs.
Ab Mitte Mai kann man *Oxalis* in den Garten auspflanzen oder in einem Topf ins Freiland stellen. Dort erscheinen auf langen Stielen die rosa Blüten. Vor dem Frost wird die Pflanze wieder eingeräumt. Bis April des nächsten Jahres lagert man sie trocken und kühl, bevor man sie erneut auspflanzt oder wieder eintopft. Oxalis wird reichlich gewässert und über den Sommer gedüngt, die Erde sollte kräftig, humos sein.
Die Vermehrung dieser Pflanze erfolgt über kleine Brutzwiebeln.
Diese Knöllchen sind gegenüber Staunässe sehr empfindlich. Sie können die Brutzwiebeln im Frühjahr in lockeren, gut durchlässigen, warmen Boden setzen, dann werden Sie im Herbst durch ihre Blätter und Blüten überrascht. Die Pflänzchen nehmen nachts übrigens eine typische Schlafstellung ein!
Neben dem gewöhnlichen Glücksklee, der auf den Blättern eine unregelmäßige Zickzacklinie besitzt, ist die Zuchtform *Oxalis tetraphylla* 'Iron Cross' sehr beliebt, bei der sich auf dem Kreuzungspunkt der vier Teilblätter ein purpurfarbener Fleck befindet.

○ 0 °C

Oxypetalum

Siehe: *Tweedia*

Oxalis tetraphylla 'Iron Cross'

P p

Pachystachys lutea

Die gelbweißen Blütenähren von *Pachystachys lutea* stehen im Sommer kerzengerade über den grünen Blättern dieses peruanischen, wintergrünen Strauchs. Er wird durch wachstumshemmende Mittel kurz gehalten und häufig als Zimmerpflanze angeboten. Dort wird die Pflanze aber wegen der meist trockenen Luft nicht lange überleben. In einem Gewächshaus oder Kalthaus fühlt sie sich wesentlich wohler. Hier kann sie mit der Zeit zu einem 1 m hohen Strauch heranwachsen.

Gegenwärtig kann man *Pachystachys* häufig als Kübelpflanze auf einer sonnigen Terrasse sehen, wo sie den Sommer über reichlich Blüten entwickelt. Sie braucht während dieser Zeit reichlich Wasser und ein gut durchlässiges Substrat. Im Sommer können Sie der Pflanze ab und zu etwas Dünger geben, aber beenden Sie dies im Spätsommer, damit *Pachystachys* gut abhärten kann. Abhärtung ist unbedingt notwendig, denn im Winter kann es kritisch werden. Der wintergrüne Strauch braucht auch im Winter viel Licht und steht darüber hinaus gerne warm, aber in nicht zu trockener Luft –12 bis 16 °C wäre ideal. Geben Sie der Pflanze während dieser Phase wenig Wasser. Auf Dauer wird *Pachystachys* etwas sparrig. Verjüngen sie die Pflanze mit Hilfe von Sommerstecklingen, die in warmer, feuchter, sandiger Erde Wurzeln bilden.

○ 10 °C

Pandanus utilis

SCHRAUBENBAUM

Der bis 20 m hohe *Pandanus utilis* stammt ursprünglich aus Madagaskar und wird Schraubenbaum, manchmal auch Schraubenpalme genannt. Aber hierbei handelt es sich um keine Palme, wenn diese Pflanze auch mit Palmen verwandt ist. Die Blätter sitzen wie an einer Wendeltreppe am Stamm, der während des Wachstums stets länger wird. Ältere Blätter am unteren Ende werden häßlich und können abgeschnitten werden.

Da die Blätter bis 1,5 m lang werden können, braucht die Pflanze viel Platz und kann deshalb nur in geräumigen Gewächshäusern oder Kalthäusern überwintert werden. Die Temperatur sollte dort nicht unter 12 °C absinken. In Wohnräumen ist die Luftfeuchtigkeit zu niedrig. Den Sommer kann die Pflanze im Freiland

Pachystachys lutea

Pandanus utilis

verbringen. Sorgen Sie für ein gut durchlässiges Substrat und schützen Sie die Pflanze vor lang andauernden Regenfällen, ansonsten kann sie von den Blattachseln her verfaulen.

○ 12 °C

Pandorea jasminoides

Während einer Wachstumsperiode kann *Pandorea jasminoides* 2 m hoch klettern. Voraussetzungen hierfür sind Wärme, viel Wasser und Dünger und darüber hinaus natürlich ein Gerüst oder eine Stütze, an der die Pflanze emporklettern kann. Im Sommer befinden sich an den Enden der Zweige vier Zentimeter breite weiße bis rosa Blüten mit einem kirschroten Schlund.
Holen Sie diese australische Kübelpflanze vor dem ersten Nachtfrost ins Haus, dort kann sie beliebig zurückgeschnitten werden. Stellen Sie *Pandorea* an einen hellen Platz bei einer Temperatur von 10 bis 20 °C. Eine geringe Luftfeuchtigkeit wird einigermaßen vertragen, aber bedenken Sie, daß die Pflanze in Abhängigkeit von der Blattmenge an einem warmen Standort mehr Licht und Wasser braucht. Geben Sie nicht zu viel Wasser, denn dann könnten die Stengel verfaulen.
Die Vermehrung erfolgt durch Aussaat (auch im Norden bildet *Pandorea* keimfähige Samen) oder durch halbverholzte Stecklinge, die man im Sommer nimmt. Diese werden unter Plastikfolie oder Glas nach einigen Wochen Wurzeln bilden.

○ 5 °C

Pandorea jasminoides

Pandorea ricasoliana

Siehe: *Podranea ricasoliana*

Parkinsonia aculeata

Dieser Baum ist in tropischen und subtropischen Gebieten wegen der zierlichen Wuchsform und den Trauben gelber Blüten äußerst beliebt. Die Pflanze auf dem unten stehenden Foto wächst in der Wildnis der Galapagos-Inseln. Die Naturstandorte dieser Art befinden sich im ganzen tropischen Amerika an gleichermaßen trockenen Stellen.
Die Zweige entwickeln sich eher in die Breite und tragen kräftige Zweige und längliche, herabhängende Blätter von ungefähr 40 cm Länge. Am kräftigen Hauptnerv befinden sich winzige Teilblättchen. Im Sommer blüht die Pflanze mit Trauben gelber Blüten, an denen die orangefarbenen Staubgefäße auffallen.
Man kann *Parkinsonia aculeata* ausgezeichnet als Kübelpflanze ziehen. Stellen Sie die Pflanze im Sommer so warm und sonnig wie möglich und verwenden Sie ein gut durchlässiges Substrat, denn überschüssiges Wasser muß sofort abfließen können. Unter diesen Bedingungen kann man der Pflanze im Sommer normal Wasser und Dünger verabreichen.
Sobald die Temperaturen unter 5 °C absinken, muß der strauchartige Baum ins Haus (eventuell nach Rückschnitt) an einen sehr hellen Platz gestellt werden.
Die Temperatur kann notfalls bis 5 °C betragen, aber bei höheren Temperaturen (bis 15 °C) wird sich der wintergrüne Strauch eher wohlfühlen. Geben Sie während dieser Phase kaum Wasser.

○ 5 °C

Parkinsonia aculeata

Passiflora

PASSIONSBLUME

Passionsblumen besitzen meist fünf Kelch- und fünf Kronblätter (die kaum voneinander zu unterscheiden sind), fünf Staubgefäße und drei Stempel, und der gemeinsame Stiel trägt eine Nebenkrone (den Strahlenkranz oder die Corona). Er besteht aus einem Kranz drahtähnlicher Blütenteile, einer Art „Dornenkrone". Die hier beschriebenen Sorten und Arten stammen allesamt aus Amerika. Einige überleben unsere Winter im Freiland, aber die meisten müssen in einem Gewächshaus oder einem kühlen Raum überwintert werden. Sämtliche Arten und Sorten können in großen Töpfen gezogen werden und an einen sonnigen bis halbschattigen Platz ins Freiland, in ein Gewächshaus oder ein Kalthaus gestellt werden.
Die Pflanzen sind stark wüchsig und brauchen deshalb viel Platz. Wenn sie zu üppig werden, können Sie die Triebe leiten und einkürzen. Geben Sie den Pflanzen während der Wachstumsperiode mäßig Wasser, im Winter gießen Sie kaum. Viel Dünger stimuliert zwar die Blattentwicklung, aber dies geht meist auf Kosten der Blüten.

Passiflora x alato-caerulea

Die Blüten dieser Kreuzung zwischen *Passiflora alato* und *Passiflora caerulea* sind weiß mit mauve und werden ungefähr 10 cm breit.
Diese Kreuzung ist steril und kann nur über Stecklinge vermehrt werden.

○ 5 °C

Passiflora alba

Siehe: *Passiflora subpeltata*

Passiflora 'Amethyst'

Die genaue Herkunft dieser Passionsblume ist nicht bekannt. Sie wird auch oft unter dem Namen *Passiflora* 'Star of Mikan' verkauft, und um die Verwirrung noch zu vervollständigen, gibt es auch eine Art, die *Passiflora amethystina* heißt, die von Mikan beschrieben wurde. Aber diese Pflanze ist nicht weniger schön anzusehen. An ihren zarten Stengeln wachsen dreilappige Blätter und hier bilden sich auch die violetten Blüten mit den lilafarbenen Nebenkronen.

○ 5 °C

Passiflora 'Amethyst'

Passiflora x alato-caerulea

Passiflora antioquiensis

Siehe: *Passiflora x exoniensis*

Passiflora x belotii

Die ist der einzig richtige Name für diese Pflanze, die im Handel auch oft als *Passiflora* 'Imperatrice Eugénie' (oder 'Kaiserin Eugénie') angeboten wird, benannt nach der Frau von Napoleon Bonaparte. Die Blüten ähneln denen von *Passiflora* x *alato-caerulea*, vermutlich deshalb wird 'Imperatrice Eugénie' auch zu dieser Gruppe gestellt.

○ 5 °C

Passiflora x belotii

Passiflora caerulea

BLAUE PASSIONSBLUME

Die bekannteste Passionsblume kann auch als Gartenpflanze an einer geschützten Mauer gezogen werden. In jungen Jahren ist sie gegenüber Frost empfindlich, aber wenn sie älter ist, überlebt sie im Boden ausgepflanzt bestimmt 15° Frost, obwohl sie dann die meisten Blätter abwirft.

Ein getopftes Exemplar muß frostfrei überwintert werden. Aus der Blauen Passionsblume entstanden zahlreiche Zuchtformen, die man auf die gleiche Weise wie die Art versorgt. Eine der hübschesten Sorten ist vermutlich die relativ frostbeständige *Passiflora caerulea* 'Constance Eliott' mit weißen Blüten. Die Sorte wurde bereits 1879 durch Constance Eliott gewonnen.

○ 0 °C

Passiflora x exoniensis

Passiflora edulis

Der Name dieser Passionsblume deutet bereits auf ihre eßbaren Früchte hin, die Pflanzen werden hauptsächlich in warmen Gebieten gezogen und die Früchte liefern ein erfrischendes, vitaminreiches Getränk. In spanischsprechenden Ländern werden diese Früchte auch Maracuja genannt.

Wegen der relativ frühzeitigen Blüten kann man auch bei uns eßbare Früchte ziehen. Da sie vier Monate lang reifen müssen, wird man sie erst im Herbst ernten. Sie entwickeln sich bei einigen Zuchtformen durch Selbstbefruchtung, die anderen sind selbststeril, so daß man zwei verschiedene Pflanzen braucht von zwei unterschiedlichen Rassen (es dürfen nicht Stecklinge voneinander sein), um in den Genuß der Früchte zu kommen.

Oberflächlich gesehen, ähneln die Blüten denen von *Passiflora caerulea*, aber bei *Passiflora edulis* sind die „Drähte" der Nebenkrone überwiegend weiß (mit einem pupurfarbenen bis blauen Ring um das Blütenzentrum), länger und an den Enden deutlich gekräuselt.

○ 7 °C

Passiflora edulis

Passiflora x exoniensis

Bei den meisten Pflanzen, die unter dem Namen *Passiflora antioquiensis* verkauft werden, handelt es sich in Wirklichkeit um die Hybride *Passiflora* x *exoniensis* – eine Kreuzung zwischen der genannten Art und *Passiflora mollissima*. All diese Formen gehören zur Untergruppe der Tacsonien, den Bananenpassionsfrüchten, die ihren Namen wegen der bananenähnlichen Früchte erhalten haben. Sie wachsen in höher gelegenen Gebieten Südamerikas und brauchen das ganze Jahr über niedrige Temperaturen und viel Feuchtigkeit.

Ihre rosarote Blüte ist mehr als 10 cm breit und ihre sehr kleine, violette Nebenkrone ist besonders auffällig. An dieser Nebenkrone kann man die Kreuzung von der Art *Passiflora antioquiensis* unterscheiden, denn bei dieser fehlt die Nebenkrone. Es dauert einige Jahre, bis die Art und die Kreuzung zur Blüte kommen.

○ 0 °C

Passiflora mollisima

Passiflora foetida

Der wissenschaftliche Name dieser äußerst variablen Art bedeutet stinkende Passionsblume und weist deutlich auf den unangenehmen Geruch dieser Pflanze hin, der verströmt, wenn man an ihr entlang streicht. Dann brechen nämlich die Haare auf den Stengeln und Blättern ab, und die ganze Pflanze stinkt. Die 3 cm breiten Blüten sind weiß mit einem altrosa Zentrum, auf sie folgen eßbare Früchte, die in geweihartigen Auswüchsen verpackt sind. Sie bleiben mit einer Länge von 2 bis 3 cm relativ klein und sind nur im reifen Zustand genießbar.

○ 10 °C

Passiflora foetida

Passiflora 'Imperatrice Eugénie'

Siehe: *Passiflora* x *belotii*

Passiflora 'Incense'

Die auffällig gekräuselte Nebenkrone von *Passiflora* 'Incense' wirkt besonders ansprechend. Dr. Knight hat diese Form 1973 in Florida aus *Passiflora incarnata* und *Passiflora cincinnata* gezogen.

Die Mutterpflanze (*P. incarnata*) wächst in den östlichen Vereinigten Staaten, dort kann es stark frieren. Diese Kletterpflanze verliert dann Blätter und Stengel und wird häufig von Schnee überdeckt. Unter einer schützenden Schneedecke im Boden ausgepflanzt, verträgt sie ungefähr 15 Grad Frost. Die Folge ist, daß sie im Frühjahr nur sehr langsam in Gang kommt und es kaum schafft, noch vor dem folgenden Winter zur Blüte zu kommen.

Die Art läßt sich nur einem großen Kübel gut ziehen, den man vor dem ersten Nachtfrost einräumt. In einem kalten Winterquartier verliert diese Art ihre Blätter und muß deshalb im Frühjahr in ein Gewächshaus oder Kalthaus gestellt werden, damit sie noch rechtzeitig blühen kann.

Wenn man kein Gewächshaus oder Kalthaus besitzt, holt man die Pflanze im Herbst frühzeitig ins Haus und stellt sie dort an einen hellen Platz, an dem die minimale Temperatur 12 °C betragen sollte. In diesem Fall wird die Pflanze ihre Blätter behalten und wächst bereits im Frühling, wodurch sie auch rechtzeitig zum Blühen kommt.

An der Form *Passiflora* 'Incense' fällt besonders die

dunkle Farbe der langen Nebenkrone auf, deren gekräuselte Blätter sich über den eigentlichen Blütenblättern ausbreiten. Die Nebenkrone von *Passiflora* 'Incense' ist lilaviolett gefärbt und trägt dunkel violette Ringe, die mit Kreisen weißer Streifen abwechseln- und dies alles macht diese Form zu einem Juwel unter den Passionsblumen.

○ 12 °C oder ● 0 °C

Passiflora mollissima

BANANENPASSIONSBLUME

Die attraktiven, hängenden, hellrosa Blüten dieser Art aus den Anden können sich auch in unserem Klima im Freiland voll entwickeln. In großen Kübeln wächst die Pflanze hauptsächlich in feuchten, nicht zu heißen Sommern stattlich heran. Aus Samen gezogen, wird *Passiflora mollissima* einige Wachstumsperioden lang brauchen, bevor die Pflanze Blüten ausbildet.
Da die Blütezeit von *Passiflora mollissima* bei uns erst spät im Sommer beginnt, können sich die bananenartige Früchte nicht vollständig entwickeln. Das ist jammerschade, denn sie schmecken so gut, daß man die Früchte von *Passiflora mollissima* in Kolumbien zur Nationalfrucht auserwählte.

○ 5 °C

Passiflora 'Star of Mikan'

Siehe: *Passiflora* 'Amethyst'

Passiflora subpeltata

Die 5 cm breiten, silbrig weißen Blüten dieser *Passiflora* aus dem tropischen Amerika bilden sich ab dem Frühjahr bis in den Herbst hinein, auf sie folgen grüngelbe Früchte. Die Pflanze ist selbstbestäubend und entwickelt gut keimfähige Samen.

Passiflora caerulea 'Constance Eliott'

Passiflora 'Incense'

Man zieht *Passiflora subpeltata* am besten einjährig, weil es nicht so einfach ist, die Pflanzen über den Winter zu bringen. Ihr Winterquartier sollte kühl und hell sein.

(1) oder ☼ 10 °C

Passiflora subpeltata

Passiflora 'Sunburst'

Die Blüten dieser Kreuzung zwischen *Passiflora gilbertiana* und *Passiflora jorullensis* sind relativ klein. Ihre Blütenblätter fallen nicht auf, es ist die Nebenkrone dieser jungen Hybriden (sie wurde 1983 von Patrick Worley gezüchtet), die mit einem Kranz von Orangerot nach Orangegelb verlaufenden „Drähten" eine Attraktion darstellt. Die Blätter von *Passiflora* 'Sunburst' sind durch zwei nach außen stehende Blattlappen und hellgrüne Streifen und Tüpfeln gekennzeichnet.
Leider riechen die Blüten von Passiflora 'Sunburst' etwas unangenehm, so daß man die Pflanze besser nicht in einen Wintergarten oder direkt an die Terrasse setzt.

Passiflora 'Sunburst'

☼ 5 °C

Passiflora vitifolia

Diese rotblühenden Passionsblumen gehören mit zu den hübschesten und gleichzeitig leider mit zu den am schwierigsten zu kultivierenden Arten. *Passiflora vitifolia* wächst von Natur aus in den warmen, feuchten Wäldern von Nicaragua und in den nördlichen Ländern Südamerikas. Da es in diesen Gebieten nicht sehr kalt wird, muß man diese Art bei minimal 12 °C überwintern, ansonsten wirft die Pflanze ihre Blätter ab, und es ist fraglich, ob *Passiflora vitifolia* im Frühjahr überhaupt wieder in Gang kommt.
Der lateinische Artname verweist auf die große Ähnlichkeit, die zwischen den Blättern dieser Passionsblume und denen von der Weinrebe besteht. Die Blüten von *Passiflora vitifolia* sind grellrot und erscheinen ab dem Frühjahr. Wenn man die Pflanze hell und warm genug hält, kann man sich auch im Winter an ihr erfreuen, zum Beispiel in einem beheizten Gewächshaus oder einem Wintergarten.

☼ 12 °C

Passiflora vitifolia

Pelargonium

GERANIE

Die Pflanzen, die als Geranien verkauft werden, heißen offiziell *Pelargonium*. Sie sind weitläufig mit unseren heimischen Storchschnäbeln verwandt, wie zum Beispiel mit *Geranium pratense*, dem Wiesenstorchschnabel, brauchen aber eine völlig andere Pflege und Versorgung. Pelargonien stammen hauptsächlich aus dem südafrikanischen Küstengebiet. Die Arten, aus denen die meisten der bei uns gezogenen Pelargonien oder Geranien entwickelt wurden, kom-

men aus einem Gebiet mit Sommerregen.
Neben diesen Pflanzen gibt es auch Arten, die sich an unser rauhes Klima angepaßt haben. Einige scheinen hauptsächlich vom Nebel, oder aber von einer sehr kurzen Regenzeit zu leben. Die lange Trockenperiode überbrücken die Pelargonien durch die Feuchtigkeit, die sich in den Wurzeln oder in den verdickten Stengeln befindet.
Aus den weniger sukkulenten *Pelargonium*-Arten sind durch Kreuzung von Arten und durch die entsprechende Selektion des Resultats Tausende von Zuchtformen entstanden.
Die Geranien auf dem Balkon gehören zu den robustesten Topf- und Kastenpflanzen. Sie halten es sogar auf windigen Plätzen aus und bleiben lange schön, auch wenn man einige Male vergessen hat, ihnen Wasser zu geben. Die lange Blütezeit, ab dem Frühjahr bis weit in den Herbst hinein, hat Geranien unübertroffen populär gemacht.
Neben den beliebten „Gartengeranien" gibt es 250 natürliche Arten und Tausende von Kulturformen. Sie sind in zahlreiche Gruppen untergliedert, wir beschreiben nachfolgend die wichtigsten.

Pelargonium acetosum

Pelargonium acetosum steht gewissermaßen Modell für die ungefähr 250 wild vorkommenden *Pelargonium*-Arten.

Pelargonium acetosum wächst an einigen Stellen im Osten auf Lehmböden, die von den Flüssen abgelagert wurden. Ihre Stengel sind dünn, glatt und zerbrechlich, werden ungefähr 40 cm hoch und tragen kleine, saftige, graugrüne Blätter. Im Sommer entwickelt die Pflanze dünne Blütenstengel mit zart lachsrosa Blüten.

Pelargonium acetosum

Pelargonium

Die schmalen Blütenblätter haben eine kirschrote Äderung.
Für Pflegemaßnahmen siehe *Pelargonium* x *hortorum*, aber sorgen Sie unbedingt für gut durchlässige Erde.
Viele der Wild-Pelargonien sind echte Liebhaberpflanzen. In Abhängigkeit von ihrem natürlichen Standort stellen sie besondere Ansprüche an die Versorgung.

○ 2 °C

Pelargonium 'Bildeston'

BIRD'S EGG

Die Zuchtform *Pelargonium* 'Bildeston' gehört zu einer Untergruppe der Hortorum-Geranien (siehe *Pelargonium* x *hortorum*).
Diese Gruppe ist durch ihre gefleckten und getüpfelten Blüten gekennzeichnet.
Dies wird auch durch den englischen Namen Bird's Egg angedeutet (vermutlich, weil Vogeleier oft getüpfelt sind). Da 'Bildeston' relativ klein bleibt (niedriger als 25 cm, gehört sie zu den Zwergsorten. Formen, die nicht über 15 cm erreichen, nennt man Miniaturformen.
Pelargonium 'Bildeston' ist einfachblütig und die lachsrosa Blütenblätter sind unregelmäßig grellrosa gezeichnet. Auf einigen Blütenblättern sind nur kleine Fleckchen zu sehen, auf anderen Streifen und wieder andere tragen fluoreszierende Farben.
Für die Versorgung und Pflege siehe *Pelargonium* x *hortorum*.

○ 2 °C

Pelargonium 'Bildeston'

Pelargonium 'Cathay'

Pelargonium 'Cathay' gehört zur Stellar-Gruppe, einer Untergruppe der Hortorum-Geranien (siehe *Pelargonium* x *hortorum*). Die ungefähr 30 cm hohen Pflanzen tragen sternförmige Blätter, oft mit einem dunklen Band. Die Blütenstengel ragen weit über sie hinaus. Sie entwickeln Blüten mit meist gefaserten Blütenblättern. Bei *Pelargonium* 'Cathay' sind sie lachsrosa, ebenso wie bei 'Bird's Dancer' (hier verfärben sie sich etwas heller) und 'Hannaford Star' (sie sind etwas dunkler gefärbt).
Es gibt aber auch zahlreiche weiße Exemplare aus der Stellar-Gruppe: 'Arctic Star', 'Pixie Prince' und 'Snowflake'. Andere Zuchtformen sind: 'Orange Pixie' (gefülltblütig und orangerot), 'Grenadier' (gefülltblütig und scharlachrot), 'Scarlet Gem' (einfachblütig und rot) und 'Pixie Fire' (rote und weiße, gefüllte Blüten).
Für die Versorgung und Pflege siehe *Pelargonium* x *hortorum*.

○ 5 °C

Pelargonium 'Cathay'

Pelargonium x domesticum

FRANZÖSISCHE GERANIEN

Die zahlreichen Formen von *Pelargonium* x *domesticum* (*Pelargonium*-Domesticum-Gruppe oder *Pelargonium*-Regale-Gruppe) werden auch Französische Geranien genannt. Sie werden normalerweise als blühende Zimmerpflanzen angeboten (*domesticum* bedeutet „für das Haus"), wachsen und blühen aber im Freien besser. In der frischen Luft im Freiland sind sie wesentlich weniger anfällig für Weiße Fliege, wohingegen sie in Wohnräumen und im Gewächshaus häufig von diesen Schädlingen befallen werden.

Ihre drahtähnlichen Wurzeln entwickeln sich in normaler, nährstoffreicher Blumenerde ausgezeichnet. Diese Geranien können zwar selbst im Schatten noch blühen, aber am besten eignet sich ein halbschattiger Standort. Dort werden die Pflanzen ab Mai bis in den Spätsommer hinein große, farbenfrohe Blüten ausbilden.
Wenn man die Französischen Geranien im Herbst möglichst lange im Freiland stehen läßt, werden sie im folgenden Jahr umso üppiger Blüten entwickeln.

○ 2 °C

Pelargonium x domesticum

Pelargonium x hortorum

STEHENDE GERANIEN

Dies ist ein Sammelname für die beliebtesten Geranien. Da sie relativ kompakt und strauchförmig wachsen, werden sie auch häufig Stehende Geranien genannt. Aber manchmal werden sie auch als Zonale-Gruppe oder Zonale-Hybriden bezeichnet, vermutlich wegen der Ähnlichkeit ihrer Blätter mit denen von *Pelargonium zonale* (dies ist wahrscheinlich eine der Elternpflanzen), beide kennzeichnet ein dunkler Ring auf den Blättern. Diese dunkle Verfärbung kommt aber nicht bei allen Formen vor. Unter Fachleuten werden diese Pelargonien Hortorum-Geranien genannt.
Pelargonium x *hortorum* -Pflanzen bilden runde, verzweigte, recht saftige Stengel aus. Dieser Feuchtigkeitsvorrat wird während trockener Perioden ausgenutzt. Die Pflanzen wachsen am besten, wenn man die Erde nach dem Gießen zunächst wieder abtrocknen läßt, und anschließend wieder reichlich Wasser gibt.
Aber achten Sie darauf, daß die Wurzeln nicht im Wasser stehen bleiben. Stellen Sie die Pflanzen an einen sonnigen bis halbschattigen Platz, der möglichst luftig sein sollte. Verwenden Sie Blumenerde, die Sie mit etwas Lehm und Sand vermischen. Während der Wachstumsperiode brauchen diese Pelargonien Dünger, der relativ wenig Stickstoff (N) enthalten sollte.
Bevor Frost auftritt, stellt man die Pflanzen zum Überwintern an einen kühlen und hellen Platz ins Haus. Das Substrat kann nun austrocknen.
Zur Vermehrung und Verjüngung der Pflanzen werden im Sommer Stecklinge geschnitten. Nehmen Sie Kopfstecklinge und schneiden Sie diese unter der vierten Blattknospe ab. Diese werden einzeln in kleine Töpfchen (5,5 cm Durchmesser) mit sandiger Erde gepflanzt. Geben Sie den Stecklingen sofort Wasser und stellen Sie die Töpfchen an einen warmen, hellen Platz, aber nicht in die pralle Sonne und nicht unter Plastik. Wenn das Substrat fast ausgetrocknet ist, gießen Sie erneut. Nach zwei bis vier Wochen ist der Steckling normalerweise bewurzelt.

○ 2 °C

Pelargonium x hortorum

Pelargonium 'L'Elégante'

HÄNGEGERANIE

Diese prächtige, buntblättrige Form gehört zu den Hängepelargonien (Hängegeranien), sie werden zur Peltatum-Gruppe oder zu *Pelargonium peltatum* gerechnet. Die Stengel sind glatt und dünn, sie hängen herab, wenn sie länger auswachsen.
Die Pflanzen schmücken glänzende Blätter, die mehr oder weniger spitz sind und an Efeu erinnern. An einem sonnigen Platz werden die Hängegeranien lange und reichlich blühen. Oft werden die Peltatum-Geranien in einer Reihe in Balkonkästen gepflanzt, wobei die Stengel mit Blättern und Blüten wie ein Wasserfall herabhängen.

Pelargonium 'L'Elégante' dagegen, wird häufig als Solitärpflanze verwendet. Ihre bunten Blätter, die graugrün glänzen und mit einem rahmweißen Rand gesäumt sind, wirken in einem klassischen Topf ausgezeichnet. Wenn man das Substrat während der Wassergaben austrocknen läßt, verändert sich die Randfarbe der Blätter im Herbst nach Purpur.
Die Versorgung und Pflege dieser Pflanze ähnelt der von *Pelargonium* x *hortorum*, mit der Ausnahme, daß *Pelargonium* 'L'Elégante' eine höhere Minimumtemperatur braucht.

○ 2 °C

Pelargonium 'L'Elégante'

Pelargonium 'Mme Layal'

ANGEL-GRUPPE

Die kompakt wachsende *Pelargonium* 'Mme Layal' gehört zu einer der kleineren Gruppen, der Angel-Gruppe. Die Sträucher haben holzige Stengel, die sich reichlich verzweigen und oft entwickeln sie gewellte Blätter. Oberhalb der Blätter bilden sich ab Frühjahr bis in den Spätsommer hinein prächtig gezeichnete Blüten, die denen der Französischen Geranien stark ähneln.
Pflanzen aus der Angel-Gruppe vertragen mehr Wasser als andere Pelargonien und eignen sich deshalb in unserem Klima ausgezeichnet für die Terrasse. Wenn man den Topf oder Kübel gut abtrocknen läßt, braucht man selbst in nassen Sommern nicht zu befürchten, daß die Wurzeln faulen.
Für die weitere Versorgung siehe *Pelargonium* x *hortorum*.

○ 2°C

Pelargonium Regale-Gruppe

Siehe: *Pelargonium* x *domesticum*

Pelargonium 'Rober's Lemon Rose'

DUFTGERANIE

Bei den Pelargonien, deren Blätter duften, wie es bei 'Rober's Lemon Rose' der Fall ist, geht es nicht um die Blüten oder um den Zierwert der Blätter, sondern hauptsächlich um den Duft. Die Blüten sind fast immer sehr klein und die Blätter filzig grün. Auf den Blättern befinden sich feine Härchen, aus denen, wenn man über das Blatt streicht, ein ätherisches Öl mit dem für die Sorte oder Form kennzeichnenden Duft freigesetzt wird.
Die Namen dieser Pflanzen weisen auf die Art des Geruches hin. So riecht die bekannte Zitronengeranie nach Zitrone, 'Old Spice' nach Gewürznelken, 'Prince of Orange' nach Apfelsinen, zumindest theoretisch. Denn unser Geruchsinn ist etwas sehr Persönliches, so daß der Duft ein und derselben Pflanze von verschiedenen Menschen total unterschiedlich wahrgenommen werden kann.
Weiterhin ist die Namensgebung der Duftgeranien ein Wirrwarr, wodurch eigentlich nur selten der richtige Name an der Pflanze steht. Deshalb geht man beim Kauf am besten nach der Nase.
Stellen Sie die Duftgeranien an einen sonnigen Platz und geben Sie mäßig Wasser und Dünger, ansonsten werden die Pflanzen ihr kompaktes Aussehen und ihren guten Duft verlieren.

Pelargonium 'Mme Layal'

Schützen Sie die Pflanzen im Sommer vor lange anhaltenden Regenperioden.
Für die weitere Versorgung und Pflege siehe *Pelargonium* x *hortorum*.

○ 2 °C

Pelargonium 'Rober's Lemon Rose'

Pelargonium 'Shottesham Pet'

Die kräftigen Zweige von *Pelargonium* 'Shottesham Pet' sind mit gekräuselten Blättern dicht besetzt, die bei Berührung krautig duften.
Mit ihrer breiten Wuchsform handelt es sich bei dieser Pflanze um eine typische Vertreterin der Unique-Gruppe, deren Kennzeichen ein kräftiger und eher struppiger Wuchs und die häufig blassen Blütenfarben sind.
Die Pflanzen bevorzugen einen Platz an der frischen Luft, sie eignen sich wegen ihrer Robustheit gut, um als Solitärpflanze in einem großen Topf gezogen zu werden. Die verholzenden Triebe hängen auf Dauer lange herab.
Für die Versorgung siehe *Pelargonium* x *hortorum*.
○ 2 °C

Pelargonium Zonale-Gruppe

Siehe: *Pelargonium* x *hortorum*

Penstemon 'Evelyn'

BARTFADEN

Diese Pflanzen überleben auf ihren natürlichen, eher trockenen Standorten in den südwestlichen Vereinigten Staaten und in Mittelamerika sogar strengen Frost. In unseren Klimaregionen überstehen sie nicht einmal einen milden Winter. Ursache hierfür ist Feuchtigkeit.

Pelargonium 'Shottesham Pet'

Nasse Wurzeln sind im Winter sehr kälteempfindlich, wodurch sie leicht verfaulen.
Im Topf hingegen kann man den Bartfaden überwintern. Füllen Sie das Gefäß von *Penstemon* 'Evelyn', die ungefähr 40 bis 50 cm hoch wird, mit gut durchlässiger, sandiger Erde. Geben Sie im Sommer immer dann Wasser, wenn sich die Erdoberfläche trocken anfühlt und düngen Sie nicht. Die Sorte 'Evelyn' entstand vermutlich aus *Penstemon campanulatus* und hat die buschige Wuchsform von dieser mexikanischen Art geerbt. Ab Juni bis in den Herbst hinein entwickelt sie attraktiv gezeichnete, rosafarbene Blüten.
Sobald Gefahr für Frost besteht, stellt man den Topf am besten in ein unbeheiztes Gewächshaus oder ein Kalthaus, dort kann es sogar 1 bis 10 Grad frieren. Bei strengerem Frost muß die Pflanze an einen hellen, kühlen Platz im Haus gestellt werden. Geben Sie der Pflanze dort kein Wasser.
Selbst wenn es gelingt, den Bartfaden zu überwintern, handelt es sich hierbei um eher kurzlebige Pflanzen. Sobald die Pflanzen im Spätsommer Anzeichen für Verfall erkennen lassen, nehmen Sie Stecklinge. Schneiden Sie von nicht-blühenden Trieben Kopfstecklinge ab und stecken Sie diese unter Glas oder unter einer Plastikfolie in leicht feuchtes, sandiges Substrat.

○ -10 °C

Penstemon 'Evelyn'

Penstemon 'Mother of Pearl'

BARTFADEN

Die weißen Blüten dieser prächtigen Sorte sind mit einer glänzenden, purpurrosafarbenen Schicht, die wie Perlmutt aussieht, überzogen. Sie entwickeln sich ab Mitte des Sommers an ungefähr 70 cm hohen Stengeln.
Für die Versorgung und Vermehrung siehe *Penstemon* 'Evelyn'.

○ -10 °C

Penstemon 'Mother of Pearl'

Pentas carnea

Siehe: *Pentas lanceolata*

Pentas lanceolata

Bei diesem kleinen Strauch aus Jemen und Ostafrika geht es um die Blüten, die sich bereits an jungen Pflanzen ausbilden. Sie stehen in einem kugelrunden Schirm zusammen, der 5 bis 10 cm breit ist. Die Blütenfarbe variiert von Weiß über Zartrosa nach Fleischfarben, oder von Rosa nach Magenta und Hellviolett.
Aus den Samen einer zum Beispiel weißblühenden Pflanze können Pflänzchen in allen möglichen Farben und Farbtönungen keimen. Es hat dann auch wenig Sinn, diesen Farbvertretern eigene Namen zu geben, so daß man die Pflanzen am besten blühend kauft. Man findet *Pentas* bei den Zimmerpflanzen oder bei

Pentas lanceolata

den einjährigen Sommerpflanzen. Leider werden die Pflanzen nach der Blüte weggeworfen.
Aber als Kübelpflanzen können sie alt werden. Stellen Sie die Pflanzen in einem großen Topf im Spätfrühling oder im Sommer im Freiland an einen sonnigen, warmen Platz. Dort werden sie bei normaler Versorgung schnell und reichlich blühen. Nachdem die chemischen Wachstumshemmer, die die Züchter verwendeten, aufgebraucht sind, wachsen die Pflanzen auf Dauer zu einem Strauch von fast 1 m Höhe heran. Wenn man *Pentas* direkt nach der Blüte zurückschneidet, wird sie ihre kompakte, schöne Wuchsform erhalten.
Im Winter bevorzugt die Pflanze einen hellen, luftigen und kühlen (minimale Temperatur 10 °C) Standort. Es ist möglich, die Pflanze in einem Wohnraum zu überwintern, aber da sie dort weiterwachsen wird, braucht sie regelmäßig Wasser, während man sie in einem kühlen Winterquartier kaum gießt. Wenn *Pentas* auf Dauer verholzt, nehmen Sie im Sommer von frischen Zweigen Stecklinge, die Sie bei Bodenwärme in einer sandigen Mischung wurzeln lassen.

○ 10 °C

Pentas lanceolata

Persea americana

AVOCADO

In der fleischigen Frucht des Avocadobaums befindet sich ein Samen, der fast noch größer werden kann als ein Taubenei. Es ist wunderschön, zu betrachten, wie er auskeimt. Wenn man ein Glas oder ein Gefäß mit Wasser füllt, kann man diesen Prozeß verfolgen. Sorgen Sie dafür, daß der Samen über dem Flüssigkeitsspiegel hängt. Der Same scheint das Wasser zu „riechen" und wird nach einigen Wochen bis Monaten keimen. Aus dem Kern entwickelt sich ein kräftiger Stengel mit robusten Keimblättern. Zur gleichen Zeit wachsen die Wurzeln in das Wasser hinein. Nun wird es Zeit, die Pflanze zu topfen.
Stellen Sie das Glas an einen warmen Platz (20 bis 25 °C). Man kann den Keimvorgang beschleunigen, indem man die Luftfeuchtigkeit erhöht (und das Glas unter eine Art Haube stellt) oder indem man dem Gefäß einen Platz in einem Treibhaus ermöglicht.
Die junge Avocado kann sich im Laufe einiger Jahre zu einer prächtigen Blattpflanze entwickeln, die sich ausgezeichnet für die Terrasse oder den Balkon eignet. Geben Sie der Pflanze einen warmen Platz, möglichst nicht in der prallen Sonne. Obwohl die Avocado einige Grad Frost überstehen kann, führt Kälte zum Blattabwurf und zur Wachstumsverzögerung.
Über ungefähr 5 °C behält die Pflanze auch im Winter ihre Blätter. *Persea americana* braucht dann genügend Wasser, um die Verdunstung über die Blätter zu kompensieren. Im Sommer gibt man reichlich Wasser und Dünger, so daß sich die großen, grünen Blätter gut entwickeln können.
Erst nach einigen Jahren können Sie Blüten erwarten,

Persea americana

Früchte sind in unserem Klima sehr selten, da die meisten Avocado-Sorten durch Pollen einer anderen Pflanze bestäubt werden müssen. Außerdem schmecken die Früchte, die sich in unserem Klima ausbilden, ziemlich scheußlich.
In Zentralamerika wird die Avocado bereits seit 8000 Jahren gezüchtet, dort wächst die Pflanze zu einem Baum von ungefähr 15 m Höhe heran. Bei uns bleibt *Persea americana* lange Zeit ein zierlicher Blattstrauch.

○ 5 °C oder ✹ 0 °C

Petunia

Petunien sind bereits seit langer Zeit als einjährige Rabattenpflanzen bekannt, aber eigentlich sollte man sie besser in Töpfen ziehen. Dort werden ihre Blüten nämlich wesentlich weniger häufig mit Wasser in Kontakt kommen.
Die meisten der angebotenen Zuchtformen entstanden aus *Petunia axillaris* und *Petunia integrifolia*. Beide Arten sind kurzlebig, so daß man sie am besten jedes Jahr wieder neu aus Samen heranzieht.
Gegenwärtig werden auch häufig durch Stecklinge vermehrte Petunien angeboten. Sie blühen frühzeitig, während einer Periode, in der Konsument loszieht, um endlich seine Balkonkästen zu füllen.
Für Balkonkästen eignen sich Petunien aus der Cascade-Gruppe. Die Stengel dieser Pflanzen hängen wie ein blühender Wasserfall herab.
Unter den Stecklings-Petunien treffen wir derzeit Handelsmarken an, die auch als Sortennamen verwendet werden: Surfinia und Fortunia sind die bekanntesten Beispiele.
Ihre Züchter haben diese Namen besetzt, um zu vermeiden, daß andere diese Pflanzen weiterziehen. Genau genommen dürfte man von diesen Pflanzen nicht einmal Stecklinge nehmen.
Es gibt zwölf Zuchtformen der Surfinia-Petunien, von Weiß nach Rosa bis Violett, oft sind die Blüten dunkler geädert.
Sie alle sind gegenüber Regenfällen gut beständig, nahezu windfest, begnügen sich mit nur wenig Sonne und brauchen viel Wasser und ausreichend Dünger.
Surfinien sind allerdings (wie andere Stecklings-Petunien) gegenüber Viruskrankheiten sehr anfällig. Eine befallene Pflanze kann diese gesunden Artgenossen durch Blatt-, Stengel- und Wurzelkontakt, über infizierte Erde und während man Stecklinge nimmt, übertragen.
Ein solcher Befall ist hauptsächlich bei folgenden Surfinien häufig vorgekommen: White, Hot Pink, Pastel Pink und Violet Blue. Achten Sie beim Kauf darauf, daß die Blätter gleichmäßig grün sind. Bei befallenen Pflanzen treten auf den Blättern hellgrüne Flecken auf, die sich dann später zu kleinen Knoten bzw. Deformierungen ausbilden. Es werden keine Blüten gebildet und auf Dauer kann die ganze Pflanze

Petunia

Petunia 'Kesupite'

Petunia 'Sunsolos'

absterben. Wenn man diese Krankheiten erst einmal im Griff hat, sollten die Stecklings-Petunien trotzdem populär bleiben. Sollte dies allerdings nicht der Fall sein, wird man sicher auf die ausgesäten Petunien zurückgreifen, denn diese sind gegenüber solchen Viruskrankheiten unempfindlich.

Petunien, die man im zeitigen Frühjahr aussät, werden bereits im Sommer Blüten entwickeln. Um sie frühzeitig auf den Markt zu bringen, werden sie oft bereits im Herbst und Winter ausgesät, in diesem Fall muß der Züchter sie allerdings belichten und heizen.

Ein Hobbygärtner wird die Pflanzen am besten zwischen Ende Januar und Ende März im Haus vorziehen. Bringen Sie die Samen sehr dünn auf einer lockeren und nährstoffarmen Erdmischung aus Sand und Torf aus. Stellen Sie alles unter Glas und halten Sie die Bodentemperatur auf ungefähr 20 °C. Nach dem Keimen entfernt man das Glas, um Schimmelbildung zu vermeiden. Die Sämlinge werden jetzt kühler und heller gestellt, aber nicht zu sonnig, und nach dem letzten Frost werden sie ins Freiland ausgebracht.

Stellen Sie Ihre Pflänzchen nicht in den Wind, aber in die Sonne oder in den Halbschatten und achten Sie darauf, daß die Erde nicht austrocknet. Gesäte Petunien werden nicht gedüngt. Ohne Dünger werden sie reichlicher blühen.

Nachfolgend nennen wir einige Zuchtformen:
Petunia 'Kessupas' (Pastel Pink Surfinia)
Petunia 'Kessupite' (White Surfinia)
Petunia 'Kesuble' (Violet Surfinia)
Petunia 'Marrose' (Hot Pink Surfinia)
Petunia 'Pink Rising Sun' (Fortunia Pink Rising Sun)
Petunia 'Pink Wave' (Fortunia Pink Wave)
Petunia 'Purple Wave' (Fortunia Purple Wave)
Petunia 'Red Rising Sun' (Fortunia Red Rising Sun)
Petunia 'Revolution' (Purple Mini Surfinia)
Petunia 'Shihi Brilliant' (Purple Surfinia)
Petunia 'Shihi Purple' (Brilliant Surfinia)
Petunia 'Summer Sun' (Multiflora F1-Hybride)
Petunia 'Sunsolos' (Blue Vein Surfinia)
Petunia 'Suntosol' (Pink Vein Surfinia)
Petunia 'Suntovan' (Pink Mini Surfinia)
Petunia 'White Rising Sun' (Fortunia White Rising Sun)

(1)

Petunia 'Revolution'

Petunia 'Suntovan'

Phaedranthus buccinatorius

Siehe: *Distictis buccinatoria*

Phlox drummondii

EINJÄHRIGER PHLOX, EINJÄHRIGE FLAMMENBLUME

Die Einjährige Flammenblume bevorzugt einen warmen Standort, am besten in der vollen Sonne, ansonsten im Halbschatten. Im zeitigen Frühjahr werden die Pflanzen im Haus und ab April im Freiland vorgezogen. In lockerer, nährstoffreicher Erde blühen die Sämlinge in der zweiten Sommerhälfte.
Bei Topfkultur sollten Sie nach einer niedrig bleibenden Zuchtform Ausschau halten, so daß die Pflanzen schön kompakt bleiben und nicht auseinanderfallen. Besonders die Sorten aus der Beauty-Serie eignen sich hierfür ausgezeichnet. Die Pflanzen werden maximal 20 cm hoch:
Phlox drummondii 'Blue Beauty' trägt violettblaue Blütchen. Beim Verblühen verschiebt sich die Farbe nach zarteren Tönungen;
Phlox drummondii 'Pink Beauty' entwickelt große, grellrosa bis lachsfarbene Blüten;
Phlox drummondii 'Yellow Beauty' blüht zartgelb.

(1)
Phlox drummondii 'Blue Beauty'

Phoenix canariensis

DATTELPALME

Auf den Kanarischen Inseln, der Heimat der Dattelpalme, wird die Pflanze auf Dauer mehr als 10 m hoch. Die Nachttemperaturen sinken dort im Winter auf 1 bis 5 Grad ab, aber diese Palme kann wesentlich mehr Kälte vertragen. Sie wächst auch an der Cote d'Azur, der Riviera und im südwestlichen England, dort hat es sogar manchmal einige Grad unter dem Gefrierpunkt.
Die Dattelpalme läßt sich als robuste Kübelpflanze halten, allerdings braucht man, selbst schon für junge Pflanzen, viel Platz. Die Blattwedel wachsen von Anfang an kräftig in die Breite, so daß man wenigstens 3 m Raum für diese Pflanze braucht. In späteren Jahren erreichen die Wedel eine Länge bis 5 m.
Starkes Wachstum kann die Pflanze aus dem Topf heben, in diesem Fall können Sie unbedenklich die Wurzeln der Dattelpalme zurückschneiden.
Stellen Sie die Palme im Sommer sonnig und warm, notfalls auch an einen windigeren Platz. Sie läßt sich sogar auf einem geräumigen Balkon oder auf einer Dachterrasse ziehen.
Sorgen Sie für regelmäßige Wassergaben, das Gießwasser sollte enthärtet und nicht kälter als die Erde sein.
Im Winter muß man die Palme frostfrei und hell stellen. Ein kühler (5 bis 15 °C) und recht trockener Raum hat Vorteile, aber tut es auch ein beheizter Wohnraum. Im letzterem Fall muß man natürlich regelmäßig gießen.

○ 5 °C

Phoenix canariensis

Phormium colensoi

NEUSEELÄNDER FLACHS

Die europäischen Entdecker von Neuseeland haben die Maoris beobachtet, wie sie aus den Blättern dieser Pflanze Seile gesponnen haben.
Phormium ist eine immergrüne Rosettenpflanze mit schwertförmigen Blättern, die im Kübel etwa 2 m lang werden und sich aus einem Wurzelstock entwickeln. Sie liefert mit die dehnbarsten Fasern des Pflan-

zenreichs. An älteren Exemplaren bildet sich ein die Blätter weit überragender Schaft mit mattroter Blütenrispe. Die Blüten werden von Vögeln bestäubt.
Phormium kann im Sommer sowohl an einem sonnigen, als auch an einem halbschattigen Platz stehen. Geben Sie den Pflanzen Einheitserde und düngen Sie bis August wöchentlich. Im Frühjahr werden sie bei Bedarf umgetopft.
Die Blätter von *Phormium colensoi* werden ungefähr 1 m lang, aber bleiben damit wesentlich kleiner, als die der anderen Art *Phormium tenax*.
Aus beiden Arten entstanden attraktive Zuchtformen. Man erhielt buntblättrige Formen, deren Blätter unterschiedlich groß werden. Diese Formen werden häufig unterschiedlichen Arten zugeordnet: Zum Beispiel haben beide Arten die Zuchtform 'Tricolor' und 'Variegatum', wobei es sich aber um verschiedene Formen handelt.
Die erforderlichen Pflegemaßnahmen sind bei *Phormium tenax* beschrieben.
Bekannte Zuchtformen sind:
Phormium colensoi 'Apricot Queen' (dunkelgrün mit aprikotfarbenen Streifen und einem bronzefarbenen Rand);
Phormium colensoi 'Dark Delight' (dunkel rotbraun);
Phormium colensoi 'Duet' (kurze, hellgrüne Blätter mit sahnefarbenen Streifen);
Phormium colensoi 'Jack Sprat' (kurze, hell bronzefarbene Blätter);
Phormium colensoi 'Tricolor' (weiche, grüne Blätter mit einem roten Rand und sahnegelben Streifen);
Phormium colensoi 'Variegatum' (rahm- bis zitronengelbe Streifen entlang des Blattsaums).

○ oder ● 0 °C

Phormium colensoi 'Variegatum'

Phormium coockianum

Siehe: *Phormium colensoi*

Phormium hookeri

Siehe: *Phormium colensoi*

Phormium tenax

NEUSEELÄNDER FLACHS

In englischen Küstengebieten wächst der Neuseeländer Flachs im Boden ausgepflanzt unter einer schützenden Winterdecke. Auf diese Weise verträgt er 10° Frost.
Im Topf muß man allerdings den kriechend wachsenden Wurzelstock des Neuseeländer Flachses frostfrei halten. Sorgen Sie im Winter für einen möglichst kühlen Platz (nicht über 12 °C), der natürlich trocken und vorzugsweise hell sein sollte.

Phormium tenax

Die Pflanze verträgt auch notfalls ein dunkles Winterquartier.
Wenn Sie *Phormium* im Sommer in die Sonne stellen, werden sich die Blätter attraktiv färben. Geben Sie *Phormium tenax* reichlich Wasser (halten Sie allerdings *Phormium colensoi* nur mäßig feucht), das Gießwasser muß gut abfließen können.
Warten Sie mit dem Umtopfen, bis die Wurzeln den ganzen Topf ausgefüllt haben, denn jetzt kann man den Neuseeländer Flachs gut teilen (indem Sie die Pflanze mit einem scharfen Spaten in zwei Teile schneiden).
Auch Aussaat ist möglich, aber nur bei den ursprünglichen Arten und Formen, die sich natürlicherweise in Neuseeland entwickelt haben ('Purpureum' und 'Variegatum'), ähneln die Sämlinge ihren Elternpflanzen.
Bei den zahlreichen Kreuzungen, die überall in der Welt entstanden, sind die Sämlinge äußerst variabel.

Aus *Phormium tenax* und der anderen Art, der kleiner bleibenden *Phormium colensoi* (siehe auch dort), wurden zahlreiche buntblättrige Formen gezogen, von denen mittlerweile viele im Handel erhältlich sind:
Phormium tenax 'Aurora' (lange, schmale Blätter mit grünen, rosafarbenen, roten bis gelben und kastanienbraunen Streifen);
Phormium tenax 'Dazzler' (hellrote Blätter mit orangegelben und oliv-graugrünen Bändern);
Phormium tenax 'Purpureum' (graugrüne Blätter mit einem rotbraunen Mittelnerv und rotbraunen Rändern);
Phormium tenax 'Sundowner' (eineinhalb Meter lange, graugrüne Blätter mit purpurfarbenen Nerven und einem rosa bis rahmgelben Rand);
Phormium tenax 'Variegatum' (grün mit gelben, crémefarbenen und weißen Bändern);
Phormium tenax 'Yellow Wave' (breite, grüne Blätter mit gelben bis grüngelben Bändern).

○ oder ● 0 °C

Phormium tenax 'Sundowner'

Phygelius aequalis

Phygelius-Arten kommen natürlicherweise aus Südafrika und stehen trotz ihrer warmen Heimat gerne feucht.
In der Natur wachsen sie an Flußläufen und an feuchten Felshängen bevorzugt an einem sonnigen Platz. Deshalb stellen Sie diese Pflanzen sonnig und warm und geben ihnen im Sommer reichlich Wasser.

Kübelpflanzenlieferanten bieten von der orangeblühenden *Phygelius aequalis* hauptsächlich die hellgelbe Zuchtform 'Yellow Trumpet' an. Sie wird manchmal auch gelbe Fuchsie genannt.
An den ungefähr 1 m langen Stengeln hängen die Blüten im Sommer nach einer Seite herab. Diese Art und die gelbe Zuchtform vertragen weniger Kälte als *Phygelius capensis* und müssen unbedingt frostfrei überwintert werden.
Stellen Sie diese Pflanzen in ein helles und trockenes Winterquartier.

○ 2 °C

Phygelius aequalis 'Yellow Trumpet'

Phygelius capensis

KAP-FUCHSIE

Die bekannteste *Phygelius*-Art wird nur sehr selten angeboten. Trotzdem sieht man ihren Namen häufiger in den Zuchtbetrieben, aber meist handelt es sich hierbei um eine der moderneren Kreuzungen zwischen *Phygelius capensis* und *Phygelius aequalis*: Siehe *Phygelius* x *rectus*.
Die echte Kap-Fuchsie (nicht abgebildet) blüht mit gekrümmten, orangefarbenen Blüten an rund 1,5 m hohen Stengeln. Die Pflanze kann in Gebieten mit Meeresklima unter einer Winterdecke im Boden ausgepflanzt überwintern. Stengel und Blätter fallen bei Frost ab. Ein getopftes Exemplar muß, sobald es friert, ins Haus geholt werden, dann behält die Pflanze ihre Blätter. Im Haus bevorzugt sie einen hellen Standort und braucht dann nicht mehr häufig gegossen zu werden.

○ 0 °C

Phygelius x rectus

Bei den meisten Pflanzen, die unter dem Namen *Phygelius capensis* angeboten werden, handelt es sich

in Wirklichkeit um Kreuzungen zwischen *Phygelius aequalis* mit erstgenannter Art. Vor allem in den achtziger Jahren entstanden durch den englischen Züchter Hillier zahlreiche dieser x *rectus*-Kreuzungen. Sie sind weniger frostbeständig als *Phygelius capensis* und können in Regionen mit milden Wintern im Boden ausgepflanzt bleiben.
Weitere Pflegemaßnahmen und Ratschläge zur Versorgung lesen Sie unter *Phygelius capensis* nach.
Phygelius x *rectus* 'African Queen' wurde bereits 1969 aus der Kreuzung von *Phygelius aequalis* mit *Phygelius capensis* 'Coccineus' gezüchtet. Wenn sich die blaßroten Knospen öffnen, drehen sie sich zum Stengel hin. Der gelbe Blütenkelch wird von orangeroten Kronblättern umgeben. *Phygelius* x *rectus* 'Trewidden Pink' ist eine schlankere Form mit schmaleren, orangefarbenen Blüten.

○ 0 °C

Phygelius x rectus 'African Queen'

Pinus canariensis

KANARENKIEFER

Auf den Kanarischen Inseln bildet diese Art ganze Wälder. Unter diesen bis 20 m hohen Bäumen befindet sich eine dicke Schicht abgefallener Nadeln, zwischen denen fast nichts wächst.
Obwohl auf diesen Inseln häufig der Wald komplett abbrennt, überlebt die Kanarenkiefer durch eine besondere Anpassung: Nur die äußersten Schichten können verbrennen.
Die Kanarenkiefer hat wegen ihrer 20 cm langen Nadeln einen hohen Zierwert, aber trotzdem wird sie nur selten angeboten. Wenn man die Gelegenheit hat, ihre Samen auf einer der Kanarischen Inseln selbst zu sammeln, kann man daraus leicht kleine Bäumchen ziehen.
Der kegelförmige, kleine Baum kann jahrelang in einem Topf bleiben. Geben Sie der Kanarenkiefer im Sommer einen sonnigen Platz und reichlich Wasser, im Winter jedoch einen hellen, kühlen Platz im Haus. Im Winterquartier wird die Erde nicht feucht gehalten.

○ 0 °C

Pinus canariensis

Pinus 'Pierrick Bregeon'

KIEFER

Kiefern sind in Topfkultur fast ausschließlich als Bonsais bekannt. Durch ständiges Schneiden der Wurzeln und Zweige bleiben die Pflanzen zwergartig klein.
Pinus 'Pierrick Bregeon' hat von Natur aus einen eher zwergartigen Wuchs, wodurch sich die Pflanze ausgezeichnet zur Kübelkultur eignet. Man erhält die getopften, ungefähr 30 cm hohen, abgeflacht kugelförmig wachsenden Sträucher im Handel. Sie wachsen so langsam, daß sie erst nach einigen Jahren einen größeren Kübel brauchen.
Beim Umtopfen ist eine gute Dränage unentbehrlich, denn die Wurzeln von *Pinus* 'Pierrick Bregeon' kommen mit Staunässe nicht zurecht. Mischen Sie unter Einheitserde wenigstens ein Drittel scharfen Sand, so daß die Erde locker bleibt.
Wenn Sie gießen, sollten Sie vorsichtig sein. Unter normalen Bedingungen ist es ausreichend, zweimal pro Woche Wasser zu geben. Verwenden Sie möglichst Regenwasser oder abgekochtes Leitungswasser, denn die Pflanzen sind gegenüber Kalk im Gießwasser äußerst empfindlich.
Pinus 'Pierrick Bregeon' eignet sich ausgezeichnet für

Phygelius x rectus

Pinus 'Pierrick Bregeon'

den Balkon oder die Terrasse. Diese Kiefer ist gegenüber Wind unempfindlich, mag die volle Sonne und ist winterhart. Bei strengem Frost mit trockenen, rauhen Winden stellen Sie die Pflanze möglichst dicht vor eine Mauer. Vergessen Sie auf einem überdachten Balkon nicht, die Kiefer auch im Winter ab und an zu gießen, denn über die Nadeln wird Feuchtigkeit verdunstet.

❄

Pittosporum tobira

KLEBSAME

In den Ländern um das Mittelmeer verströmen Hecken aus Klebsame-Pflanzen einen süßlichen Duft. Dieser Geruch, der stark an Apfelsinenbäumen erinnert, wird von den wachsartigen, rahmweißen Blüten verbreitet.

Pittosporum tobira, ein wintergrüner Strauch, stammt ursprünglich aus China und Japan.

Bei uns ist Klebsame eine äußerst beliebte Kübelpflanze. Innerhalb einiger Jahre entwickelt sie sich zu einem reich verzweigten, dicht beblätterten Strauch. Ihre grünen Blätter glänzen und wirken durch den hellen Mittelnerv besonders auffällig.

Bei Kübelpflanzenzüchtern sieht man häufig auch die buntblättrige Form, *Pittosporum tobira* 'Variegatum' stehen. Die Blattränder dieser Form sind weiß bis rahmgelb, eine Farbe, die sich über Zwischentöne nach Hellgrün entwickelt.

Pittosporum tobira verträgt im Boden ausgepflanzt bis 10° Frost, muß aber im Topf beim ersten Frost in ein helles Winterquartier gestellt werden, dort darf die Erde nicht vollkommen austrocknen.

Pittosporum tobira 'Variegatum'

Pittosporum tobira 'Variegatum'; Blüte

Pittosporum tobira 'Variegatum'

Versuchen Sie, die Wintertemperatur unter 12 °C zu halten, denn Wachstum während der Wintersaison macht den Strauch für Spinnmilben und anderes Ungeziefer anfällig. Im Sommer kann der Strauch in der vollen Sonne stehen, aber an einem halbschattigen Platz gedeiht er besser.
Vermeiden Sie ein tropfnasses Substrat, aber lassen Sie die Erde nicht vollständig austrocknen.

☼ 0 °C

Plectostachys serphyllifolia

Plectostachys ähnelt der äußerst populären *Helichrysum petiolare* stark und ist auch nah mit ihr verwandt. Unter ihrem Synomym *Helichrysum microphyllum* kennt man diese Pflanze vielleicht eher. *Micro* bedeutet klein, und *phyllum* besagt Blatt, und anhand dieser Umschreibung kann man diese Pflanze sehr deutlich erkennen. Ihre Blätter sind höchstens 1 cm lang und sitzen an den sich ausbreitenden Stengeln dicht aneinander. Sie schützen sich mit filzartigen, weißen Haaren vor der grellen Sonne.
Diese Art eignet sich ausgezeichnet als Grundbepflanzung für Hängekörbe. Pflanzt man blühende Arten dazwischen, wie zum Beispiel hängende *Verbena*-Arten, werden deren Blüten noch besser wirken.
Plectostachys bleibt an einem sonnigen Platz schön kompakt, wenn man vorsichtig gießt und keinen Dünger verwendet.
Züchter gewinnen im Sommer Stecklinge, die hell und kühl überwintert werden. Der Hobbygärtner kauft normalerweise im Frühjahr neue Pflanzen. Die alten vertragen einige Grad Frost und bleiben bis weit in den Herbst hinein schön.
Neben der weißwolligen Art mit graugrünen Blättern gibt es auch zahlreiche, wunderschöne Zuchtformen, wie zum Beispiel 'Aurora', mit rahmweißen bis gelblichen Blatträndern. 'Silver' ist wesentlich grauer als die Art, und 'Yellow' trägt gleichmäßig hellgelbe Blätter.

(1) oder ☼ 0 °C

Plectostachys serphyllifolia

Plectranthus coleoides

Siehe: *Plectranthus forsteri*

Plectranthus forsteri 'Marginatus'

Auch hier ist wieder einmal der Name, der meist an dieser prächtigen Blattzierpflanze steht, meist der falsche: Unter *Plectranthus coleoides* 'Marginatus' ist die nach einer asiatischen Art benannte Pflanze im Handel erhältlich. Ihr richtiger Name ist *Plectranthus forsteri*. Die Art stammt von den Inseln im großen Ozean.
Ihre kriechenden Zweige machen die Pflanze in einem frostfreien Gewächshaus oder Kalthaus zu einem ausgezeichneten Bodendecker, aber sie kann auch im Sommer aus Hängekörben oder Balkonkästen zierlich herabhängen.
Häufig sieht man auch die buntblättrige Form 'Marginatus' (manchmal auch 'Variegatus' genannt) an einem Klettergerüst oder einer Hecke wachsen, dort überdecken sie alles mit ihren bunten Blättern.
Als Kübelpflanze wächst *Plectranthus* in der vollen Sonne oder im Halbschatten. Gießen Sie die Pflanze normal. Sie braucht kaum Dünger, vor allem, wenn man *Plectranthus* als Steckling überwintert.
Die hängenden Triebe wurzeln leicht von selbst an

Plectranthus forsteri 'Marginatus'

Stellen, wo sie den Boden erreichen, aber man kann sie auch abschneiden und stecken. Diese Stecklinge werden kühl und leicht feucht überwintert, im Frühjahr topft man sie in frische Erde um.

○ 0 °C

Plectranthus fruticosus

MOTTENKÖNIG

Plectranthus-Arten gehören zu den ganz alten, bewährten Pflanzen. Die grünlaubige und aromatisch duftende Zimmerpflanze *Plectranthus fruticosus* wurde unter dem Namen Mottenkönig bekannt. Im Freien, in einem Topf oder Kübel, wächst die Pflanze aber wesentlich besser und blüht mit lavendelblauen Blütchen, die rosa und violett gefleckt sind.

Heute wird *Plectranthus fruticosus* meist wegen des Zierwerts seiner großen, duftenden und samtig behaarten Blätter gezogen. Stellen Sie den Mottenkönig an einen luftigen Platz, an dem aber seine Blätter nicht durch Wind beschädigt werden können. Bei genügend feuchter Erde kann der Halbstrauch zwar in die volle Sonne, er fühlt sich aber im Halbschatten wesentlich wohler. In einem großen Topf oder Kübel wird sich diese südafrikanische Pflanze schnell zu einer großen Kugel entwickeln. Wenn man den Mottenkönig in einem kleinen Topf zieht, kann man sein Wachstum im Rahmen halten. Sollte das nicht gelingen, können Sie den Strauch zurückschneiden, aber damit verringern Sie auch den Zierwert. Die abgeschnittenen Äste können sich zu jeder Zeit leicht im Wasser bewurzeln.

Sobald die Nachttemperaturen im Herbst unter 5 °C absinken, stellt man die Pflanze ins Haus.

Im Winter behandelt man sie wie eine Zimmerpflanze.

○ 5 °C

Plectranthus saccatus

Plectranthus saccatus wirkt zwar wie ein robuster Strauch, aber seine saftigen, purpurfarbenen bis grauen Stengel können leicht abbrechen.

Auch die Blätter sind saftig, zierlich eingeschnitten und etwas klebrig, mit unterschiedlicher Färbung. Besonders hübsch wirkt dieser Strauch als Solitärpflanze in einem großen Kübel auf der Terrasse. Ihre blauvioletten Blüten sind relativ groß, aber leider entwickeln sie sich nur selten und dann auch noch in geringer Zahl, so daß sich der Zierwert hauptsächlich auf die Blätter beschränkt.

Geben Sie der Planze im Sommer reichlich Wasser, denn das ist sie aus ihrem Heimatland (dem südlichen Ostafrika) gewohnt.

Stellen Sie diese *Plectranthus*-Art im Herbst rechtzeitig ins Haus und geben Sie ihr im Winter nur wenig Wasser, aber genügend Licht, denn die Blätter bleiben an der Pflanze sitzen.

○ 5 °C

Plectranthus fruticosus

Plectranthus saccatus

Plumgabo auriculata

BLEIWURZ, MÄNNERTREU

Die Bleiwurz ist zwar als Zimmerpflanze bekannt, eignet sich aber eigentlich besser für die Kübelkultur. Ihre Äste sind in Wohnräumen oft an einem Reifen aufgebunden, denn sie wachsen schnell nach allen Seiten aus. Sie können zwar drastisch zurückgeschnitten werden, aber dadurch entfernt man auch die Knospen, denn sie entwickeln sich an den Enden der Zweige. Deshalb stellen Sie der Bleiwurz besser einen großen Topf oder Kübel zur Verfügung und sorgen für eine Stütze, an denen Sie ihre Zweige befestigen, denn sie können sich nicht selbst festhalten.

Im Sommer geben Sie der Pflanze reichlich Wasser, aber nicht zu viel Dünger. Wenn man den Topf an einen warmen Platz in der Sonne oder im Halbschatten stellt, wird Sie die Pflanze mit Trauben himmelblauer bis lavendelblauer Blüten belohnen. Die Blüten der Form *Plumbago auriculata* 'Alba' sind rein weiß. Am Blütenkelch befinden sich klebrige Härchen, die leicht an den Kleidern hängen bleiben. Dieser Eigenschaft verdankt die Pflanze einen weiteren deutschen Namen, nämlich Männertreu. Der Name Bleiwurz verweist auf die Verwendung dieser Pflanze als Heilmittel bei Bleivergiftung. *Plumbago* kommt von dem lateinischen Wort *plumbum*, es bedeutet Blei.

Im Boden ausgepflanzt überlebt *Plumbago* einen milden Winter, aber im Topf muß die Pflanze vor dem Frost ins Haus gestellt werden. Rechnen Sie damit, daß die Bleiwurz dann noch in voller Blüte steht. In einem Kalthaus oder einem mäßig beheizten Wintergarten wird sie den Winter über weiterblühen.

An einem kühleren Standort wird sie eine Ruheperiode einlegen, wobei ein Teil der Blätter zwar vertrocknet, aber trotzdem Blätter an der Pflanze bleiben. Geben Sie *Plumbago* während dieser Phase wenig Wasser, aber möglichst viel frische Luft. Im frühen Herbst oder im späten Winter kann man die Zweige drastisch zurückschneiden.

○ 0 °C

Plumbago capensis

Siehe: *Plumbago auriculata*

Plumbago indica

Dieser rotblühende *Plumbago* liebt tropische Wärme, deshalb wird er in einem Gewächshaus ausgezeichnet gedeihen. Die Pflanze wird nur selten angeboten, vermutlich, weil sie im Freiland nur an einem sehr warmen Standort gut wächst. Die roten Blüten entwickeln sich ab dem späten Sommer an den Trieben.

Holen Sie die Schlingpflanze früh ins Haus, möglichst, bevor die Nachttemperaturen unter 10 °C absinken. Stellen Sie die Pflanze im Winter in einen mäßig warmen Wohnraum (minimal bei 12 °C), aber nicht in ein zentral beheiztes Zimmer, denn dort ist die Luft zu trocken. Ein heller Standort in einer kühlen Kammer eines zentral beheizten Hauses wird der Pflanze gefallen.

○ 12 °C

Plumbago auriculata

Plumbago indica

Plumeria rubra

FRANGIPANI

Die großen Blüten dieses kleinen tropischen Bäumchens aus Mittelamerika verbreiten einen herrlichen Duft. Während trockener Perioden fallen die Blätter ab und übrig bleibt ein kahler Baum mit auffallend regelmäßig gegabeltem Astwerk.

In unseren Klimaregionen kann der Frangipani als Kübelpflanze nur an einem sehr warmen, geschützten Platz aufgestellt werden. Wenn man sie ab und zu entspitzt, entwickeln ihre dicken fleischigen Zweige eine hübsche Form, aber seien Sie vorsichtig, der Milchsaft dieser Pflanze ist giftig. Die Blätter sitzen an den Triebenden schopfartig gehäuft. Die wachsartigen Blüten, deren Farbe variiert, werden ungefähr 7 cm breit. Sie stehen in endständigen Trugdolden und duften außerordentlich stark. Bei der Art *P. rubra* sind sie rosarot. *Plumeria rubra forma acutifolia* blüht weiß, *forma lutea* gelb und forma *tricolor* besitzt dreifarbige Blüten: An der Außenseite sind sie rosa, im Inneren weiß mit einem gelben Zentrum. Im übrigen haben alle Formen ein gelbes Zentrum.

Geben Sie der Pflanze im Sommer erst dann wieder Wasser, wenn das Substrat fast ausgetrocknet ist. Verwenden Sie eine gut durchlässige, nährstoffreiche Blumenerde. Sobald die Temperaturen im Spätsommer unter 10 °C absinken, muß die Pflanze nach drinnen gestellt werden. Im Haus gießen Sie nicht mehr. Die Pflanze wird nun ihre Blätter verlieren und kann den ganzen Winter über dunkel stehen.

● 10 °C

Podranea ricasoliana

Im südlichen Europa, in Nordafrika, auf den Kanarischen Inseln und auf Madeira schlingen sich die Zweige dieser südafrikanischen Kletterpflanze meterhoch über Gebäude und Pergolen. An den Triebenden befinden sich Trauben sehr großer, rosafarbener Blüten (bis 5 cm breit).

Obwohl diese Kletterpflanze im Topf kleiner bleibt, braucht sie auch hier viel Platz. Ideal wäre ein Standort im Boden eines unbeheizten Gewächshauses oder in einem Kalthaus, aber *Podranea* läßt sich auch gut in einem großen Kübel ziehen, wenn man für eine Kletterhilfe sorgt.

Stellen Sie die Pflanze sonnig und warm, geben Sie ihr nährstoffreiche Erde und im Sommer reichlich Wasser. Vor dem ersten Frost holen Sie *Podranea* ins Haus und stellen Sie dort an einen möglichst kühlen Platz. Bei einer Temperatur unter 12 °C wird sie ihre Blätter verlieren, deshalb kann man sie dunkel und trocken überwintern.

Plumeria rubra forma acutifolia

Bei höheren Temperaturen bleiben die Blätter an der Pflanze sitzen, das bedeutet, daß sie in diesem Fall Licht und Feuchtigkeit braucht.

● 0 °C

Podranea ricasoliana

Polemonium caeruleum 'Brise d'Anjou'

JAKOBSLEITER

Die gewöhnliche Jakobsleiter, eine der unempfindlichsten Gartenpflanzen, wächst gerne im Halbschatten in feuchtem Boden. Im Sommer bilden sich über den doppelt gefiederten Blättern himmelblaue Blüten.
Im 18. Jahrhundert war nur eine bunte Jakobsleiter bekannt, die im Laufe der Zeit aus der Mode kam, aber sie wurde unlängst wieder in französischen Zuchtbetrieben für die Topfkultur entdeckt. Nicht nur wegen des buttergelben Saums an jedem Teilblatt, sondern auch, weil die Pflanze in Töpfen kompakt bleibt.
Langsamer Wuchs ist häufig eine kennzeichnende Eigenschaft buntblättriger Pflanzen – sie haben stets weniger Blattgrün.
Stellen Sie 'Brise d'Anjou' deshalb an einen hellen Standort und geben Sie ihr reichlich Wasser und Dünger.
Im Herbst werden die Blätter absterben. Die Wurzelstöcke der Jakobsleiter sind vollkommen winterhart. Um die Pflanze vor dem strengsten Frost zu schützen, kann man allerdings die Jakobsleiter mitsamt ihrem Topf eingraben.

❄

Polygala myrtifolia

An den Triebenden der wachsartig beblätterten Zweige dieses Strauches aus Südafrika entwickeln sich purpurrote Blüten in einer zauberhaften Form. Sie sind 1,5 cm breit und bilden sich den ganzen Sommer über. Trotzdem ist diese dankbare Pflanze nicht sehr beliebt, das hängt vermutlich mit ihrer Überwinterung zusammen.
Die blatthaltende Pflanze braucht viel Licht und stellt zusätzlich noch strenge Anforderungen an die Temperatur. Diese darf im Winter absolut nicht unter 5 °C absinken, aber auch nicht über 12 °C ansteigen, denn dann stellt die Pflanze ihr Wachstum ein. Sorgen Sie für möglichst viel frische Luft.

Polemonium caeruleum 'Brise d'Anjou'

Polygala myrtifolia var. grandiflora

Die Versorgung der Pflanze gestaltet sich im Sommer relativ einfach. Der ungefähr 1 m hohe Strauch wächst in der vollen Sonne gut, aber im Halbschatten fühlt er sich wohler.
Geben Sie reichlich Wasser und achten Sie darauf, daß überflüssige Feuchtigkeit gut abfließen kann, ansonsten werden Sie die Pflanze verlieren. Deshalb sollten Sie die leicht sauere Erde in nassen Sommern vor lang andauernder Feuchtigkeit schützen. Im zeitigen Frühjahr kann man die Pflanze kräftig zurückschneiden.
Meist wird bei Züchtern die Varietät *Polygala myrtifolia* var. *grandiflora* angeboten.
Ihre Blüten sind purpurfarben mit weiß und werden ungefähr 2 cm breit.

○ 5 °C

Polygala virgata

Die dünnen Zweige dieser südafrikanischen Art wachsen erst nach oben, aber hängen unter dem Gewicht der Blüten nach unten. Diese zieren die Pflanze ab April bis weit in den Spätsommer und ähneln denen von *Polygala myrtifolia*.
Der Unterschied zwischen beiden Pflanzen zeigt sich deutlich an den Blättern, die bei *Polygala virgata* deutlich länglich und grün sind (ohne eine blaugrüne Wachsschicht).
Wenn der Standort im Winterquartier nicht ausreichend hell ist, werden die Blätter allmählich abfallen.
Nur nach einem drastischen Rückschnitt im Frühjahr wird die Pflanze wieder kräftig austreiben. Das ist glücklicherweise nicht sehr problematisch, denn diese *Polygala*-Art wächst normalerweise gesund und kann selbst in einem Kübel eine Höhe von 1,5 m erreichen.

Polygala virgata

Für die weitere Versorgung und Pflege siehe *Polygala myrtifolia*.

○ 5 °C

Polygonum capitatum

KNÖTERICH

Kübelpflanzen, die als Hochstamm gezogen wurden, sehen oft sehr merkwürdig aus, wenn ein langer, kahler Stamm aus der Erde herausragt. Dieses Problem ist jedoch lösbar. Setzen Sie niedrig bleibende, flachwurzelnde Pflanzen an den Fuß des Stammes. Hierfür eignet sich *Polygonum capitatum* ausgezeichnet. Es handelt sich hierbei um eine kriechende Staude aus dem Himalaya.
Ihre Blätter sind normalerweise intensiv grün und haben dunklere, v-förmige Flecken auf jedem einzelnen Blatt. Bei Trockenheit und greller Sonne verfärben sich die Blätter nach Rot.
Die kriechenden Triebe wurzeln an jedem Blattwirtel, wodurch sich breite Matten entwickeln können, die durch ihr oberflächliches Wurzelwerk kaum mit den Wurzeln der Kübelpflanze auf Stamm konkurrieren.
An trockenen Plätzen überlebt der Knöterich unsere Winter manchmal, aber sicherheitshalber stellt man ihn im Topf ins Haus. Dort genügen ihm ein bißchen Licht, etwas Wärme und ein paar Tröpfchen Wasser.

○ oder ● 0 °C

Polygonum capitatum

Portulaca grandiflora

PORTULAK

Die Stengel von Portulak wachsen langsam in die Breite und an Plätzen, an denen sie nicht durch den Boden gestützt werden, hängen sie herab. An den Stengeln befinden sich saftige, blaßgrüne Blätter. Der Portulak eignet sich ausgezeichnet für Hängekorbe und Balkonkästen. Da diese Art ursprünglich aus dem

Grenzgebiet von Brasilien, Uruguay und Argentinien kommt, bevorzugt sie einen sonnigen Platz. Wenn man die Kästen mit nährstoffarmer, sandiger Erde füllt und mäßig Wasser gibt, sollten sich zahlreiche 2 bis 3 cm breite Blüten entwickeln. Die Blüten können in allen möglichen Farben getönt sein: Karmesin, Rosa, Rot, Orange, Gelb und Weiß. Um einen Kasten zu füllen, braucht man nur wenige Samen. Säen Sie direkt in den Kasten ein – im März - April im Haus oder ab Mai im Freiland. Die Blüten bilden sich ungefähr im Juni und blühen bis zum September. Gekaufte Pflanzen können bereits im April - Mai zur Blüte gelangen.

(1)

Portulaca grandiflora

Pratia pedunculata

In Australien überdeckt *Pratia pedunculata* weite Oberflächen in feuchten Gebieten. Auch in anderen Regionen, in denen es nicht stark friert, kann sich dieser Bodendecker rasend schnell ausbreiten. Die Blätter von *Pratia pedunculata* 'County Park', der am häufigsten gezogenen Zuchtform, werden nicht höher als ungefähr 2 cm. Zwischen den Blättern entwickeln sich den ganzen Sommer über sternförmige blaue bis violette Blüten, die im Durchschnitt 1,5 cm breit sind.
Ziehen Sie diese Pflanze im lichten Schatten und halten Sie die Erde mäßig feucht. In sehr gut durchlässiger Erde übersteht die Pflanze rund 10° Frost. Ein getopftes Exemplar muß im Winter vor nasser Kälte geschützt werden. Stellen Sie *Pratia* während dieser Zeit in ein unbeheiztes Gewächshaus oder ein Kalthaus, oder holen Sie die Pflanze bei Frost ins Haus. An einem hellen, frostfreien Platz wird *Pratia pedunculata* ihre Blätter behalten. Im Winterquartier braucht die Pflanze nur wenig Wasser.

○ -5 °C

Pratia pedunculata 'County Park'

Prostanthera cuneata

In trockenem Boden kann dieser immergrüne, australische Strauch fünfzehn Grad Frost überstehen. Unsere nassen Winter überlebt er aber nicht und deshalb braucht die Pflanze ein kühles und helles Winterquartier im Haus. Ideal wäre ein unbeheiztes Gewächshaus oder ein Kalthaus. Im Winter braucht die Pflanze kaum Wasser.
Im Sommer entwickeln sich kleine Blüten (ungefähr 1 cm breit), die aus der Nähe hübsch gezeichnet sind. Die Hauptattraktion jedoch bilden die Blätter. Sie sind klein, saftig und duften bei Berührung süßlich nach Minze.
Stellen Sie die Pflanze im Sommer sonnig und warm und sorgen Sie für ein leicht saueres, gut durchlässiges Substrat. Während dieser Phase gießen Sie mit großen Zwischenpausen.

○ -5 °C

Prostanthera cuneata

Prostanthera rotundifolia

Auch diese *Prostanthera*-Art zieren herrlich duftende Blätter, aber dieser rundliche Strauch wird hauptsächlich wegen der üppigen Trauben violetter Blüten gezogen, die sich im Frühjahr und Frühsommer an der Pflanze entwickeln.
Prostanthera rotundifolia verträgt einige Grade Frost, ein getopftes Exemplar muß aber im Winter ins Haus gestellt werden.
Für weitere Pflegemaßnahmen siehe *Prostanthera cuneata*.

○ 0 °C

Prostanthera rotundifolia

Prunus amygdalus

Siehe: *Prunus dulcis*

Prunus dulcis

MANDELBAUM

Die Lieblingsfrau eines maurischen Kalifen im südlichen Spanien weinte vor Heimweh bittere Tränen. Sie hatte Sehnsucht nach dem Schnee auf den Bergen rund um ihre Geburtsstadt Bagdad. „Ich verspreche Dir,“ sagte der Kalif zu seiner Frau, „daß es auch hier schneien wird“, und er ließ seine Felder mit Mandelbäumen bepflanzen. Nachdem diese im März geblüht hatten, wehten die abgefallenen Blätter über das Land und überzogen die Erde mit einer weißen Decke. Auf diese Weise erhielt die Frau des Kalifen ihren Schnee.

In Ländern mit mediterranem Klima, wie Südeuropa, Nordafrika, Australien und Kalifornien werden Mandelbäume angebaut. Die Bäume blühen normalerweise im März, noch bevor sich an den Zweigen Blätter ausbilden. In Gebieten, in denen um diese Zeit noch Nachtfröste auftreten, erfrieren die Früchte. Obwohl diese blattverlierenden Bäume an einem geschützten Platz unsere Winter überleben können, tragen sie normalerweise keine Früchte.
Mit der Zuchtform 'Robijn' trifft man im Boden ausgepflanzt eine ausgezeichnete Wahl, aber leider sind Mandelbäume in unserem Klima für alle möglichen Krankheiten anfällig.
Ziehen Sie ein Mandelbäumchen deshalb besser in einem großen Topf oder Kübel und stellen Sie diese über den Winter in ein Kalthaus oder in einen kühlen Wintergarten. Dann können Sie im zeitigen Frühjahr die prächtigen rosafarbenen oder weißrosa Blüten genießen. Es ist auch möglich, die Pflanzen dunkel zu überwintern, zumindest bis zu dem Zeitpunkt, an dem sich die Knospen entwickeln. Im Sommer bevorzugt das Mandelbäumchen einen warmen Standort, reichlich Wasser und eine gut durchlässige Erde.

○ oder ● -10 °C

Punica granatum

GRANATAPFEL

Im Mittleren Osten und Kleinasien wächst der Granatapfel zu einem großen Strauch oder kleinen Bäumchen heran, der nach der sommerlichen Blüte im

Prunus dulcis

Punica granatum 'Nana'

Herbst Früchte von der Größe und Gestalt einer Apfelsine trägt. Innerhalb der lederartigen Schale befindet sich das frischsauere Fruchtfleisch in saftigen Bläschen, es wird gerne als Nachtisch serviert.
Als Kübelpflanzen werden meist kleinbleibende Zuchtformen angeboten, wie zum Beispiel 'Nana', mit kleineren, orangefarbenen Blüten und dekorativen Miniaturfrüchten: Bei dieser Zuchtform, die manchmal veredelt verkauft wird, geht es um den hohen Zierwert der sommerlichen Blüten, die nicht abfallen, sondern sich zu dekorativen Früchten entwickeln.
Stellen Sie den bepflanzten Kübel im Sommer an einen sonnigen, warmen Platz und gießen Sie reichlich. Der Granatapfel stellt wenig Ansprüche an die Erde, die jedoch gut durchlässig sein und einen Teil Lehm enthalten sollte.
Im Winter geben Sie dem Granatapfel einen kühlen Platz (5 bis 10 °C) und kaum Wasser. Während dieser Periode nehmen Sie den Rückschnitt vor. Die Blüten werden sich im folgenden Sommer am neuen Holz entwickeln.
Der Granatapfel kann über Stecklinge oder durch Aussaat vermehrt werden. Im Frühjahr säen Sie bei Zimmertemperatur aus. Sie sollten allerdings nur Samen von Ziergranatäpfeln verwenden, denn die Samen aus gekauften Früchten können sich zu kräftigen Bäumen entwickeln, die auf Dauer nur schlecht im Zaum zu halten sind und auch erst in späteren Jahren blühen werden.

○ 2 °C

Pyrostegia ignea

Siehe: *Pyrostegia venusta*

Pyrostegia venusta

Im Zentrum von Südamerika kann *Pyrostegia venusta* meterhoch die Bäume emporklettern. Die Zweige halten sich mit ihren Ranken fest. Im südamerikanischen Winter hängen an ihnen üppige Trauben orangefarbener Röhrenblüten. Bei uns bleibt der umgekehrte Blührhythmus manchmal erhalten und die Knospen entwickeln sich im Herbst. Aber man kann diesen Rhythmus auch verändern, indem man im Herbst weiterhin Wasser gibt. Im März - April macht die Pflanze dann eine Trockenperiode durch, und als Folge werden die Blüten im frühen Sommer erscheinen. Obwohl diese Kletterpflanze sich im Freiland an einem sonnigen, geschützten Platz wohlfühlt, ist sie eher eine Gewächshauspflanze. Dort hat sie normalerweise genügend Platz, um zu klettern und auch, um reichlich zu blühen. Geben Sie ihr im Sommer genügend Wasser und humusreiche, gut durchlässige Erde.
Im Winter behält die Pflanze ihre Blätter, so daß sie einen hellen Standort braucht. Sorgen Sie für frische Luft und eine relativ hohe Luftfeuchtigkeit, um zu vermeiden, daß die Pflanze von Spinnmilben befallen wird, aber lassen Sie die Temperatur nicht unter 10 °C absinken.

○ 10 °C

Pyrostegia venusta

Q,R q,r

Quamoclit lobata

Siehe: *Ipomoea lobata*

Quercus suber

KORKEICHE

In südlichen Ländern werden die Korkeichen wegen ihrer dicken Rinde gezogen. Mit Hilfe dieser Rindenschicht schützt sich die Pflanze vor Waldbränden in der Strauchschicht. Alle zehn Jahre einmal wird die Rinde vom Stamm geschnitten, die dicken Rindenstücke verwendet man zum Beispiel als Korken für Weinflaschen oder als Bodenbelag.

Pflanzenliebhaber spricht vor allem das interessante, knorrige Aussehen der Korkeichen an. Durch das langsame Wachstum dauert es sehr lange, bis die Pflanze baumähnlich aussieht. Wenn man den wintergrünen Bäumen im Winter einen hellen, luftigen und kühlen Standort zur Verfügung stellen kann, ist die Versorgung dieser Pflanzen nicht schwierig. Ideal wäre ein Gewächshaus oder ein Kalthaus. Während dieser Periode braucht *Quercus suber* kaum Wasser.

Im Sommer bevorzugt die Korkeiche einen warmen und sonnigen Platz. Gießen Sie nur dann, wenn Sie sich versichert haben, daß die Erde gut abgetrocknet ist. Verwenden Sie hierfür Regenwasser oder abgekochtes Wasser, dessen Temperatur nicht kälter sein sollte als das Substrat.

○ 0 °C

Rehmannia alata

Die großen Blüten von *Rehmannia* entwickeln sich im frühen Sommer an geschlungen wachsenden Stengeln. Trotz der merkwürdigen Wuchsform hat sich diese Pflanze zu einer beliebten Topfpflanze entwickeln. Sie kommt ursprünglich aus China, dort wächst sie als Staude. Aber da *Rehmannia* kaum Frost verträgt, wird sie bei uns einjährig gezogen. Stellen Sie den bepflanzten Topf nach dem letzten Nachtfrost ins

Quercus suber

Rinde von *Quercus suber*

Freiland in den Windschatten, so daß die dünnen Pflanzen mit ihren großen Blüten nicht umfallen können. Ein Platz im Halbschatten bewirkt, daß die Pflanzen nicht verbrennen. Verwenden Sie gut durchlässige, humusreiche Erde und gießen Sie normal.
Rehmannia kann durch Stecklinge oder über Aussaat vermehrt werden, aber da die Pflanzen relativ früh blühen, muß die Aussaat bereits im Januar-Februar bei Zimmertemperatur durchgeführt werden. Noch besser ist es, die Pflanzen bereits im vorigen Sommer auszusäen. Die jungen Pflänzchen brauchen im Winter einen kühlen, hellen Standort, so daß es die meisten Hobbygärtner bevorzugen, im Frühling bereits blühende Pflanzen zu kaufen und sie weiterhin wie einjährige zu behandeln.

(1)

Rehmannia elata

Rehmannia angulata

Siehe: *Rehmannia alata*

Rhodochiton atrosanguineum

Seit einigen Jahren ist diese mexikanische Kletterpflanze bei einer kleine Gruppe von Hobbygärtnern recht populär. Sie säen diese Staude jedes Jahr wieder neu aus, um ihre Blütenpracht über den Sommer in einem Topf zu genießen. Man kann die Pflanze zwar überwintern, aber es hat wenig Sinn, weil *Rhodochiton* wirklich sehr leicht ausgesät werden kann. Ziehen Sie die Pflänzchen im März-April im Haus vor, dann kann die Kletterpflanze bereits Mitte Mai im Topf ins Freiland gestellt werden.
Geben Sie der Pflanze reichlich Wasser und regelmäßig Dünger, und sorgen Sie für eine Kletterhilfe von mindestens 1 m Höhe. Während die Pflanzen emporklettern, entwickeln sich stets neue, auberginefarbene Glöckchen von ungefähr 3 cm Länge an nach unten hängenden, bordeauxroten Blütenkelchen. Im Spätsommer bilden sich blasenför-

Rhodochiton atrosanguineum

mige Samenkapseln aus, in diesen befinden sich braune Samen, die von einem gezähnten Häutchen umgeben sind.

(1)

Rhododendron molle

AZALEE

Rhododendron molle blüht zwischen Frühling und Sommer mit trichterförmigen Blüten, die gehäuft an den Triebenden der Zweige sitzen. In Gärtnereien wird man diese Wildart aus Japan nur selten finden, aber

Rhododendron molle

Sie erhalten leicht eine der zahlreichen Zuchtformen, die als *Rhododendron* (oder *Azalea*) Mollis-Gruppe angeboten werden.
Ihre großen Blüten können unterschiedlich gefärbt sein, sie sind dunkelrot, rosa, orange bis gelb. Ungefähr zeitgleich mit den Blüten bilden sich die frischgrünen Blätter aus, die sich später nach Dunkelgrün oder Blaugrün verfärben. Im Herbst zeigen sie eine prächtige Herbstfärbung, danach fallen die Blätter ab. Diese Azalee ist vollkommen winterhart und kann deshalb im Herbst mitsamt dem Topf eingegraben werden. Durch die Topfkultur beabsichtigt man, die aparte Verzweigung dieses maximal 1,5 m hohen Strauches besser genießen zu können. Nach der Blüte kann man die Wuchsform durch Schnittmaßnahmen etwas korrigieren.

❄

Rhododendron x obtusum

JAPANISCHE AZALEE

Zahlreiche *Rhododendron*-Kreuzungen werden unter dem Namen Japanische Azalee verkauft. Häufig handelt es sich hierbei um eine der Kulturformen von *Rhododendron* x *obtusum*, die seit Jahrhunderten in Japan veredelt werden. Aus diesen vielfältigen Kreuzungen entstanden viele Zuchtformen mit Blüten in allen möglichen Farben.
Die Japanische Azalee kann an einem geschützten Platz im Garten ausgepflanzt werden. Ihre Blätter fallen nur bei strengem Frost ab. Die Sträucher leiden stark unter späten Frösten und brauchen in solchen Fällen sehr lange, bis sie sich wieder erholen.
Wenn man nicht in einem milden Klima zuhause ist,

Rhododendron

bietet sich Kübelpflanzenkultur an. Stellen Sie die Pflanze in einem großen Topf oder Kübel mit eher sauerem Substrat.
Halten Sie die Erde feucht und kühl und stellen Sie die

Rhododendron

Japanische Azalee an einen frischen, halbschattigen Platz ins Freiland. Lassen Sie auch im Winter den Wurzelballen nicht vollständig austrocknen und suchen Sie der Azalee einen frostfreien, luftigen und möglichst hellen Standort.

0 °C

Rosa 'Cinderella'

ZWERGROSE

Die Rose 'Cinderella' stellen wir als Modell für die zahlreichen Zwergrosen vor, die sich für Topfkultur

Rhododendron

ausgezeichnet eignen. Die stark verzweigten Sträucher werden, in Abhängigkeit von der Rasse bzw. der Zuchtmethode, zwischen 15 und 40 cm hoch. Pflanzen, die aus Stecklingen gezogen wurden, bleiben kleiner als ihre gepfropften Artgenossen.
'Cinderella' wurde bereits 1953 aus der Polyantharose 'Cécile Brünner' und der Zwergrose 'Tom Thumb' ('Peon') gezogen. Das Sträuchlein wird ungefähr 25 cm hoch, hat intensiv grüne Blätter und nur wenige Dornen. Seine gefüllten Blüten sind weiß mit einem rosafarbenen Rändchen.
Durch ihre aufrechte Wuchsform eignen sich Zwergrosen ausgezeichnet, um mit anderen Pflanzen in Töpfen kombiniert zu werden.
Zwergrosen wachsen sowohl im Sommer als auch im Winter am liebsten im Freiland. Gießen Sie die Röschen normal und düngen Sie hauptsächlich im Frühjahr. In den Boden ausgepflanzt, können sie strengen Frost vertragen, aber ein getopftes Exemplar stellt man besser ins Haus (oder gräbt es mitsamt dem Topf im Garten ein).

❄

Rosa 'Cinderella' (mit Thymian)

Rosa 'Kent'

BODENDECKERROSE

Diese relativ neue Rose eignet sich ausgezeichnet für die Topfkultur. *Rosa* 'Kent' (manchmal auch 'Poulcov' oder 'White Cover' genannt) wurde 1987 in Dänemark gezogen und blüht mit kurzen Zwischenpausen ab dem Frühjahr bis in den Winter hinein mit weißen, halbgefüllten Blüten.
Der Strauch wird mit der Zeit ungefähr 1 m breit und 50 cm hoch. *Rosa* 'Kent' gehört zu den sogenannten Bodendeckerrosen.
Mit Ausnahme starkwüchsiger Rassen lassen sich auch andere Bodendeckerrosen für die Topfkultur verwenden.

Rosa 'Kent'

Meist wachsen sie auf ihren eigenen Wurzeln sehr gut, haben relativ wenig Probleme mit Krankheiten und Schädlingen und vertragen sogar einen schattigen Standort – *Rosa* 'Kent' macht hier keine Ausnahme.
Lassen Sie diese Rose sowohl im Sommer als auch im Winter im Topf im Freiland stehen. Falls strenge Fröste auftreten sollten, können Sie den Topf eingraben, ihn mit Isoliermaterial schützen oder ihm rechtzeitig im Haus einen Platz freiräumen.

❄

Rosa 'Poulcov'

Siehe: *Rosa* 'Kent'

Rosa 'White Cover'

Siehe: *Rosa* 'Kent'

Roscoea purpurea

Pflanzenliebhaber berichten einander begeistert von den orchideen-ähnlichen Blüten dieser vergessenen Pflanze. *Roscoea* wird bereits seit zwei Jahrhunderten beschrieben, aber die Pflanzen werden erst seit kurzer Zeit als Gartenpflanzen verwendet.
Wenn man sie tief pflanzt und gut abdeckt, kann diese ingwerartige Pflanze aus dem Himalaya und aus Sikim fünfzehn Grad Frost überstehen. Der niedrige Wuchs (maximal 30 cm hoch) steht dem Durchbruch in den Gärten im Wege.
In einem großen, tiefen Topf kann man die Pflanze aus der Nähe genießen. Sorgen Sie für eine humusreiche Lauberde, die im Sommer relativ kühl bleiben muß und in den warmen Monaten nicht vollständig austrocknen darf. Die Blüten entwickeln sich ab der zwei-

ten Sommerhälfte bis in den Herbst hinein.
Stellen Sie den Topf im Winter in Haus. Jetzt werden die Blätter absterben, so daß man die Wurzelstöcke trocken und dunkel überwintern kann. Im Frühjahr kann man die Pflanze teilen und wieder frisch eintopfen.

● 0 °C

Roscoea purpurea

Rosmarinus officinalis

ROSMARIN

In den Küstengebieten Westeuropas ist Rosmarin nahezu winterhart. Der wintergrüne Strauch wächst dort zu großen Hecken heran. Landeinwärts erfriert Rosmarin in strengen Wintern und läßt sich wesentlich besser im Topf ziehen.
Im Sommer stellt man den Topf an einen sonnigen Platz und hält die Erde (die vorzugsweise mit etwas Lehm durchmischt wurde) mäßig feucht. Zu viel Feuchtigkeit ist für diese Pflanze fatal, denn sie gehört mit zu den trockenheitsliebenden Strauchgewächsen aus dem südlichen Europa.
Durch Schnittmaßnahmen bleibt Rosmarin schön buschig. Geben Sie die nadelförmigen Blättchen über Grillfleisch oder an italienische Gemüsegerichte. Sie werden von dem würzigen Geschmack begeistert sein.
Im Winter stellen Sie Rosmarin an einen Platz in einem unbeheizten Gewächshaus oder in ein Kalthaus, dort gießen Sie kaum.
Wenn Sie kein solch optimales Winterquartier zur Verfügung haben, dann lassen Sie den Rosmarin im Freien stehen, solange die Temperaturen nicht unter 5 °C absinken. Bei Temperaturen unter 5 °C stellen Sie

Rosmarinus officinalis

die Pflanze ins Haus an einen kühlen und möglichst hellen Platz.

○ -5 °C

Ruellia graecizans

Eine der schlanksten Kübelpflanzen ist *Ruellia graecizans* aus dem tropischen Amerika. Ihre Zweige wachsen aufrecht zu einer Höhe von ungefähr 1 m heran. Sie tragen spitz-ovale Blätter und an den Trieb-

Ruellia graecizans

enden scharlachrote Blüten von 2 bis 3 cm Länge. Unter günstigen Umständen kann *Ruellia* das ganze Jahr über blühen.
Man kommt aber nur in den Genuß dieser Blüten, wenn man die Pflanze sowohl im Sommer als auch im Winter relativ warm zieht. Sorgen Sie im Winter für einen hellen Standort, an dem die Temperatur minimal 10 °C beträgt. Die Luftfeuchtigkeit sollte nicht zu niedrig sein. Geben Sie der Pflanze nur sehr zurückhaltend Wasser, aber achten Sie auch darauf, daß die Erde nicht austrocknet.
Im Sommer dürfen Sie reichlich gießen und düngen, sorgen Sie jetzt für ein humusreiches Substrat.

○ 10 °C

Russelia equisetiformis

Die dünnen Zweige dieser mexikanischen Blütenpflanze erinnern an eine Sporenpflanze, den Schachtelhalm (*Equisetum*). Die Äste, die 1,5 m lang werden können, hängen unter ihrem eigenen Gewicht herab. An den jungen Trieben entwickeln sich den ganzen Sommer über und im Herbst feuerrote, röhrenförmige Blüten von 2 bis 3 cm Länge.
Ziehen Sie die Pflanze im Sommer sonnig und geben Sie normal Wasser, aber nur wenig oder keinen Dünger. Im Winter suchen Sie der Pflanze einen hellen Platz, dort hält man sie bei einer Temperatur zwischen 5 und 12 °C recht trocken. *Russelia* muß erst spät ins Haus gebracht werden, denn die Pflanze verträgt etwas Frost.
Verjüngen Sie *Russelia*, indem Sie die ältesten, verholzten Stengel bis zum Grund abschneiden. Die Pflanze vermehrt sich von selbst, denn die überhängenden Triebe werden an Stellen, an denen sie den Boden berühren, Wurzeln ausbilden.

○ 2 °C

Ruta graveolens

RAUTE

Obwohl es sich bei der Raute um ein Kraut für die Küche und für den Arzneischrank handelt, ist seine Wirkung so stark, daß man bei der Verwendung sehr vorsichtig sein muß. Der Saft von *Ruta graveolens* kann bei manchen Menschen auf der Haut Blasen verursachen.
Ansonsten ist dieses Kraut eine prächtige und anspruchslose Pflanze, hauptsächlich die Sorte 'Jackman's Blue', deren Blätter von einer blaugrünen Wachsschicht überzogen sind, und die deshalb im Garten eine aparte Wirkung hat.
Diese Pflanze ist, in den Boden ausgepflanzt, vollkommen winterhart, allerdings erfrieren bei strengem Frost ihre Blätter. Graben Sie die Raute im Winter mit dem Topf ein.
Im Sommer bevorzugt diese Pflanze einen sonnigen bis halbschattigen Standort in lockerer, durchlässiger

Russelia equisetiformis

Ruta graveolens 'Jackman's Blue'

Erde, die eigentlich etwas Kalk oder Lehm enthalten sollte. Im Sommer gießen Sie mäßig, im Winter kaum.

❄

Ruttya fruticosa

Die schlanken Zweige von *Ruttya* wachsen unregelmäßig nach allen Seiten aus. Um der Pflanze etwas Form zu geben, bindet man die Äste an. Dieser ostafrikanische Strauch ist nur wegen seiner Blüten attraktiv. Sie entwickeln sich im Frühjahr und im Sommer und wirken sehr exotisch: die Kronblätter sind orange und im Zentrum der Blüten glänzt ein dunkelbrauner, auberginefarbener oder schwarzer Fleck.

Die Pflanze kann in jedem Substrattyp gut wachsen. Gießen Sie *Ruttya fruticosa* normal, düngen Sie regelmäßig und stellen Sie die Pflanze an einen sonnigen bis halbschattigen Platz.

Es ist aber noch fraglich, ob diese Art, die seit kurzem in größerem Maßstab gezogen wird, auch wirklich populär wird.

Im Winter muß *Ruttya fruticosa* nämlich hell und recht warm stehen. Die Temperatur darf nicht unter 10 °C absinken (besser wären allerdings etwas höhere Temperaturen) und die Luftfeuchtigkeit sollte nicht zu niedrig sein.

○ 10 °C

Ruttya fruticosa

Salvia coccinea

Ungefähr ab Mitte des Sommers entwickeln sich an *Salvia coccinea* grellrote Blüten, sie zieren die Pflanze fast bis zum Oktober. Neben dieser Art gibt es zahlreiche Zuchtformen, die eine andere Blütenfarbe haben: 'Lactea', 'White Dove' und die Unterart *alba* tragen weiße Blüten, 'Rose-Salmon' ist weißrosa mit lachsrosa, 'Pink Pearl' ist weiß mit lachsrosa, 'Splendens' und 'Red Indian' blühen scharlachrot und 'Lady in Red' blutrot.
Die krautigen Sträucher erreichen eine Höhe zwischen 60 und 90 cm, mit Ausnahme der Zuchtform 'Nana' und 'Nana Compacta', die relativ gedrungen und niedrig wachsen.
Salvia coccinea stammt ursprünglich aus dem tropischen Südamerika und verträgt keinen Frost.
Glücklicherweise lassen sich alle Sorten leicht aus Samen ziehen. Zwischen Februar und April sät man die Pflanzen im Haus vor und stellt die Sämlinge nach dem letzten Frost ins Freiland.
Die Pflanzen wachsen in normaler Blumenerde an einem sonnigen oder leicht schattigen Platz. Gießen Sie mittelmäßig bis mäßig, düngen Sie reichlich.

(1)

Links: *Senecio viravira*

Salvia coccinea 'Rose-Salmon'

Salvia grahamii

Siehe: *Salvia microphylla*

Salvia involucrata

Die rund 1 m langen Äste von *Salvia involucrata* wachsen stocksteif aufrecht empor. An ihnen befinden sich große grüne Blätter, die einen weinroten Hauptnerv besitzen. Ab der Hälfte des Sommers sind die Blütenstengel mit blasenförmigen, rosaroten Blüten verziert, die bis weit in den Herbst an der Pflanze bleiben. An der Spitze bildet sich häufig eine merkwürdige, beerenförmige Blüte. Lange vor dem ersten Frost muß diese mittelamerikanische Pflanze ins Haus gestellt werden, denn ein getopftes Exemplar verträgt keinen Frost.
Geben Sie der Pflanze ein helles, luftiges, kühles (5 bis 12 °C) und natürlich trockenes Winterquartier, oder stellen Sie *Salvia* dunkel und kühl (0 bis 10 °C). In letzterem Fall schneiden Sie das Gewächs ungefähr 10 cm über der Erde ab.
Sobald *Salvia* im Frühling beginnt auszutreiben, topfen Sie die Pflanze um und stellen sie an einen hellen Standort. Nach dem letzten Frost kann *Salvia* im

Salvia involucrata

Freiland an einem sonnigen, warmen und geschützten Platz stehen. Geben Sie reichlich Wasser und füllen Sie den Topf mit nährstoffreicher Erde. Wenn man *Salvia involucrata* alljährlich umtopft, wird Dünger überflüssig.

○ oder ✹ 0 °C

Salvia microphylla

Wenn man den lateinischen Namen dieser Pflanze wörtlich übersetzt, erfährt man, daß es sich hierbei um eine kleinblättrige Salbeipflanze handelt, und ihre Blätter sind tatsächlich kaum 2 cm lang. Sie befinden sich an saftigen Stengeln, an denen sich im Spätsommer rosarote, grellrote bis dunkelrote Blütchen entwickeln. Diese mexikanische Pflanze ist wegen ihrer reichen Verzweigung und der kompakten Wuchsform eine der dankbarsten *Salvia*-Arten für die Topfkultur. *Salvia microphylla* kann leicht durch Stecklinge vermehrt werden und kann bei Platzmangel auch in dieser Form überwintert werden.
Für Pflegemaßnahmen siehe *Salvia involuvrata*.

○ oder ✹ 0°C

Salvia microphylla

Salvia officinalis

SALBEI

Der echte Salbei ist bereits seit Tausenden von Jahren als Heilpflanze bekannt und von dieser Eigenschaft läßt sich auch sein Artname ableiten. *Salvia* kommt vom lateinischen Wort *salvere*, es bedeutet „gesund sein".
Man kann dieses Kraut auch in der Küche verwenden, aber nicht in größeren Mengen, denn sein Geschmack ist kräftig. Die meisten Menschen ziehen den Salbei als Zierpflanze, die eine mediterrane Atmosphäre vermittelt.
Seine Blätter bleiben an einem sonnigen Standort hübsch graugrün. Im Spätsommer entwickeln sich an den Triebenden Blütenähren, die über Wochen blaue, violette bis rosa Blüten hervorbringen.
Schneiden Sie die Pflanze nach der Blüte drastisch zurück, um eine kompakte Wuchsform zu erhalten. Gießen Sie im Sommer mäßig und sorgen Sie für eine sandige, lehmige, möglichst kalkreiche Erde und eine gute Dränage.
Im Boden ausgepflanzt, überlebt Salbei 10° Frost, aber ein getopftes Exemplar sollte vor dem Frost eingeräumt werden und in ein sehr helles und vor allem kühles Winterquartier gebracht werden. Hier wird die Pflanze ihr Wachstum einstellen.
Ein Gewächshaus oder ein Kalthaus ist ein idealer Überwinterungsplatz.

○ 0°C

Salvia officinalis

Salvia patens

Obwohl die mexikanische Art *Salvia patens* zu den Stauden gehört, wächst sie in unseren Klimabereichen als einjährige Pflanze. Wenn man die Samen bereits

Salvia patens 'Cambridge Blue'

frühzeitig aussät (im Februar-März), beginnen die Pflänzchen ab Juni zu blühen. Die Blüte kann sich in einem warmen Herbst bis weit in den Oktober fortsetzen.
Die ungefähr 5 cm langen Blüten stehen an Stengeln von rund 50 cm Höhe. Ihre Farbe variiert in Abhängigkeit von der Sorte: *Salvia patens* 'Alba' und 'White Perfection' sind weiß, 'Cambridge Blue' ist hellblau, 'Chilcombe' ist mauvefarben, und 'Oxford Blue' dunkelblau.
Alle Sorten wachsen problemlos in normaler Blumenerde. Eine normale Gießwassermenge und ein sonniger bis leicht schattiger Standort ist alles, was die Pflanzen benötigen.
Man kann die Wurzelballen an einem kühlen Platz überwintern. Die oberirdischen Pflanzenteile sterben ab, so daß ein dunkles Winterquartier ausreicht. Lassen Sie die Erde nicht vollkommen austrocknen.

(1) oder ✹ 0 °C

Salvia uligonisa

Wenn der Höhepunkt der Blütenpracht der meisten Kübelpflanzen bereits vorüber ist, kommt dieser Salbei erst gut in Form.
Im September-Oktober baumeln die langen, dünnen Stengel mit hellblauen Blüten an den Triebenden weit

Salvia patens 'Chilcombe'

über den Topfrand. Das ist ein fröhlicher Anblick.
Ziehen Sie diesen Salbei in einem großen Topf und geben Sie ihm über den Sommer reichlich Wasser.
Im Winter wird der Topf nach drinnen gestellt, denn diese südamerikanische Staude ist nur mäßig winterhart.

○ 0 °C

Salvia uliginosa

Santolina chamaecyparissus

HEILIGENKRAUT

Im Mittelmeergebiet bedecken häufig niedrige Sträucher trockene, sonnige Abhänge, es handelt sich um das Heiligenkraut. Diese Art hat sich an die Trockenheit ausgezeichnet angepaßt, indem sie ihre Blätter auf kleine Stummelchen reduzierte, und als Verdunstungsschutz vor der prallen Sonne weiße Härchen ausgebildet hat.
Wenn man sich den Naturstandort vor Augen hält, gestaltet sich die Versorgung des Heiligenkrauts sehr einfach. Stellen Sie die Pflanze in einen mit nährstoffarmer, sehr lockerer, sandiger, möglichst kalkhaltiger Erde gefüllten Topf und gießen Sie immer dann, wenn das Substrat abgetrocknet ist. Ein warmer Platz in der vollen Sonne hält die Triebe schön weiß und kompakt. Grüne Triebe können auch während der Wachstumsperiode abgeschnitten werden.
Im Winter verträgt das Heiligenkraut in trockener Erde ungefähr 15 Grad Frost, so daß man die getopfte Pflanze in ein unbeheiztes Gewächshaus oder ein

Santolina chamaecyparissus

Kalthaus stellen kann. Hat man keine andere Möglichkeit, überwintert man die Pflanze im Haus möglichst kühl und unbedingt hell. Sobald die Temperatur wieder über -5 °C ansteigt, kann die Pflanze ins Freiland. Sorgen Sie aber dafür, daß die Erde vollkommen trocken bleibt.

○ -5 °C

Santolina incana

Siehe: *Santolina chamaecyparissus*

Sanvitalia procumbens

HUSARENKNÖPFCHEN

Die 2 cm breiten Blüten des Husarenknöpfchen besitzen ein auffallend dunkles Zentrum, es ist purpurfarben bis schwarz.
Diese kriechende, mittelamerikanische Pflanze blüht den ganzen Sommer über.
Die Zuchtformen dieser Art bleiben relativ niedrig und hängen elegant über den Topfrand.
Man kann diese Pflanzen im Frühjahr kaufen, aber sie auch leicht selbst aussäen: Im März - April im Haus, ab Mai im Freiland. Die Sämlinge entwickeln sich schnell zu blühenden Pflanzen, die sich an einem sonnigen Platz wohlfühlen.
Gießen Sie das Husarenknöpfchen normal und sorgen Sie dafür, daß überflüssiges Wasser gut ablaufen kann.
Neben der Art *Santolina procumbens*, die maximal 15 cm hoch wird, kann man auch Samen niedrigerer Zuchtformen kaufen, zum Beispiel von *Santolina pro-*

cumbens 'Golden Carpet' (goldgelbe Blüten), 'Yellow Carpet' (zitronengelbe Blüten) und 'Mandarin Orange' (dunkelorange Blüten).

(1)

Sanvitalis procumbens 'Golden Carpet'

Saxifraga sarmentosa

Siehe: *Saxifraga stolonifera*

Saxifraga stolonifera

JUDENBART

Der Judenbart ist eigentlich als Zimmerpflanze bekannt. Die Pflanze stammt aus China und Japan. Sie wächst rosettig und trägt behaarte, grüne, unterseits rote, rundliche Blätter auf roten Stielen; die Sorte 'Tricolor' hat zusätzlich weiße Ränder, die sich anfangs rosarot färben. *Saxifraga* bildet fadenförmige Triebe, an deren Ende sich kleine Pflänzchen entwickeln.
Eine besondere Zierde sind außerdem die weißen

Saxifraga stolonifera 'Custcutiformis'

Blütenrispen, die über den Sommer erscheinen und die Pflanze weit überragen. Besonders hübsch wächst die Zuchtform *Saxifraga stolonifera* 'Cuscutiformis'.
An einem hellen bis halbschattigen, luftigen Standort wird sich die anspruchslose Pflanze in kräftig-humoser, durchlässiger Erde wohlfühlen.

❄

Scadoxus multiflorus

Siehe: *Haemanthus multiflorus*

Scaevola aemula

Diese australische Hängepflanze mit fächerförmigen Blüten hat eine rasend schnelle Karriere hinter sich. Vor 1989 war sie noch unbekannt. Heute ziert sie mit ihren hängenden Trieben in den unterschiedlichsten Ländern zahlreiche Hängekörbe und Töpfe.
An den Zweigen von *Scaevola aemula* befinden sich den ganzen Sommer über entzückende, weiße bis lilablaue Blüten. Rund um ein gelbes Zentrum bilden sich fünf Blütenblätter nach einer Seite hin aus, so daß ein halber Kreis mit einem Durchschnitt von ungefähr 3 cm entsteht.
Gönnen Sie der Art und der populären blauen Sorte *Scaevola aemula* 'Blue Fan' einen sonnigen bis halbschattigen Standort und geben Sie reichlich Wasser und Dünger. Stecklinge, die man im Spätsommer

Scaevola aemula

schneidet, können im Winter hell und kühl (5 bis 12 °C) stehen, aber die meisten Hobbygärtner kaufen sich jedes Frühjahr wieder eine neue Pflanze.

(1) oder ☼ 5 °C

Scaevola aemula 'Petite'

Die Sorte *Scaevola aemula* 'Petite' weicht von der Art stark ab und wird deshalb auch manchmal *Scaevola humile* genannt. Die saftigen Zweige sind mit kurzen, grünen Blättern dicht besetzt und tragen den ganzen Sommer über fächerförmige, blaurosa Blüten, die im Durchschnitt ungefähr 1,5 cm breit sind. Hierbei handelt es sich um eine hübsche, aber noch selten angebotene Sorte.
Für die Versorgung siehe *Scaevola aemula*.

☼ 5 °C

Scaevola aemula 'Petite'

Scaevola humile

Siehe: *Scaevola aemula* 'Petite'

Scutellaria alpina

HELMKRAUT

Im Topf wird das Helmkraut ungefähr 20 cm hoch. Mit der Zeit entwickelt sich diese Staude in die Breite. Blattknospen den Boden erreichen, bilden sich Wurzeln aus und es entstehen neue Pflänzchen. Im Boden ausgepflanzt, sind diese Pflanzen winterhart.
Scutellaria alpina, die aus den Bergregionen des südlichen und östlichen Europas stammt, blüht von Juni bis weit in den September. Die Blüten sind purpurrot mit einer gelben Lippe. Im Handel sind zahlreiche Zuchtformen: *Scutellaria alpina* 'Alba' blüht weiß, 'Greencourt' ist mauvefarben mit einer weißen Lippe, wohingegen 'Rosea' rosafarbene Blüten trägt.
Sorgen Sie im Sommer für eine kühle, humusreiche Erde und vermeiden Sie, daß das Substrat austrocknet. Graben Sie die Pflanze im Herbst mitsamt dem Topf in den Boden ein, oder überwintern Sie das Helmkraut in einem unbeheizten Gewächshaus.

❄

Scutellaria alpina 'Greencourt'

Scutellaria scordiifolia

HELMKRAUT

Wer Hängekörbe in ausgeklügelten Farbkombinationen bevorzugt, findet in diesem aus Osteuropa und dem angrenzenden Asien stammenden Helmkraut eine gut geeignete, attraktive Pflanze. Auf dem Foto auf Seite 237 wurden die länglichen, violettblauen Blüten mit den etwas helleren lilablauen von *Cymbalaria pilosa* (Zimbelkraut) kombiniert.
In der Einleitung dieses Buches haben wir beschrieben, auf welche Weise man einen Hängekorb bepflanzt. Eines der hierbei auftretenden Probleme ist, daß die Wurzelballen der seitlich gepflanzten Arten durch das Torfmoos hindurch gesteckt werden müssen. Bei *Scutellaria scordiifolia* geht das im Frühjahr sehr einfach. Im Wurzelballen befinden sich zahlreiche Wurzelknöllchen, von denen einige durch die Löcher hindurch gedrückt werden können. Sie werden sich mit der Zeit zu kompletten Hängepflanzen entwickeln.
Die Pflanze stellt keinerlei Ansprüche an ihre Versorgung. Achten Sie aber darauf, daß der

Hängekorb nicht vollständig austrocknet. *Scutellaria scordiifolia* ist, auch in einem Hängekorb, vollkommen winterhart. Trotzdem ist es besser, einen Korb jedes Jahr wieder neu zu bepflanzen, wobei man das Helmkraut herausholt und zum Überwintern in den Boden auspflanzt.

❄

Selenicereus grandiflorus

KÖNIGIN DER NACHT

Die meisten Kaktus-Arten wachsen im Sommer besser im Freiland als im Haus, da Glas das ultraviolette Licht abhält, und eben dieses sorgt für das gedrungene Wachstum und für die hübschen Blütenfarben der Kaktus-Arten. Bei anhaltenden Regenfällen muß man die Kaktuspflanzen allerdings vor zu viel Feuchtigkeit schützen.

Die Königin der Nacht stellt allerdings nur wenig Ansprüche. In einem großen Topf verträgt sie mehr Feuchtigkeit relativ gut. Die länglichen Exemplare brauchen als Stütze ein großzügig bemessenes Gerüst, denn die Pflanze kann sehr groß und schwer werden. Die maximal 30 cm langen Blüten öffnen sich im Sommer am Abend und duften dann intensiv. In der Karibik werden sie von Fledermäusen bestäubt. Das Blütenwunder vollzieht sich allerdings nur an älteren Pflanzen.

Stellen Sie *Selenicereus* im Sommer an einen sonnigen bis halbschattigen Platz und geben Sie der Pflanze reichlich Wasser.

Im Winter steht sie bevorzugt hell und die Erde kann bei einer Temperatur von minimal 10 °C nahezu trocken gehalten werden.

○ 10 °C

Selenicereus grandiflorus

Sempervivum

HAUSWURZ

Hauswurzarten sind äußerst dankbare, winterharte sukkulente Pflanzen, die selbst die widrigsten

Scutellaria scordiifolia (im Hängekorb mit *Cymbalaria*)

Sempervivum tectorum (Im Erdbeertopf)

Bedingungen überleben können. Auf einem Ziegeldach überstehen sie sogar die strengsten Winter. Ihre Wurzeln halten sich am Untergrund fest und brauchen kaum Erde, um die Blattrosetten zu ernähren. Während trockener Phasen rollen sich die Rosetten gelegentlich zum Schutz vor Verdunstung nach innen ein. Die Blätter sind sukkulent, die Pflanzen haben somit einen Flüssigkeits- und Nährstoffvorrat. Im Sommer, meist im Juni-Juli, bilden sich an den ältesten Rosetten Blütenstengel aus, hier befinden sich rosa, weiße oder gelbe sternförmigen Blütchen. Nach der Blüte stirbt die alte Blattrosette ab.

Gute Plätze für Hauswurzarten sind alte Tröge, Mauern und Mauerritzen, Türpfosten oder natürliche Steingärten. Sie können den Hauswurz auch in Löchern von Steinblöcken, auf Dächern, auf einem lockeren Dachziegel oder in flachen Schalen und kleinen Töpfen oder Kübeln ziehen.

An feuchten, schattigen Plätzen oder in Konkurrenz mit anderen Pflanzen fühlt sich Hauswurz nicht wohl.

Sorgen Sie für eine nährstoffarme, sandige Erdmischung und für regelmäßige Trockenperioden, ansonsten verlieren die Rosetten der Hauswurzarten ihr charakteristisches, gedrungenes Aussehen. Die Pflanzen werden nicht gedüngt.

Einige hübsche Arten und Sorten sind:

Sempervivum arachnoideum, der Spinnwebhauswurz, besitzt Blattrosetten, die mit grauen, spinnwebartigen Haaren besetzt sind. Dies macht die Pflanze für sehr sonnige und trockene Plätze besonders gut geeignet. Halten Sie die Pflanze im Winter vorwiegend trocken.

Sempervivum 'Commander Hay' wurde in England gezogen und hat große Rosetten mit leicht rötlich überlaufenen Blättern und einer grünlichen Spitze.

Sempervivum octopodes stammt aus den Balkanländern. Diese Art hat grüne, behaarte Blätter mit roten Spitzen.

Sempervivum arachnoideum mit *Cymbalaria*

Sempervivum tectorum, das sogenannte Donnerblatt, wird auf Dächer von Bauernhöfen gepflanzt, weil man davon ausgeht, daß die Pflanze vor Blitzeinschlag schützen kann. Die Blätter sind glänzend und spatelförmig geformt. Ihre Farbe kann sehr variabel zwischen grün und rot sein, und hat zur Selektion abweichender Formen, wie 'Atropurpureum', einer Zuchtform mit vollkommen dunkelroten Blättern, inspiriert.

Senecio leucostachys

Siehe: *Senecio viravira*

Senecio viravira

KREUZKRAUT

Die graublättrigen Kreuzkrautarten lassen sich ausgezeichnet mit anderen Blütenpflanzen kombinieren und werden gerne in farbigen Blumenrabatten verwendet. Ihr Nachteil ist aber, daß sie aus sonnigen Gebieten kommen und deshalb mit unseren nassen und wechselhaften Wintern nicht zurechtkommen.
Senecio viravira stammt aus Argentinien. Diese Art ist im Boden ausgepflanzt nur bedingt winterhart, kann aber gut in einem Topf mit lockerer und bevorzugt magerer Erde gezogen werden. Im Topf bleibt ihr Blattwerk schöner als im Boden und bei Frost kann man die Pflanze in ein unbeheiztes Gewächshaus oder Kalthaus stellen. Sollte Ihnen kein Gewächshaus zur Verfügung stehen, dann eignet sich auch ein kühler, heller Platz im Haus. Geben Sie der Pflanze während der Wintermonate kaum Wasser und gießen Sie auch im Sommer eher vorsichtig. An einem sonnigen Platz im Freiland werden sich ihre tief eingeschnittenen Blätter prächtig silbrig entwickeln.

○ 0 °C

Senecio viravira

Sesbania tripetii

Siehe: *Sesbania punicea*

Sesbania punicea

Sesbania punicea entwickelt sich aus Samen innerhalb von zwei Jahren zu einem hohen Strauch, der dann auch Blüten tragen wird. Wenn man genügend Platz hat, ist diese Pflanze ein wahres Juwel, denn zwischen den doppelt gefiederten Blättern entwickeln sich im Sommer orangerote Schmetterlingsblüten. Wenn man einen Ast festhält und diesen unterhalb des Haupttriebs abschneidet, verzweigt sich die Pflanze und es entsteht eine lockere Pilzform, an der sich die Blüten auf Augenhöhe ausbilden.
Stellen Sie *Sesbania* im Sommer an einen warmen, sonnigen, windgeschützten Platz. Geben sie der Pflanze viel Wasser und sorgen Sie für nährstoffreiche, gut durchlässige Erde. Im Frühling und Frühsommer kann man etwas düngen. Lassen Sie die Pflanze danach abhärten. Im Herbst sollte das Substrat gut abtrocknen, bevor man die Pflanze vor dem ersten Frost ins Haus stellen. An einem kühlen, dunklen Platz wird sie ihre Blätter verlieren, jetzt braucht sie nur noch wenig Wasser.
Die Samen werden im Frühjahr bei einer tropischen Bodentemperatur von ungefähr 25 °C ausgesät.

● 0 °C

Sesbania punicea

Silene coeli-rosa

Die zarten Blüten dieser einjährigen Pflanze entwickeln sich in den Ländern rund um das Mittelmeer und wachsen an dünnen Stengeln empor. In ihrer Heimat stehen sie eher auf Wiesen, aber bei uns brauchen sie volle Sonne. In einer Rabatte klettern sie an

anderen Pflanzen empor, aber in einem Topf werden sie eher kompakt wachsen.
Besonders die Zuchtformen 'Blue Angel' und 'Rose Angel' bleiben recht niedrig (ungefähr 25 cm), wodurch sie nicht so leicht herabhängen. Ab Juni beginnen die Pflanzen zu blühen und die Blütenentwicklung wird ohne Pause bis weit in den Herbst hinein fortgesetzt. Sie vertragen etwas Frost, sterben aber trotzdem meist im Winter ab. Während der langen Blütenperiode entwickelt sich häufig eine etwas ungepflegte Wuchsform. Die Blüten von 'Blue Angel' sind violettblau, die von 'Rosa Angel' sind hellrosa.
Geben Sie die Samen im März im Haus direkt in den Topf und stören Sie die Keimlinge möglichst wenig, denn die Pflanzen reagieren auf Wurzelbeschädigung sehr schlecht. Als Substrat eignet sich eine nicht saure Erdmischung. Von dieser Pflanze gibt es im Handel zahlreiche Zuchtformen. Neben den obengenannten Sorten können Sie 'Nana' (eine Zwergform) auswählen, oder 'Albo-rosea' (weiß mit rosa), die sich für Topfkultur ausgezeichnet eignet. Die Formen 'Candida' (weiße Blüten), 'Kermesina' (rotblühend) und 'Blue Pearl' werden größer und wachsen eher locker. Diese Sorten kann man besonders gut in gepreßten Torftöpfen aussäen, nach dem Keimen werden sie mitsamt dem Torfballen zum Beispiel in die Seitenwand eines Hängekorbs gesteckt.

(1)

Silene coeli-rosa 'Blue Angel'

Skimmia foremanii

Siehe: *Skimmia japonica* 'Rubella'

Skimmia japonica

Die wintergrünen Sträucher von *Skimmia japonica* wachsen langsam und bleiben für die Kübelkultur lange Zeit klein genug. Sie sind gegenüber Wind unempfindlich und eignen sich deshalb ausgezeichnet für einen Balkon oder eine Galerie. Dort können sie sowohl im Sommer als auch im Winter im Freien bleiben. Stellen Sie den Kübel bei strengem Frost vor eine Mauer und schützen Sie die Blätter dort vor der Sonne, um zu vermeiden, daß die Pflanze austrocknet.
Füllen Sie den Kübel mit nährstoffreicher Erde und halten Sie diese mittelmäßig feucht und möglichst kühl. Die duftenden Blätter bleiben im Schatten oder Halbschatten am schönsten, aber ein Strauch an einem sonnigen Standort wird reichlicher Blüten tragen. Auch die Blüten duften gut und öffnen sich bereits im Spätwinter, beziehungsweise im zeitigen Frühjahr. Wenn man sie mit den Pollen einer männlichen Blüte bestäubt, werden die weiblichen Pflanzen rote Beeren entwickeln.
Skimmia japonica 'Rubella' (auch *Skimmia foremanii* genannt) ist ein männliches Exemplar, das selbst keine Beeren trägt. Die Sorte 'Rubella' schmücken den ganzen Winter über rote Blütenknospen und rötliche Blütenstiele, und auch die Blätter verfärben sich im Winter nach Rot. Ungefähr Anfang April öffnen sich die Knospen.

❄

Skimmia japonica 'Rubella'

Solandra hartwegii

Siehe: *Solandra maxima*

Solandra maxima

Wenn man sich mit dieser Pflanze beschäftigt, braucht man einigen Optimismus. Diese mittelamerikanische

Kletterpflanze besitzt eine enorme Wuchskraft und kann meterhoch klettern, kommt aber nicht leicht zur Blüte. Lassen Sie die Pflanze besser in einem großen Kübel strauchförmig wachsen, wobei sich die verholzten, kletternden Äste gegenseitig stützen. Auf diese Weise entstehen buschige, grüne, glänzende Blätter, von denen jedes 10 bis 15 cm lang werden kann.

Stellen Sie die Pflanze an einen warmen Platz, zum Beispiel in ein Gewächshaus oder an einen geschützten Platz im Freiland. Im Frühling und Frühsommer braucht sie viel Wasser und Dünger. Wenn die Pflanze ein Format erreicht hat, um blühen zu können (ungefähr mannshoch), läßt man sie in der Mitte des Sommers einstweilen austrocknen. Es werden sich Knospen ausbilden, die sich im Spätsommer zu spektakulären, duftenden Blüten (die in Mittelamerika von Fledermäusen bestäubt werden) entwickeln.

Haben sich die Blüten erst einmal geöffnet, zeigen sie eine hellgelbe Färbung mit dunkelvioletten Streifen, sie sind ungefähr 15 cm breit. Während sie verblühen, werden sie immer dunkler. Die Blütenentwicklung ist in unserem Klima mühsam. Die eßbaren Früchte an der ansonsten giftigen Pflanze werden hier keinesfalls zur Reife kommen.

Solandra maxima, die sich nur für den erfahrenen Hobbygärtner eignet, muß vor dem ersten Nachtfrost ins Haus. Ein heller kühler Standort und kaum Wasser helfen ihr, den Winter zu überstehen.

○ 2 °C

Solandra maxima

Solanum jasminoides

KLETTERNDER NACHTSCHATTEN

In südlichen Ländern überdecken die dünnen Schlingzweige des Kletternden Nachtschattens Mauern und niedrige Gebäude. Sie sind unter dem Berg von Blättern und Blüten kaum mehr zu sehen. Auch in unserem Klima wächst die Pflanze schnell und blüht ausgesprochen lange. Solange die Pflanze gut im Wachsen ist, werden auch Blüten gebildet. Sie sind blaßblau und bei der am meisten gefragten Zuchtform *Solanum jasminoides* 'Album' rein weiß.

Stellen Sie die Pflanze nach dem letzten Frost ins Freiland an einen sonnigen oder halbschattigen Platz. Gießen und düngen Sie reichlich, so daß die Pflanze gut im Wachsen bleibt.

Im Winter kann sie bis zum ersten Frost im Freien bleiben. Sie wird an einem hellen und mäßig kühlen bis warmen Platz überwintert und ab und zu gegossen. An einem kühlen, dunklen Standort wird sie ihre Blätter verlieren.

○ 10 °C oder ● 0 °C

Solanum jasminoides 'Album'

Solanum melongena

EIERPFLANZE, AUBERGINE

Die Eierpflanze ist Wirklichkeit eine weiße Aubergine. Dieses Gewächs wurde bereits im dreizehnten Jahrhundert aus Südostasien nach Europa gebracht. In der Zwischenzeit sind zahlreiche Zuchtformen entstanden, die sich gut für Gewächshauskultur oder ein kühleres Klima eignen, und hierzu gehört auch die Eierpflanze. Ihre Früchte haben die Farbe und Form eines Hühnereis, aber ältere Früchte verfärben sich zu einem blassen Orangegelb.

Die Eierpflanze, die übrigens auch unter dem Namen *Solanum ovigerum* auf dem Markt ist, kann zwar überwintert werden, aber wesentlich einfacher zieht man sie einjährig.

Wenn man sie bereits im Frühjahr unter Glas aussät, können die Sämlinge im Juni die typischen *Solanum*-Blüten ausbilden, die eine nahe Verwandtschaft mit der Kartoffel verraten.
Im Laufe des Sommers entwickeln sich stets mehr Früchte, die man auf die gleiche Weise wie Auberginen zubereiten kann.
Die ungefähr 1 m hohe Pflanze bevorzugt im Sommer einen sonnigen, windgeschützten Platz. Geben Sie ihr während dieser Zeit normal Wasser und Dünger.
(1)

Solanum melongena

Solanum ovigerum

Siehe: *Solanum melongena*

Solanum rantonnetii

Eigentlich müßte dieses Nachtschattengewächs *Lycianthes rantonnetii* genannt werden, aber meist wird der veraltete Name gebraucht.
Dieser strauchartige Nachtschatten wird im Topf ungefähr 2 m hoch. Er blüht ab dem frühen Sommer bis weit in den Herbst hinein mit Büscheln hübscher violetter bis blauer Blüten. Auf die ungefähr 2 cm breiten Blüten folgen oftmals sich rot verfärbende, giftige Beeren.
Stellen Sie die Pflanze im Sommer warm und sonnig und geben Sie ihr reichlich Wasser und Dünger.
Bevor die ersten Nachtfröste auftreten, muß die Pflanze ins Haus gestellt werden und kann jetzt auch zurückgeschnitten werden. In einem dunklen, kühlen Winterquartier wird sie ihre Blätter abwerfen, an einem hellen Standort, mit einer Temperatur über 10 °C, wird sie die Blätter behalten.

○ 10 °C oder ● 2 °C

Solanum rantonnetii

Solenopsis axillaris

Siehe: *Laurentia axillaris*

Sollya fusciformis

Siehe: *Sollya heterophylla*

Sollya heterophylla

Auch ohne Blüten ist *Sollya heterophylla* eine prächtige Pflanze. An den dünnen, sich windenden Stengeln entwickeln sich längliche Blätter, die transparent wirken. Im Sommer hängen dazwischen kleine blaue Blütchen, die auf den ersten Blick nicht auffallen, die aber aus der Nähe zauberhaft aussehen.
Obwohl *Sollya* ursprünglich aus dem westlichen Australien kommt, mag die Pflanze keine Trockenheit. Geben Sie ihr deshalb regelmäßig Wasser und sorgen Sie für ein nährstoffreiches, gut durchlässiges Substrat. Ein sonniger oder halbschattiger Standort wird bevorzugt, dort wird sie sich langsam an einer Kletterhilfe emporwinden.
Verwenden Sie möglichst ein eher feines Gerüst, das

den zarten Charakter von *Sollya* betont.
Im Winter bevorzugt die Pflanze einen hellen, luftigen Standort bei einer minimalen Temperatur von 2 °C. Die wintergrünen Blätter sind gegenüber Spinnmilben anfällig, aber man kann Schädlinge und Krankheiten vermeiden, wenn man die Pflanze während dieser Phase häufig sprüht und den Raum lüftet. Vermeiden Sie im Winter einen zu warmen Platz und zu trockene Luft.
Möchte man die Pflanze vermehren, kann man sie entweder im Frühling aus Samen (bei Zimmertemperatur) ziehen oder im Sommer Stecklinge gewinnen und diese nach Bewurzelung eintopfen.

○ 2 °C

Sollya heterophylla

Sparmannia africana

ZIMMERLINDE

Die Zimmerlinde wird zwar meist als Zimmerpflanze angeboten, eignet sich aber auch als äußerst dekorative Kübelpflanze. An einem halbschattigen bis schattigen Standort im Windschatten wächst sie im Freien wesentlich besser als in unseren beheizten Wohnräumen.
Achten Sie hauptsächlich auf einen Platz im Windschatten, denn an einem windigen Standort bleiben die Blätter wesentlich kleiner.
Im Sommer wächst die Pflanze schnell und braucht viel Wasser, aber nur sehr wenig Dünger. Halten Sie die nährstoffreiche Erde kühl und ständig feucht, ansonsten verliert die Pflanze viele Blätter. Obwohl die Zimmerlinde einige Grad Frost vertragen kann, muß sie im Herbst rechtzeitig ins Haus gestellt werden. Oft wird die Pflanze um diese Zeit noch Knospen tragen, die sich in einem kühlen Raum zu prächtigen weißen Blüten mit gelbbepuderten Staubfäden entwickeln werden. An einem warmen, trockenen Standort fallen die Knospen ab. Halten Sie die Pflanzen im Winter in einem möglichst kühlen, aber frostfreien Raum und geben Sie nur wenig Wasser.
Wenn die Pflanze dunkel steht, wird sie ihre Blätter verlieren, die sich übrigens im Frühjahr wieder am alten Holz entwickeln. An einem hellen Platz behält die Zimmerlinde ihre Blätter.

○ oder ● 2 °C

Sparmannia africana

Spathodea campanulata

AFRIKANISCHER TULPENBAUM

In (sub-)tropischen Gebieten kann der Afrikanische Tulpenbaum ungefähr 15 m hoch werden.
Die ursprünglich westafrikanische Art ist als Allee- und Parkbaum in wärmeren Gebieten sehr bekannt und beliebt.
Ihre geteilten Blätter sorgen für reichlich Schatten und im Frühjahr ist dieser Baum mit rotorangefarbenen Blüten geschmückt, die dicht nebeneinander stehen. Nach Regenfällen bleibt das Wasser in den Blüten von *Spathodea campanulata* stehen.
Als Kübelpflanze ist *Spathodea* nur für den Hobbygärtner und Liebhaber geeignet, der der Pflanze im Winter einen hellen Standort bei einer minimalen

Temperatur von 12 °C bieten kann. Darüber hinaus braucht man außerordentlich viel Geduld, denn der Baum muß erst einmal gut anwachsen, bevor man Blüten erwarten kann.
Stellen Sie die Kübelpflanze im Sommer möglichst warm und sonnig und geben Sie reichlich Wasser und Dünger. Im Frühjahr kann man den Afrikanischen Tulpenbaum über Samen vermehren.

○ 12 °C

Spathodea campanulata

Sphaeralcea fendleri

Die schlanken, breit nach außen herabhängenden Zweige von *Sphaeralcea fendleri* bedecken in den südlichen Staaten der Vereinigten Staaten sonnige, felsenreiche Abhänge. Ihre Blätter sind klein und mit silbergrauen, filzigen Härchen übersät. An den äußeren Enden der Stengel entwickeln sich während der Wachstumsphase ständig neue Blüten von ungefähr 1 cm Breite.
Die Form der Pflanze verrät, daß hier eine Verwandtschaft mit Malvengewächsen, wie *Anisodontea* und *Malva*, besteht.
Ziehen Sie das dünne Sträuchlein, das letztendlich ungefähr 1 m hoch und breit werden kann, in einer gut durchlässigen, mageren Erdmischung und geben Sie erst Wasser, wenn die Erde sichtbar abgetrocknet ist.
In trockener Erde ist die Pflanze im Prinzip winterhart, aber in unseren feuchten Wintern stellt man sie besser unter Glas, z.B. in ein unbeheiztes Gewächshaus oder ein Kalthaus.
Während dieser Phase geben Sie der Pflanze kein Wasser. Wenn man kein Gewächshaus zur Verfügung hat, ist es möglich, die Pflanze im Haus in einem absolut kühlen und sehr hellen Raum zu überwintern.
Schneiden Sie die Pflanze im Winter oder im zeitigen Frühjahr zurück, um ihre buschige Wuchsform zu fördern. Schnittmaßnahmen während der Wachstumsphase führen zu einem gleichzeitigen Blütenstop.

○ -10 °C

Sphaeralcea fendleri

Sphaeralcea miniata

Siehe: *Sphaeralcea fendleri*

Sphaeralcea munroana

Die Blüten von *Sphaeralcea munroana* haben eine fluoreszierende, rosarote Färbung und ihre Blätter sind nicht so weißwollig wie die von *Sphaeralcea fendleri*.

Sphaeralcea munroana

Ansonsten haben beide Arten durchaus ähnliche Eigenschaften.
Für die Versorgung siehe *Sphaeralcea fendleri*.

○ -10 °C

Sprekelia formosissima

JAKOBSLILIE

Im Frühjahr treibt die große Knolle aus Mexiko 30 cm lange Blütenstengel aus. An ihnen entwickeln sich die Blüten der Jakobslilie, die sich im Frühsommer entfalten und 12 cm breit und lang werden können. In einem Topf blüht die Pflanze unglaublich rot und bildet einen hübschen Kontrast zu den Blättern.
Stellen Sie dieses Knollengewächs an einen sonnigen Platz und gießen Sie reichlich. Sobald die Blätter (im Herbst) absterben, stellen Sie das Gießen ein. Im Winter lagern Sie die Knolle kühl (möglichst zwischen 5 und 12 °C), im Frühjahr wird sie in frische Erde gesteckt. Die Pflanze wird aus kleinen Knöllchen vermehrt, die man beim Umtopfen von der großen Knolle entfernen kann.

● 5 °C

Sprekelia formosissima

Strelitzia reginae

PARADIESVOGELBLUME

In Südafrika wird die Paradiesvogelblume von Vögeln bestäubt. Sie können auf den horizontal ausgerichteten Hochblättern, aus denen sich orangefarbene und dunkelblaue Blütenteile entwickeln, gut landen. Wenn man die Paradiesvogelblume geschützt und möglichst warm und sonnig stellt, werden sich diese Blüten auch bei uns entwickeln.
Natürlich braucht man dafür etwas Geduld, denn *Strelitzia* wächst langsam und blüht erst, wenn die Pflanze „erwachsen" ist.
Strelitzia kann zwar ausgesät werden, aber die Keimlinge entwickeln sich so langsam, daß man die Pflanze besser teilt. Wenn die Wurzeln mit der Zeit aus dem Topf herausdrängen, kann man den Büschel vorsichtig teilen.
Sorgen Sie für nährstoffreiche, frische Erde und gießen Sie *Strelitzia* während der warmen Sommermonate, wann immer es die Pflanze braucht.
Im Winter halten Sie das Substrat relativ trocken und sorgen für einen hellen, kühlen Standort, an dem die Temperatur zwischen 5 und 12 °C betragen sollte.

○ 5 °C

Strelitzia reginae

Streptocarpus saxorum

Diese *Streptocarpus*-Art ist eine der schönsten, die es gibt. Sie kann den Sommer nur an einem warmen, geschützten Platz im Freien verbringen. Die ostafrikanische Art *Streprocarpus saxorum* besitzt kriechende Stengel, die herabhängen, wann immer ihnen die Stütze des Bodens fehlt. Ihre samtartig behaarten Blätter wölben sich über den Topfrand und ab und zu entwickeln sich dazwischen dünne Stengel, die ein oder zwei lila bis karminrote Blüten tragen. Sie schweben ungefähr 20 cm über den Blättern, ein wahrhaft begeisternder Anblick.
Um in diesen Genuß zu kommen, hängt man die Pflanze hell, aber nicht allzu sonnig. Gießen Sie mit großen Zwischenpausen und hängen Sie die Pflanze

bei andauernden Regenfällen an einen trockenen Platz, denn die Erde darf nicht über längere Zeit klitschnaß bleiben.
Sobald die Temperatur unter 10 °C absinkt, stellt man die Pflanze ins Haus, dort wird sie bis zum folgenden Sommer einen Wohnraum zieren.

○ 10 °C

Streptocarpus saxorum

Streptosolen jamesonii

In den Ländern rund um das Mittelmeer und auf den Inseln im Atlantischen Ozean entwickelt sich *Streptosolen* zu einem struppigen, kletternden Strauch, der zahlreiche, gelborange Blüten trägt. Wer diese Blüten auch in seinem Garten sehen möchte, muß die Pflanze so hell und luftig wie möglich stellen. Auf diese Weise imitiert man die natürlichen Wachstumsbedingungen in den nördlichen Anden, der Heimatregion dieser Pflanze. Das Licht ist dort grell und die Nächte sind kühl, aber überwiegend frostfrei. Nur unter ähnlichen luftigen und hellen Voraussetzungen wird *Streptosolen* auch in unseren Regionen reichlich Blüten entwickeln. Ansonsten zeigt sich nur manchmal ein einzelnes Blütchen.
Zieht man die Pflanze im Gewächshaus, entwickeln sich die Blüten im Frühjahr, bei Exemplaren, die im Freien stehen, im Sommer. Der Strauch muß vor dem Frost ins Haus gestellt werden. Die rauhen Blätter bleiben an der Pflanze sitzen, so daß sie einen hellen Standort braucht.
Sorgen Sie für gemäßigte Temperaturen (möglichst zwischen 5 und 12 °C) und lüften Sie häufig.
Auf diese Weise vermeiden Sie Schimmelbildung und

Streptosolen jamesonii

Schädlingsbefall durch Weiße Fliege und Spinnmilben.

○ 2 °C

Sutera cordata 'Snowflake'

Die kurze Geschichte von *Sutera cordata* 'Snowflake' erzählt von einem ausgesprochenen Erfolg. 1993 wurde diese kompakte Hängepflanze unter dem Namen *Bacopa* 'Snowflake' eingeführt. Noch bevor sich herausstellte, daß dieser Name falsch war, hatte die Pflanze bereits einen hohen Popularitätsgrad erreicht und sich rasend schnell verbreitet.
Mittlerweile ist sie unter dem freundlichen Namen *Bacopa* bei vielen begeisterten Hobbygärtnern bekannt.
Die rasendschnelle Verbreitung von *Sutera* geht mit der steigenden Beliebtheit von Hängekörben einher, denn hierfür eignet sich *Sutera cordata* 'Snowflake' ausgezeichnet.
Die verholzten Stengel der Pflanze wachsen in die Breite und hängen mit der Zeit herab. Sie bleiben schön grün und tragen den ganzen Sommer über kleine, weiße Blüten, die sich ausgezeichnet mit anderen, farbigen Hängekorbpflanzen kombinieren lassen.
Hängen Sie den Korb oder stellen Sie den Topf (auch hier kann man die Pflanze ziehen) im Sommer im Freiland an einen hellen Platz. Er kann vollsonnig sein, zumindest, wenn man die Erde nicht austrocknen läßt.
Im Winter braucht die Pflanze einen kühlen, luftigen Platz im Haus, ansonsten ist die Chance für Krankheiten recht groß. Die Temperatur ist nicht so wichtig.
An einem hellen Platz in einem beheizten Raum muß man regelmäßig gießen. Ein kühles Winterquartier ist deshalb besser, dort braucht die Pflanze im Winter kaum Wasser, und fühlt sich trotzdem wohl.
Sutera läßt sich recht einfach über Stecklinge vermehren. Schneiden Sie vorzugsweise im August oder September Stengelteile ab und lassen Sie diese in einer lockeren Mischung mäßig feuchter Erde wurzeln. Es ist nicht nötig, die Schale mit Glas oder Plastik zu überdecken.
Seit kurzem muß man sich bei der Wahl von *Sutera* nicht mehr nur auf weißblühende Pflanzen beschränken. Die Namen sprechen für sich: *Sutera diffusa* 'Blue Form', *Sutera diffusa* 'Pink Domino' (die übrigens magentafarben blüht) und *Sutera diffusa* 'Rosea'.

○ 10 °C

Sutera diffusa 'Snowflake'

Siehe: *Sutera cordata* 'Snowflake'

Sutera cordata 'Snowflake'

T t

Tagetes tenuifolia 'Paprika'

Für diese 20 cm hohe, kleinblütige Zuchtform, deren Blütenfarbe ausgezeichnet zu Tontöpfen paßt, werden sich auch Menschen begeistern, die eigentlich nichts von *Tagetes* halten. Die Anzucht dieser einjährigen Pflanze ist recht unkompliziert.
Ihre nadelförmigen Samen werden im Frühjahr im Haus vorgezogen. Die gekeimten Pflanzen können nach dem letzten Frost ins Freiland gestellt werden, dort bevorzugen sie einen Platz in der Sonne oder im Halbschatten.
Entfernen Sie die ersten Knospen, so daß sich die Pflänzchen schön buschig entwickeln und genießen Sie anschließend bis zum ersten Frost die ununterbrochene Blütenentwicklung.
Tagetes tenuifolia 'Lemon Gem' ähnelt stark der oben besprochenen Zuchtform, mit dem Unterschied, daß ihre Blüten zitronengelb sind.

(1)

Tagetes 'Paprika'

Tapien

Siehe: *Verbena* 'Sunvop' und *Verbena* 'Sunver'

Tecoma capensis

Siehe: *Tecomaria capensis*

Links: *Tropaeolum majus*

Tecoma-Hybride

Siehe: *Campsis* x *tagliabuana*

Tecoma stans

GELBE TROMPETENBLUME

In Mittelamerika, der Heimat von *Tecoma stans*, wird die Gelbe Trompetenblume ungefähr 5 m hoch. In einem Kübel bleibt sie strauchförmig und kann durch Winterschnitt gut in Form gehalten werden. Stellt man den Strauch im Sommer an einen geschützten und sonnigen Platz, werden sich die bis 5 cm langen Blüten reichlich ausbilden. Sie blühen in Trauben, auf sie folgen bohnenförmige Samenkapseln. Will man die Samen nicht ausreifen lassen, entfernt man die Bohnen, um dadurch die Blüte zu fördern.
Im Sommer gießen Sie die Gelbe Trompetenblume reichlich und düngen regelmäßig, sorgen Sie für ein möglichst kalkhaltiges Substrat, das gut durchlässig sein muß. Vor dem ersten Nachtfrost wird die Pflanze in ein helles, kühles (am besten bei 5 bis 12 °C) Winterquartier geräumt. Während einer dunklen Überwinterung wird der Strauch seine Blätter verlieren und wird dann kaum mehr gegossen. Achten Sie in diesem Fall darauf, daß die Temperatur keinesfalls unter 10 °C absinkt.
Die Samen der Gelben Trompetenblume keimen am besten im zeitigen Frühjahr bei Bodenwärme. Auf diese Weise zieht man auch im Sommer junge Kopfstecklinge.

○ oder ✸ 2 °C

Tecoma stans

Tecomaria capensis

Tecomaria capensis

In (sub-)tropischen Ländern kann diese südafrikanische Kletterpflanze ganze Flächen bedecken, sie wächst strauchförmig nicht nur in die Höhe sondern vor allem in die Breite.

An den Enden der Zweige auch ganz junger Pflanzen entwickeln sich rotorange Blüten in Gruppen, sie sind eher röhren- bis trichterförmig geknickt.

An einem sonnigen, warmen Platz in einem geschützten Garten wird *Tecomaria* auch bei uns reichlich von Juli bis in den Winter blühen. Geben Sie der Pflanze viel Wasser und nährstoffreiche Erde.

Im Winter bevorzugt sie einen hellen Platz bei einer Minimaltemperatur von 12 °C. Ihre glänzenden, gefiederten Blätter bleiben während dieser Periode an der Pflanze sitzen, so daß man ihr ab und zu etwas Wasser geben muß. Ein kühles und dunkles Winterquartier ist auch möglich, aber in diesem Fall muß die Temperatur niedrig gehalten werden und die Pflanze sollte trocken stehen.

Für die Vermehrung siehe *Tecoma stans*.

○ 12 °C oder ● 2 °C

Thevetia neriifolia

Siehe: *Thevetia peruviana*

Thevetia peruviana

GELBER OLEANDER

Die Blätter dieses Strauchs aus dem tropischen Amerika ähneln denen von *Nerium oleander* (daher läßt sich vermutlich der veraltete Artname *neriifolia* ableiten). Die Pflanze ist mit Oleander verwandt und

Thevetia peruviana

ebenfalls in allen Teilen giftig. An den lockeren Zweigen entwickeln sich im Sommer Seitentriebe mit länglichen, duftenden Blüten, die sich nicht vollständig öffnen. Die Sorte *Thevetia peruviana* 'Alba' blüht rein weiß.
Thevetia ist eine Kübelpflanze für den erfahrenen Kenner. Selbst unter den günstigsten Bedingungen blüht sie eher mäßig mit nur vereinzelten Blüten pro Pflanze. Stellen Sie *Thevetia* im Sommer möglichst sonnig und warm, gießen Sie häufig und geben Sie der Pflanze nährstoffreiche, feuchtigkeitspeichernde Erde. Im Winter stellen Sie die Pflanze hell und nicht zu kühl (ungefähr 12 °C). Während dieser Phase wird sie ab und zu gegossen.

○ 10 °C

Thunbergia alata

SCHWARZÄUGIGE SUSANNE

Die Aussaat von *Thunbergia alata* ist kinderleicht. Wenn man die großen, braunen Samen Anfang März in einen Topf steckt, kommen ungefähr sechs Wochen später die ersten Blüten. Sie sind orangefarben und haben einen dunkelvioletten Schlund, der wie die Pupille eines Auges wirkt. Deshalb erhielt die Pflanze den Namen Schwarzäugige Susanne.
Ursprünglich wächst die Susanne in Südafrika als wuchernde Kletterpflanze. Im Boden ausgepflanzt, schlingen sich die Ranken bei uns an Kletterhilfen bis 2 m hoch. In Töpfen entwickelt sich Susanne etwas zurückhaltender, aber auch hier blüht sie monatelang an einem Stück durch.
Für diejenigen, die sich nicht mit der Aussaat der Pflanze beschäftigen möchten, ist *Thunbergia alata* ab April blühend im Handel erhältlich. Stellen Sie die Pflanze warm und sonnig mit etwas Schutz vor der grellen Mittagssonne. Da die Blätter viel Feuchtigkeit verdunsten, muß man häufig gießen.
Aus den Blüten entwickeln sich runde Früchte, sie springen in reifem Zustand auf, so daß die Samen weggeschleudert werden. Beim Kauf der Pflanzen sollten Sie gut auf den Namen achten. Neben der Art, die orange blüht und ein dunkles Auge besitzt, werden oft auch Mischungen angeboten, manchmal unter dem Namen *Thunbergia alata*, in anderen Fällen unter Phantasienamen, wie Suzie Mix oder Florist Mixture. Hieraus können Planzen mit gelben, orangen und weißen Blüten, mit oder ohne dunkles Auge, keimen. Es gibt auch hübsche Zuchtformen von Pflanzen mit nur weißen Blüten und einem fast schwarzen Auge: *Thunbergia alata* 'Alba'.
Bei der Zuchtform 'Fryeri' sind die Blüten gelb und haben ein weißes Auge.

(1)

Thunbergia alata 'Alba'

Thunbergia alata

Thunbergia battiscombei

Oberflächlich betrachtet ähnelt *Thunbergia battiscombei* stark *Thunbergia erecta*, aber bei näherem Anblick wird man doch deutliche Unterschiede bemerken. Die Blätter von *Thunbergia battiscombei* sind breiter, die Blüten wesentlich dunkler blauviolett gefärbt und die behaarten Hochblätter sind wesentlich größer und weisen ein deutliches Netzmuster auf.
Diese Art ist eine der neuesten Vertreterinnen im Kübelpflanzensortiment und wird normalerweise zur

Zeit nur von spezialisierten Händlern angeboten. Aber das wird sich vermutlich bald ändern.
Für Versorgung und Pflege siehe *Thunbergia grandiflora*.

○ 10 °C

Thunbergia battiscombei

Thunbergia erecta

Die hübschen Blüten von *Thunbergia erecta* entwickeln sich das ganze Jahr über nach der Aussaat. Behandeln Sie die Pflanze deshalb als Kübelpflanze und stellen Sie *Thunbergia erecta* im Winter an einen hellen, kühlen Platz. Während dieser Monate geben Sie nur wenig Wasser. Im Frühling wird die Pflanze zurückgeschnitten, aber nicht zu stark, denn dann wird sie weniger intensiv blühen. Ziehen Sie ihre Zweige besser an Draht oder Stöcken empor, so daß sich im Topf ein frischgrüner Schirm entwickelt, der ungefähr 1,5 m hoch werden kann.
Während der Wachstumsphase gießen Sie reichlich und geben ab und zu etwas Dünger. Am Ende der Saison lassen Sie *Thunbergia erecta*, die ursprünglich aus dem tropischen westlichen Afrika stammt, abhärten. Geben Sie ihr jetzt keinen Dünger mehr und allmählich weniger Wasser.

○ 5 °C

Thunbergia gibsonii

Siehe: *Thunbergia gregorii*

Thunbergia grandiflora

Die blauen bis violetten Blüten von *Thunbergia grandiflora* können 8 cm breit und hoch werden. Sie waren bis vor kurzem nur in besonderen Sammlungen tropischer Pflanzen zu sehen.
Gegenwärtig wird diese wunderschöne Kletterpflanze aus Indien manchmal als Orangerie-Pflanze angeboten. Um die Blüten zu halten, muß die lianenartige Pflanze gut versorgt sein und hierfür eignet sich ein

Thunbergia erecta

Thunbergia grandiflora

warmer Wintergarten eigentlich am besten.
Was es unbedingt zu vermeiden gilt, ist ein kalter und nasser Standort im Winter. Die wintergrüne Kletterpflanze wird an einem hellen Platz bei einer Minimaltemperatur von 10 °C überwintert. Nehmen Sie im Frühjahr Kopfstecklinge und lassen Sie diese an einem warmen Platz (ungefähr 25 °C) in feuchter Erde wurzeln.

○ 10 °C

Thunbergia gregorii

Thunbergia gregorii wird meist als einjährige Pflanze gezogen (für die Methode der Aussaat siehe *Thunbergia alata*). Aber in milden Klimaregionen überlebt dieses wilde Schlinggewächs aus Afrika den Winter sogar im Freiland, aber dort wird es seine Blätter und Stengel verlieren. Wenn Sie versuchen, die Pflanze als getopftes Exemplar zu überwintern, sollten Sie dafür sorgen, daß möglichst viele Zweige über den Winter am Leben bleiben, dies gelingt am ehesten bei einer Temperatur von ungefähr 12 bis 16 °C. Natürlich braucht die Pflanze während dieser Periode Wasser und Licht.
Im Sommer entwickeln sich im Freiland grellorange Blüten, die sich über hübsch gezeichneten Hochblättern befinden. Während der Blüte gießen Sie die Kübelpflanze reichlich und düngen regelmäßig.

○ 10°C

Thunbergia gregorii

Thymus x citriodorus

ZITRONENTHYMIAN

Zitronenthymian ist eine Kreuzung zwischen dem großen Thymian (*Thymus pulegioides*) und dem echten Thymian (*Thymus vulgaris*). Blätter und Stengel duften bei Berührung nach Zitrone. Das aromatische Öl wird unter anderem gewonnen, um Likör geschmacklich zu verbessern.
Als Kübelpflanze sind hauptsächlich die buntblättrigen Sorten im Trend, wie zum Beispiel *Thymus* x *citriodorus* 'Archer's Gold' (gelbblättrig), 'Aureus' (grün mit goldgrünen Blättern), 'Gold King' (grüne Blätter mit goldenem Rand) und die sehr populäre Sorte 'Silver Queen' (silbergrüne Blätter mit einem rahmfarbenen Rand). Die letztgenannte Zuchtform ist auch unter den Namen 'Argenteus', 'Silver Beauty' und 'Silver Poesie' bekannt.
Für die Versorgung siehe *Thymus vulgaris*.

❄

Thymus x citriodorus 'Silver Queen'

Thymus vulgaris

THYMIAN

Die zahlreichen Thymian-Arten wachsen als Bodendecker oder niedrige Sträucher an trockenen, sonnigen Plätzen im Mittelmeergebiet und Kleinasien. Gerade wegen ihrer Vorliebe für einen gut durchlässigen, warmen und kalkreichen Boden lassen sie sich ausgezeichnet im Topf ziehen. Stellen Sie das Gefäß im Sommer an einen möglichst warmen Platz und gießen Sie immer dann, wenn die Erde wieder gut abgetrocknet ist.
Thymus vulgaris wird als Gewürz benutzt, das zusammen mit anderen Kräutern, wie Petersilie und Lorbeer, für Suppen und Saucen verwendet wird. Sein Geschmack ist optimal, wenn das Kraut seinen

Blütenhöhepunkt erreicht hat. Die Blüten bestehen aus kleinen, weißen, rosa bis purpurroten Blüten, die auf Bienen und Hummeln eine enorme Anziehungskraft ausüben.

Thymian ist an einem trockenen Platz winterhart, schützen Sie aber die Pflanze im Winter vor längeren Regenfällen.

❄

Thymus vulgaris (mit *Rosa* 'Cinderella')

Tibouchina semidecandra

Siehe: *Tibouchina urvilleana*

Tibouchina urvilleana

In Südamerika wächst der Strauch an hellen Standorten, bevorzugt an bewaldeten Hängen von Bergregionen. Um die Mitte des vorigen Jahrhunderts wurde die Pflanze von Brasilien nach Europa gebracht. Die samtig behaarten Blätter sitzen an langen, viereckigen, behaarten Stengeln.

In Kultur kann *Tibouchina* einen großen Teil des Jahres über blühen, sogar im Winter, wenn die Pflanze hell und warm steht.

Sie kann auch in einem kühlen (5 bis 12 °C), hellen Wohnraum überwintert werden, aber geben Sie dann nur wenig Wasser, so daß die Pflanze nicht weiter wächst.

Im zeitigen Frühjahr schneidet man *Tibouchina* zurück und sorgt für frische, nährstoffreiche Erde und allmählich etwas mehr Wärme. Auf diese Weise kann die Pflanze wieder ihre alte Pracht erzielen. Ab ungefähr der Sommermitte entwickeln sich die viele Zentimeter breiten, dunkelvioletten Blüten. Während dieser Phase

Tibouchina urvilleana

gießen Sie reichlich mit entkalktem Wasser und geben regelmäßig Dünger. Wenn man diese Regeln befolgt, blüht die prachtvolle Pflanze bis weit in den Herbst hinein.

Unter den ungefähr 350 *Tibouchina*-Arten gibt es auch weißblühende Vertreter. Hieraus entstanden wiederum Kreuzungen, die vor kurzem unter dem Namen *Tibouchina*-Hybriden auf den Markt gebracht wurden.

☼ 2 °C

Tibouchina-hybride

Trachelospermum asiaticum

JAPANISCHER STERNJASMIN

Der Japanische Sternjasmin wächst ursprünglich in Korea und Japan. Seine blaßgelben Blüten ähneln denen von Oleander, sind aber wesentlich kleiner. Japanischer Sternjasmin ist als Kletterpflanze bekannt, tatsächlich wächst er eher strauchförmig in die Höhe. Seine dicken, glänzenden Blätter bleiben den Winter über an der Pflanze sitzen und verfärben sich bei Trockenheit und Frost rötlich. Die Pflanze verträgt an einem geschützten Platz bis 15 Grad Frost.
Für die weitere Versorgung siehe *Trachelospermum jasminoides*.

○ -5 °C

Trachelospermum asiaticum

Trachelospermum jasminoides

STERNJASMIN

Die weißen Blüten dieser wintergrünen, chinesischen Pflanze duften intensiv. Im Haus empfinden manche Menschen den Geruch sogar zu stark, aber auf Balkon oder Terrasse können wir den Duft genießen. Der Sternjasmin ist von Natur aus eine Kletterpflanze, wächst aber lange Zeit als bescheidenes Sträuchlein in einem großen Topf mit langen Zweigen. Die Pflanze stellt keine besonderen Ansprüche. Sie steht gerne in der Sonne oder im Halbschatten, wächst in normaler Erde und verträgt im Sommer viel Wasser, aber wenn man einmal vergißt, zu gießen, ist das auch nicht problematisch.
Im Herbst kann die Pflanze recht lange im Freiland bleiben, denn der Sternjasmin verträgt gut 5 Grad Frost, in trockener Erde an einem geschützten Platz wird er sogar -10 °C überleben.
Im Winter brauchen seine dicken, lederartigen Blätter im Haus Licht, ansonsten werden sie in großer Zahl abfallen. Im Frühjahr kann man die langen Äste nach Belieben schneiden. Seien Sie vorsichtig, die Pflanze ist in allen Teilen giftig.

○ -5 °C

Trachelospermum jasminoides

Trachelospermum majus

Siehe: *Trachelospermum asiaticum*

Tropaeolum canariense

Siehe: *Tropaeolum peregrinum*

Tropaeolum majus

KAPUZINERKRESSE

Die Kapuzinerkresse aus Ostindien ist eine einjährige Gartenpflanze, die sich für Topfkultur ausgezeichnet eignet. Diese Art braucht eine Kletterhilfe, denn sie kann bis zu 1,5 m emporklettern. Ohne Stütze kriecht oder hängt sie mit langen Zweigen. Kleinbleibende Sorten, wie 'Tom Thumb', wachsen niedrig und buschig, aber hängen auch sehr nett über einen Topfrand.

Tropaeolum majus 'Alaska'

Im März-April säen Sie Kapuzinerkresse im Haus, ab April-Mai ins Freiland, direkt in den Topf, Kübel oder den Balkonkasten. Während der Blütenperiode geben Sie reichlich Wasser, aber keinen Dünger. In magerem Boden blühen die Pflanzen deutlich besser, meist mit orangen oder gelben Blüten.

Stellen Sie den Kübel oder Topf im Freien an einen nicht allzu windigen Platz in die Sonne oder in den Halbschatten.

Über einen gewissen Zeitraum galt die Kapuzinerkresse als altmodische Pflanze. Mit der Entstehung attraktiver Zuchtformen kam sie wieder stark in Mode:

'Alaska' hat auffallend grün, graugrün und rahmweiß gefleckte Blätter;
'Cherry Rose Whirlybird' blüht altrosa;
'Double Golden Gleam' blüht dunkelgelb (gefüllt);
'Empress of India' hat karminrote Blüten;
'Mahagony Juwel' ist eine dunkelrote Zuchtform;
'Peach Melba' hat pfirsichfarbene Blüten mit scharlachroten Flecken im Schlund;
'Primrose Jewel' blüht gelb;
'Strawberries and Cream' hat rahmfarbene Blüten mit roten Tüpfeln.

(1)

Tropaeolum peregrinum

KAPUZINERKRESSE

Diese Kapuzinerkressen-Art hat eine stärkere Tendenz zum Klettern, als *Tropaeolum majus*. Die Pflanze wird deshalb auch als kletternde Kapuzinerkresse bezeichnet. An den saftigen Stengeln befinden sich Blätter, die an eine Miniaturausgabe von Feigenblättern erinnern. In den Achseln entwickeln sich während der Blüte stets neue Knospen, die sich zu merkwürdig gefransten Blüten entfalten.

Tropaeolum majus

Tropaeolum peregrinum

Säen Sie die kletternde Kapuzinerkresse im Frühjahr im Haus vor und pflanzen Sie die gekeimten Pflänzchen nach dem letzten Nachtfrost ins Freiland. Verwenden Sie normale Erde und lassen Sie diese nicht austrocknen. Sorgen Sie für eine Kletterhilfe, denn die Zweige werden leicht länger als 2 m.

(1)

Tulbaghia voiolacea

Tulbaghia violacea

Tulbaghia sieht aus wie eine verkleinerte Ausgabe von *Agapanthus*. Die Pflanze kommt aus Südafrika und blüht mit lila Blüten.

Agapanthus blüht im Spätsommer einige Wochen lang, wohingegen *Tulbaghia* damit bereits im Frühsommer beginnt und, allerdings mit einigen kurzen Zwischenpausen, bis in den Herbst hinein Blüten entwickelt. Die Blüten sitzen kugelförmig am Ende

Tropaeolum majus 'Peach Melba'

der Stengel, die ungefähr 50 cm lang werden können. Die bandförmigen Blätter, die nach außen ragen, werden ca. 30 cm lang.
Tulbaghia violacea ist eine unproblematische Kübelpflanze, die den ganzen Sommer über bis weit in den Herbst im Freiland bleiben kann, da sie sehr gut einige Grad Frost verträgt. Stellen Sie die Pflanze im Winter kühl, luftig und hell und geben Sie genügend Wasser, um zu vermeiden, daß der Wurzelballen vollständig austrocknet.
Im Frühjahr gießen Sie reichlich und düngen, bis man die Blütenstiele sehen kann. Danach halten Sie das Substrat etwas trockener und geben der Pflanze einen warmen, sonnigen Standort. *Tulbaghia* kann durch Teilung und Aussaat vermehrt werden.

○ 0 °C

Tulipa

TULPE

Nachdem die einjährigen Pflanzen im Herbst abgestorben sind, kann man die freigewordenen Töpfe, Kübel und Körbe im Herbst oder Winter mit Tulpenzwiebeln bepflanzen. Nach der Blüte (zwischen März und Mai) entfernt man die Zwiebeln mitsamt den Blättern und steckt sie irgendwohin in den Garten. Der Topf, Kübel oder Korb kann nun wieder mit ein-

Tulipa 'Diana'

jährigen bepflanzt werden. Tulpenzwiebeln pflanzen Sie möglichst im Herbst oder Winter. Stellen Sie den Topf, Kübel oder Korb hauptsächlich kühl (nicht ins Haus!) und vermeiden Sie, daß die Erde austrocknet. Schützen Sie den Topf vor Frost, indem Sie ihn dicht ans Haus stellen und ihn, eventuell zusammen mit anderen Töpfen, mit Stroh, Decken oder Noppenfolie umwickeln. Bei strengem Frost holt man die Zwiebeln rechtzeitig ins Haus, dort werden sie an einen kühlen Platz gelegt.
Kaufen Sie bevorzugt Tulpensorten, die sich für die Topfkultur gut eignen, wie die frühblühende *Tulipa* 'Diana' (weiß-rahmgelb), die frühblühende *Tulipa* 'Bellona' (kanariengelb) oder botanische Tulpen, wie *Tulipa tarda* und *Tulipa violacea*.

❄

Tweedia caerulea

Wenn sich die Blüten von *Tweedia caerulea* öffnen, sind sie himmelblau. Beim Älterwerden verfärben sie sich gelegentlich nach Lila. Diese südamerikanische Kletterpflanze wächst zwar empor, wird aber nicht höher als 1 m.
Tweedia caerulea läßt sich wie eine Staude ausgezeichnet im Topf ziehen, aber dann muß man sie im Winter hell, luftig und kühl (minimal bei 5 °C) stellen. Man kann *Tweedia caerulea* auch als einjährige Pflanze aus Samen gewinnen, die man im zeitigen Frühjahr im Haus vorzieht. In letzterem Fall blühen die Pflanzen bis in die zweite Hälfte des Sommers.
Stellen Sie den Topf mit *Tweedia caerulea* im Sommer im Freiland an einen sonnigen, geschützten und warmen Platz.
Sorgen Sie für eine nährstoffreiche, humusreiche, sehr gut durchlässige Erde.

(1) oder ○ 5 °C

Tweedia caerulea

Verbena x hybrida

VERBENE

Die zahlreichen Kreuzungen und Selektionen aus *Verbena* sind beliebte Park- und Kübelpflanzen. Ihre Triebe wachsen in die Breite und hängen mit der Zeit über den Rand von Töpfen und Balkonkästen. Diese Wuchsform, verbunden mit den lange blühenden, duftenden Blüten (ab dem späten Frühjahr bis in den Herbst) machte die Pflanzen außerordentlich populär. Darüber hinaus kann man die Blütezeit noch verlängern, indem man Verblühtes regelmäßig entfernt.
Lassen Sie die Pflanzen nicht austrocknen und geben Sie ab und zu etwas Dünger (mit einem relativ niedrigen Stickstoffgehalt). Auf diese Weise versorgt, werden Sie lange an Ihren Verbenen Freude haben. Verbenen bevorzugen einen Platz in der Sonne.
Im Prinzip ist es möglich, die Stauden hell, kühl und frostfrei zu überwintern, eventuell als Stengelstecklinge, die man im Spätsommer schneidet.
Die meisten Sorten lassen sich auch aussäen, aber das Resultat hiervon ist häufig enttäuschend. Weichen Sie die Samen zunächst in warmem Wasser ein und säen Sie diese während der ersten Monate im Jahr bei Zimmertemperatur in eine Schale mit leicht feuchter Erde ein, die man bis zum Keimen mit schwarzer Folie abdeckt.

(1) oder ○ 0 °C

Verbena x hybrida 'Silver Ann'

Verbena x hybrida 'Peaches and Cream'

VERBENE

Diese Zuchtform hat eine moderne Farbe, pfirsichfarben mit rahmweiß, ihre Farbe entspricht exakt der Übersetzung ihres Namens. Die samtartig behaarten Triebe haben eher die Tendenz emporzuwachsen, als die meisten anderen Hybriden. *Verbena* x *hybrida* 'Peaches and Cream' wird meist jährlich aus Samen vermehrt.
Für die Versorgung siehe *Verbena* x *hybrida*.

(1) oder ○ 0 °C

Verbena x hybrida 'Peaches and Cream'

Verbena x hybrida 'Sissinghurst Pink'

VERBENE

Am Ende der Triebe mit tiefeingeschnittenen Blättern bilden sich im Sommer und Herbst sehr hübsche, hellrosa Blütenköpfchen mit einem magentafarbenen Zentrum.

Verbena x hybrida 'Sissinghurst Pink'

Für die Versorgung siehe *Verbena* x *hybrida*.

(1) oder ○ 0 °C

Verbena x hybrida 'Sunver'

VERBENE

Diese Schwester von *Verbena* x *hybrida* 'Sunvop' (Violet Tapien), 'Sunver', wird unter dem Handelsnamen Pink Tapien verkauft und blüht hellrosa mit einem dunkler rosafarbenen Blütenzentrum.

Die Vermehrung erfolgt über Stecklinge.
Für die Versorgung siehe *Verbena* x *hybrida*.

○ 0 °C

Verbena x hybrida 'Sunvop'

VERBENE

Der Züchter dieser 1994 eingeführten Pflanze gab dieser Verbene den Handelsnamen Violet Tapien. Es handelt sich hierbei um einen Markennamen, der urheberrechtlich geschützt ist. Die Vermehrung der Pflanze bedarf einer Genehmigung. Nach Meinung der Lieferanten ist diese Pflanze äußerst robust, sie kann so dichte Matten bilden, daß unter ihnen Unkräuter ersticken – ja, man soll sogar auf den Pflanzenmatten laufen können. 'Sunvop' gehört zu den sogenannten Stecklingsverbenen. Deshalb erhält man im Handel von dieser Sorte keine Samen.
Für die Versorgung siehe *Verbena* x *hybrida*.

○ 0 °C

Viburnum carlesii

Viburnum carlesii läßt sich sowohl im Garten, als auch in einem Kübel wunderschön zu einem Hochstammbäumchen ziehen. Im Boden ausgepflanzt, ist dieser

Verbena x hybrida 'Sunvop' und 'Sunver' (Tapien)

blattverlierende Strauch vollkommen winterhart.
Im Frühjahr entwickeln sich zunächst graugrüne Blätter, darauf folgen rosa Knospen, aus denen sich weiße Blüten bilden. Ihr starker Duft wird manchmal als angenehm, aber auch als abstoßend empfunden.
Im Topf oder Kübel braucht der Wurzelballen von *Viburnum carlesii* einen Schutz vor Frost, packen Sie deshalb den Topf gut ein. Ansonsten wächst der Strauch problemlos in jeder Erdmischung an einem beliebigen Platz. Die Pflanze wird ungefähr 1,5 bis 2 m hoch und kann nach der Blüte zurückgeschnitten werden.

❄

Viburnum carlesii

Viburnum tinus

Der wintergrüne *Viburnum tinus* blüht im Winter im Mittelmeergebiet. Um diese Zeit entwickeln sich an dem Strauch Trauben mit ungefähr 5 cm breiten weißen Blüten.
Bei uns beginnt die Blüte der Pflanze manchmal bereits im Herbst, aber meist im zeitigen Frühjahr.
Solange es nicht mehr als einige Grad friert, steht *Viburnum* vorzugsweise im Freiland, aber sobald die Temperatur unter -5 °C absinkt, muß man die Pflanze ins Haus stellen und dort möglichst kühl überwintern. Viel Licht und frische Luft halten die Pflanze während dieser Periode gesund. Sobald es die Außentemperaturen ermöglichen, kommt *Viburnum tinus* wieder ins Freie.
Im Sommer stellt man die Pflanze möglichst an einen warmen Platz, aber nicht in die pralle Sonne. Sorgen Sie für normale Erde, mäßig Nährstoffe und eine mittlere Menge an Wasser.

○ 5 °C

Viola cornuta

HORNVEILCHEN

Aus dem Hornveilchen, das ursprünglich aus den Pyrenäen stammt, sind zahlreiche Gartenformen entstanden, die mit zu den dankbarsten Veilchen gehören. Im Frühjahr werden die blauvioletten und rahmweißen bis gelben Formen von *Viola cornuta* massenhaft als kleine Pflänzchen für Balkonkästen und Töpfe angeboten.
Hornveilchen-Sorten können monatelang an einem Stück durchblühen, vor allem, wenn man sie nicht in die volle Sonne stellt.
Hornveilchen werden im Spätsommer in kühle, feuchte Erde ausgesät. Die gekeimten Pflänzchen sind im Boden relativ winterhart und sollten im Frühsommer

Viola cornuta

Viburnum tinus 'Eve Price'

blühen. Die meisten Hobbygärtner ziehen es aber vor, die Pflanzen im Frühling bereits blühend zu kaufen.

(1) und ❄

Viola cornuta 'Belmont Blue'

Siehe: *Viola cornuta* 'Broughton Blue'

Viola cornuta 'Boughton Blue'

HORNVEILCHEN

Durch die ausgewaschen hellblaue Blütenfarbe läßt sich dieses Hornveilchen ausgezeichnet mit anderen Pflanzen kombinieren. *Viola cornuta* 'Boughton Blue' ist nach Boughton House im englischen Northamptonshire benannt, aber gegenwärtig wird die gleiche Pflanze immer häufiger unter dem Sortennamen 'Belmont Blue' verkauft.

Diese Sorte eignet sich besonders gut für eine Hängekorb, der sich im Halbschatten befindet. Der relativ kleine Wurzelballen läßt sich leicht seitlich in die Körbe pflanzen. Wenn man den Korb im Herbst leermacht, kann man das Hornveilchen an einen trockenen, sonnigen Platz in den Garten eingraben, aber diese Staude wird keine strengen Winter überleben.

❄

Viola cornuta 'Bougton Blue' ('Belmont Blue')

Viola hederacea

Bei uns ist *Viola hederacea* nicht winterhart. Seine wintergrünen Blätter befinden sich an liegenden Stengeln, entwickeln sich bodenbedeckend oder hängen über den Rand von Töpfen und Kübel herab. Die kleinen Blütchen sind violett und haben eine charakteristische runde Form.

Verwendet man die Pflänzchen als Unterpflanzung

Viola hedereacea

von Kübeln und Töpfen, schlägt man zwei Fliegen mit einer Klappe:

Der kahle Fuß einiger Kübelpflanzen ist hierdurch bedeckt und wenn die Kübel im Winter an einen hellen und kühlen Platz gebracht werden, bleibt das Veilchen sicher am Leben, selbst in mäßig feuchtem bis beinahe trockenem Substrat. Man kann die Pflanze aber auch in einem unbeheizten Gewächshaus oder Kalthaus überwintern.

Aus dieser Art entstand auch eine sehr merkwürdige Zuchtform *Viola hederacea* 'Blue Form', mit vollkommen lilablauen Blüten.

Diese Zuchtform wird auf die gleiche Weise versorgt wie *Viola hederacea*.

❄

Viola hederacea 'Blue Form'

Viola 'Rebecca'

Dieses besondere Veilchen mit rahmfarbenen Blüten wird hauptsächlich durch die violetten Flecken und Streifen der gewölbten Blütenblätter belebt. Seine Blüten duften kräftig und ausgezeichnet.

Durch seine kompakte Wuchsform eignet sich dieses

Veilchen besonders gut für einen Topf oder einen Kübel.
Für die Versorgung siehe *Viola cornuta*.

(1) und ❄

Viola 'Rebecca'

Viola tricolor Hortensis

Unter diesem Sammelnamen werden alle möglichen Veilchen angeboten, die mit *Viola tricolor* nahe verwandt sind.
Es handelt sich hierbei um Kreuzungen mit anderen Arten und Sorten. *Viola tricolor* ist in vielen europäischen Ländern beheimatet.
Die Pflanze wächst auf Wiesen im Halbschatten und sät sich leicht selbst aus.
Diese Art und die zahlreichen Zuchtformen, die hieraus entstanden sind, werden im Spätsommer gesät und werden im darauffolgenden Frühjahr bis weit in den Sommer hinein blühen.

(1) und ❄

Viola tricolor 'Hortensis'

Viola x wittrockiana

STIEFMÜTTERCHEN

Bereits vierhundert Jahre vor dem Beginn unserer Zeitrechnung wurden Stiefmütterchen auf griechischen Märkten verkauft. Seit dieser Zeit wurden sie so oft mit wilden Arten gekreuzt, daß man die Abstammung nicht mehr präzise feststellen kann.
Die meisten Zuchtformen werden zu den *Wittrockiana*-Hybriden gerechnet. Es handelt sich hierbei um Formen, die durch vielfache Kreuzungen von unter anderem dem dreifarbigen Veilchen, *Viola tricolor*, mit *Viola tricolor sudetica* und *Viola altaica* entstanden sind.
Wählen Sie die Pflanzen nach Farbe und eventuell dem Duft aus. Sie sind meist im Frühjahr oder auch im Herbst zu kaufen. In Beeten, Schalen und Töpfen blühen sie sehr lange, wenn man die nährstoffreiche Erde ständig feucht hält und die Töpfe nicht in die pralle Sonne stellt.
Die Winter-Stiefmütterchen vertragen im Boden ausgepflanzt oder in großen Schalen etwas Frost, aber kleinere Töpfe müssen gut isoliert werden, um die Blüte so lange wie möglich zu erhalten. Man kann sie auch ins Haus stellen und dort hell und luftig überwintern.
Für die Vermehrung siehe *Viola cornuta*.

(1) und ❄

Viola x wittrockiana

Viscaria oculata

Siehe: *Silene coeli-rosa*

W, Y, Z ______ w, y, z

Wattakaka sinensis

Siehe: *Dregea sinensis*

Yucca gloriosa

PALMLILIE

Diese Palmlilie aus den östlichen Vereinigten Staaten verträgt ungefähr 15 Grad Frost und wird deshalb auch häufig als Gartenpflanze angeboten.

Man zieht sie aber besser als Kübelpflanze, und läßt sie über den Sommer im Freien, in harten Wintern im Haus stehen.

Wenn sie erst einmal durch starken Frost beschädigt wurde, man sieht das an den glasig wirkenden Blättern, dann gehört sie zum Biomüll.

Im Haus braucht die Palmlilie einen kühlen, trockenen Platz in einem unbeheizten Raum. Man muß damit rechnen, daß die Pflanze viel Raum braucht, denn sie wird sicher über 1 m breit.

Wenn man sie gut versorgt, entwickeln sich im Spätsommer riesige Trauben hängender, weißer Blüten von ungefähr 7 cm Länge. Im Gegensatz zu den verwandten Agaven sterben die blühenden Rosetten von *Yucca* nicht ab.

Stellen Sie *Yucca* in die volle Sonne und geben Sie mäßig Wasser und ein sandiges, gut durchlässiges Substrat. Nur auf diese Weise bleibt die Pflanze gut in Form.

Neben der abgebildeten Art gibt es weitere zahlreiche, dankbare Palmlilien für die Kübelkultur: *Yucca aloifolia*, die *Yucca gloriosa* stark ähnelt, und *Yucca elephantipes*, die kürzere und breitere, wachsartig überzogene Blätter an einem sehr stark verzweigten Stamm trägt.

○ 0°C

Yucca recurvifolia

Siehe: *Yucca gloriosa*

Links: Eine vollerblühte *Yucca gloriosa* zeigt ihre ausladende Pracht.

Zantedeschia aethiopica

ZIMMERKALLA

Diese südafrikanische Zimmerpflanze wird in vielen Ländern als Grabschmuck verwendet, aber sie ist auch eine ausgezeichnete Topflanze für ein Haus mit Atmosphäre. *Zantedeschia aethiopica* kann im Boden ausgepflanzt sogar 10 Grad Frost vertragen.

Wenn man ihre Wurzelstöcke in einem Topf zieht, sollten Sie kein Risiko eingehen und die Pflanze vor dem ersten Nachtfrost ins Haus holen.

Um Kapstadt wächst dieses Aronstabgewächs in Sümpfen und kann deshalb auch gut als Aquarium- und Teichpflanze gezogen werden. Pflanzen Sie die Zimmerkalla in diesem Fall mehr als einen halben Meter unter die Wasseroberfläche, so daß die Wurzelstöcke im Winter nicht erfrieren können.

In Topfkultur bevorzugt die Pflanze mäßig feuchte Erde. Sie gedeiht sowohl in der vollen Sonne als auch im Halbschatten.

○ 0°C

Zantedeschia ethiopica

Fachausdrücke und ihre Bedeutung

In Gartenbüchern, Pflanzenbeschreibungen und sogar auf manchen Verpackungen von Pflanzensanen und –zubehör werden stets die gleichen Fachausdrücke verwendet, wir erklären sie in diesem Kapitel.

ABHÄRTEN
Behutsames Anpassen der Pflanze an veränderte Temperatur- und Lichtverhältnisse. Die Vorgang wird auch akklimatisieren genannt.

BÄUME
Verholzte, stammbildende Pflanzen mit einem Haupttrieb und bevorzugtem Längenwachstum am oberen Ende des Sproßsystems.

CULTIVAR
Gezüchtete Variante einer Pflanzenart, wissenschaftliche Bezeichnung für Sorte oder Varietät. Oft unterscheiden sich Cultivare nur durch physiologische Eigenschaften oder ein Merkmal, z. B. durch unterschiedliche Blütenfarbe. Im Gegensatz zur natürlichen Unterteilung einer Art, die immer klein geschrieben wird (Kürzel: var.), werden die Namen der Cultivare immer groß und zwischen 'Anführungszeichen' geschrieben. Die Begriffe stammen von modernen Sprachen.

DRÄNAGE
Maßnahme zur Ableitung von Wasser aus Topf oder Kübel. Dies ist wichtig, um die Pflanzen vor schädlicher Staunässe zu schützen.

EINJÄHRIGE
Pflanzen, die im Kalenderjahr der Aussaat blühen, fruchten und dann absterben.

ENTSPITZEN
Abknipsen der weichen Triebspitzen mit Daumen und Zeigefinger. Das Entspitzen führt zu besserer Verzweigung und damit zu einem buschigen Wuchs.

EISHEILIGE
Volkstümliche Bezeichnung bestimmter Tage im Mai (11. bis 15. Mai), an denen es Kaltlufteinbrüche mit Nachtfrost geben kann. Die Tagesheiligen sind Mamertus, Pankratius, Servatius, Bonifatius und die

Die Überwinterung von Fuchsien

„Kalte Sophie". Frostempfindliche Pflanzen werden vorsichtshalber erst nach den Eisheiligen ins Freie gestellt.

HUMUS
Zersetzte organische Substanz aus pflanzlichen oder tierischen Stoffen, wie Stallmist, Blutmehl, Hornspäne, Brennesseljauche oder Guano. Humus ist schwammartig, geruchlos und dunkel. Er hält Feuchtigkeit fest und ist luftdurchlässig. Sonnenwärme kann darin besser vordringen als in anderen Böden.

KRONENBÄUMCHEN
Ein buschiger, kronenförmiger Strauch auf einem hohen, kahlen Hauptstamm, der durch Abschneiden der untersten Seitenäste entstand.

PIKIEREN
Vereinzeln von Sämlingen, z. B. aus einem Aussaatbeet in Einzeltöpfe. Die meist dicht aufgegangenen Sämlinge werden büschelweise aus der Saatschale genommen und ohne Wurzelverbiegung in die lockere Erde der Töpfe gesetzt. Zuvor wird die Hauptwurzel mit dem Fingernagel (oder einer kleinen Schere) etwas gekürzt. Diese Maßnahme fördert die Bildung von Faserwurzeln, die später kräftigen Wuchs garantieren.

SÄMLINGE
Junge Pflänzchen, die sich aus Samen entwickelt haben.

SCHÖßLING
Eine Jungpflanze, die als Ableger direkt neben der Mutterpflanze aus der Erde wächst.

STAUDEN
Mehrjährige, krautartige, ausdauernde Pflanzen, deren Laub im Herbst abstirbt. Jedes Jahr erneuern sich Blätter und Blüten aus unterirdischen Organen.

STECKLINGE
Pflanzenteile, die zur Bewurzelung in Erde oder Wasser gesteckt werden. Ein Steckling kann eine Triebspitze, ein Stammstück, ein Blatt oder ein Teil des Blattes sein. Die Vermehrung über Stecklinge heißt vegetative Vermehrung von Pflanzen.

STRAUCH
Pflanze mit verholzten Trieben, bei der mehrere gleichwertige Triebe vom Erdboden ausgehen.
Blattverlierende Sträucher werfen ihre Blätter im Winter ab, nur die Triebe bleiben stehen; wintergrüne Sträucher behalten ihre Blätter das ganze Jahr.

SYNONYM
Nicht offiziell festgestellter Name für ein bestimmtes Gewächs
(Kürzel: Syn.).

TORF
Aufbereitete Hoch- oder Niedermoorerde, die als Weißtorf oder Schwarztorf erhältlich ist. Der soge-

Manche Gärtnereien überwintern Ihre Kübelpflanzen.

nannte Weißtorf ist in den oberen Moorschichten enthalten. Er ist hellbraun und ca. 2000 – 3000 Jahre alt. Der ca. 6000 – 8000 Jahre alte Schwarztorf bildet die tieferliegenden Schichten des Moores. Er ist stärker zersetzt und dunkler. Die Verwendung von Torf ist aus Gründen des Unweltschutzes umstritten.

WINTERGARTEN

Angebautes oder halb ins Haus gebautes Gewächshaus für Zierpflanzen. Ein optimaler Wintergarten ist mäßig beheizt und nimmt ab Oktober/November die Pflanzen auf, denen es im Garten zu kalt wird und die in der Wärme und trockenen Luft der Wohnräume nur geringe Überlebenschancen haben.

WINTERHART

Pflanzen, die den Winter in gemäßigten Zonen ohne Winterschutz unbeschadet überstehen, nennt man winterhart.

ZWEIHÄUSIG

Pflanzen sind zweihäusig, wenn bei einer Art männliche und weibliche Blüten getrennt auf verschiedenen Pflanzen stehen. Zur Fruchtbildung sind beide Pflanzen nötig.

Register

Lateinische Namen

A

B

C

D

E

F

G

H

I

O

P

V

W

Y

Z

Deutsches Namenregister

A

B

C

D

E

F

G

H

J

K

L

M

N

O

Danksagung

Autor und Herausgeber möchten sich bei folgenden Personen bedanken, ohne deren Mitwirkung dieses Buch nicht zustandegekommen wäre.

Ans Advocaat von Gestüt zu Peize; Familie Brederoo, Gärtnerei Brederoo, Honselersdijk; Pauline Brummelaar und Geerle Wijma von der Baumschule Pastel, Sebaldeburen; Familie Buurman von der Gärtnerei Overhagen, Velp; Koen Delaey von der Gärtnerei Sollya, Hertsberge; Henk van Engen und dem Personal von Intratuin Groningen; Mia Esser vom Niederländischen Pelargonium- und Geranienverein, Haulerwijk; Ans van den Hoek von der Vereinigung der Niederländischen Gartenbau-Studiengruppen, Honselersdijk; Jan Hummel von der Niederländischen Gruppe der Fuchsienfreunde, Zevenhuisen; Amy van Ierssel von der Gärtnerei De Rhulenhof, Ottersum; Wim Kersten vom Orangerieverein, Haelen; Jaques Klerx, Gärtnerei Klerx, Malden; Cor Laurens von der Nationale Collectie Passiflora's, Wolphaarsdijk; Truus Manders-Vanlier vom Orangerieverein, Heel; Familie Van der Meer, Gärtnerei Van der Meer, Hoek van Holland; Frau M. Paulus von der Gruppe Oleander des Orangerievereins, Maasbracht; Herr Hetterscheid von der Staudenkomission, Aalsmeer; Hannie Wouda und Bob Foltz von De Egelantier, Paterswolde; Fleur van Zonnevelt und Eric Spruit von der Gärtnerei De Kleine Plantage, Eenrum.

x Citrofortunella microcarpa 'Variegata'